论语的生活智慧

下

曾仕强 曾仕良／著

河北人民出版社

目录

编者的话

本书是著名学者曾仕强和其弟曾仕良两位教授，关于《论语》现代应用的倾心之作。为增强读者对《论语》的理解和认知，本书对每一句原文从六个方面予以解读——注释、主旨、今译、引述、生活智慧、建议，以期更加贴近现代的社会状况，更好地指导我们的现实生活。

为方便读者阅读，特做图例说明如下：

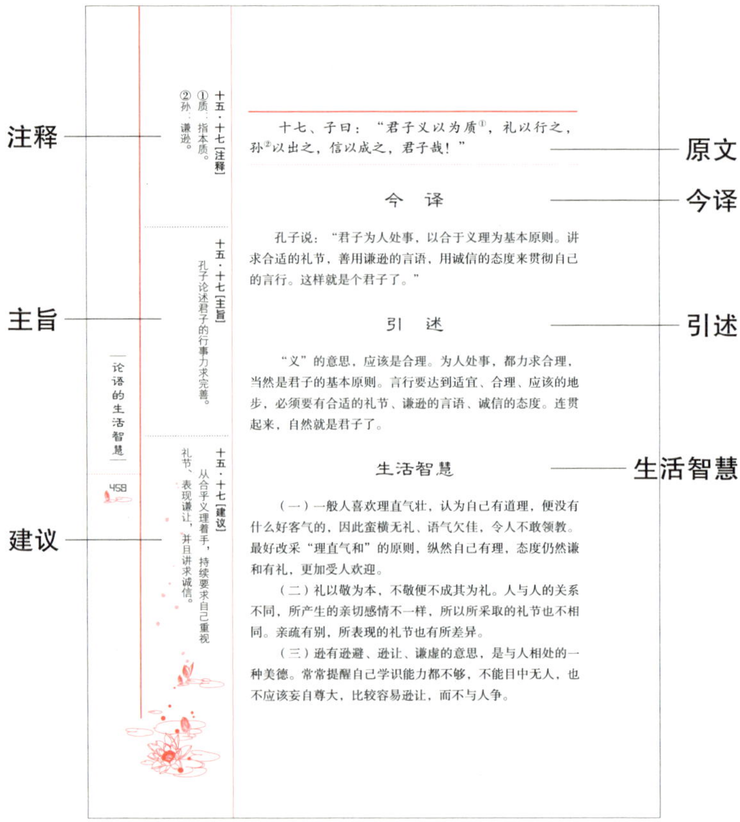

据编者了解，目前所出版的《论语》方面的图书，多立足于词句的解释，如本书这般，给出实际建议和生活应用的为数不多。下面就请大家一起跟随曾仕强、曾仕良两位教授，穿越千年的时空，共同感受《论语》的智慧和魅力。

编者按

先进第十一

这是篇名，用第一句的最先两个字来表示，并没有什么特别的意义。

一、子曰："先进[1]于礼乐，野人[2]也；后进于礼乐，君子[3]也。如用之，则吾从先进。"

今译

孔子说："前辈制作的礼乐，重质朴，就像乡下人；晚辈制作的礼乐，重文饰，就像城市人。如果要由我采用，我还是遵从前辈。"

引述

《雍也篇》说过："质胜文则野，文胜质则史。文质彬彬，然后君子。"这里所说的"野人"，应该是"质胜过文"的意思。"质"是实质，内心诚朴，外表未必看得出来。"文"指文饰，外表很好看，也很容易看出来。先把握礼乐的实质，诚于内，再追求外表的文饰，就是孔子所说的"野人"。反过来，文胜质的君子，若是内心不够真诚，便成了伪君子，还不如野人。孔子的意思，是鼓励大家先重视诚于内，再来讲求形于外。

生活智慧

（一）礼是生活规范，通称为礼仪。《乡党篇》列举很多有关礼的规定，全都要先求诚于内，然后才讲求形于外。否则虚有其表，并无实质的意义。瞒得了一时，骗不了长久。

（二）乐为艺术修养，与礼相配合。乐主和而礼主敬，若是内不和却只有外敬，那就成为令人厌恶的乡愿。虚伪的外表，并没有实质的是非。

（三）一个人如果只注重形于外的礼仪，缺乏内心的悦乐，必然死守刻板的仪式，有时还会残酷寡恩，十分可怕。

十一·一【注释】

①先进：前辈。

②野人：质朴的郊野乡民。

③君子：相对于『野人』的城市人。

十一·一【主旨】

孔子主张采用礼乐应遵从先进，崇尚质朴。

十一·一【建议】

多充实内在，重视诚于内的修养。然后才讲求形式的美观，加强形于外的礼仪。

二、子曰："从我于陈、蔡[1]者，皆不及门也。"德行：颜渊，闵子骞[2]，冉伯牛，仲弓。言语[3]：宰我，子贡。政事：冉有，季路。文学：子游，子夏。

今　译

孔子说："以前跟我在陈、蔡共患难的几位学生，现在都已经不在门下了。"在德行方面，好的有：颜渊、闵子骞、冉伯牛、仲弓。在言语方面，好的有：宰我、子贡。在政事方面，好的有：冉有、子路。在文学方面，好的有：子游、子夏。

引　述

颜回小孔子三十岁，四十一岁时不幸去世。他在品德修养方面，表现杰出。闵子骞、冉伯牛和仲弓，也都是名列德行科的优秀弟子。

宰我利口善辩，列名言语科前茅。子贡本名端木赐，小孔子三十一岁，孔子曾经指责他太喜欢辩解。后来由于出使游说表现良好，所以也列名言语科。

冉有小孔子二十九岁，子路小孔子九岁。两人相差二十岁，却同样在治理能力方面，有良好表现，所以列名政事科。还有一科名为文学，子游小孔子四十五岁，子夏小孔子四十四岁，在文学方面，都十分出色。

这些杰出的弟子，当孔子在陈、蔡受困时，都跟随在孔子左右。现在各奔前程，分散各地。孔子想及当年的情况，似乎十分思念。

十一·二[注释]

①陈、蔡：两个国家的国名，在今河南、安徽一带。孔子曾受困于陈、蔡，路阻粮绝。

②闵子骞：姓闵名损，字子骞，孔子的弟子。

③言语：指外交辞令。

十一·二[主旨]

孔子追思在陈、蔡共患难的几个弟子。

生活智慧

（一）孔子当年并没有像现代这样，实施分科教育。只是《述天篇》记载孔子教导弟子文、行、忠、信四种科目，弟子们是否因此做出四种区分，我们并不清楚。

（二）分科教学固然有很多好处，但是缺乏通识的专才，往往只知其一，不知其二，产生很多偏颇的见解，对于事物的了解和判断，增加不少困难。

（三）现代社会知识爆炸，分科教学似乎很难避免。我们只能够自觉地扩大自己的视野，增广自己的学习领域，以期逐渐趋于通才，比较能够思虑得周详，观察得周密。

三、子曰："回也非助我者[①]也，于吾言无所不说[②]（yuè）。"

今　译

孔子说："颜回啊，他不是使我在教学上有所增益的人。对于我所讲述的道理，他没有不心悦诚服的。"

引　述

孔子曾经说过："知我者，颜回也！"对于颜回的赞赏，可以想见。这样聪敏的弟子，对老师很少提出问题。从教学相长的观点来看，对老师反而没有什么帮助。

生活智慧

（一）学生多提问题，增加老师的深思，甚至于还要另外寻找数据。对老师来说，当然有很大帮助。教学相长，从

十一·二【建议】和不同领域的朋友多往来，以期扩大自己的视野。

十一·三【注释】①非助我者：指颜渊很容易听懂道理，很少质疑问难，对老师似乎并没有增益。②说：同『悦』。

十一·三【主旨】孔子赞许颜渊悟道敏捷。

这种角度来看，多问的学生，对老师实在有贡献。

（二）不问问题，未必就不是好学生。颜回很少发问，却表现得十分杰出，在孔子三千弟子、七十二贤中，名列前茅。老师固然欢迎爱发问的学生，也不能忽视不发问的学生。

（三）对师长的话，最好不要立即加以反对，不妨多想想，有疑问提出来请教。老师毕竟学有专长，不容轻视。

四、子曰：“孝哉闵子骞！人不间[①]于其父母昆弟[②]之言。”

今　译

孔子说：“闵子骞真有孝心啊，别人对他的父母兄弟，都说不出什么闲话。”

引　述

闵子骞有没有被人家说闲话，和孝或不孝，并没有直接的关系。他可能在外面一本正经，言行都十分慎重，回家后使父母生气，令父母伤心，外人也未必知晓。

没有人非议他的父母兄弟，为什么凸显出闵子骞的孝心呢？因为他并没有盲目地听从父母兄弟的话，以致做错事而连累了父母兄弟，受到他人的非议。

儒家说孝，只有说孝心、孝道、孝行，并没有说孝顺。因为加上一个顺字，很容易引起凡事都应该顺从的误解。事实上合理的当然要顺，若是不合理的，就不能顺从。

盲目顺从，把责任推给父母兄弟，当然是不孝。

十一·三［建议］

尊师重道，从不轻易反对老师做起。但是有疑问，就应该提问，听不懂还要再问。

十一·四［注释］

①间：非议，读去声。

②昆弟：兄弟。

十一·四［主旨］

孔子赞美闵子骞的孝行。

生活智慧

（一）不令父母受辱，是子女孝心的表现。父母的话若是合理，子女一定要顺从。但是人非圣贤，孰能无过？父母是人，不免偶尔发出不合理的指令，子女就不能盲目接受。

（二）父母的指示即使不合理，子女也不能够立即反应出来，否则便是不孝。不妨先答应下来，隔一段时间，待父母冷静下来，再向父母反映，说不定父母很快就改变过来。如果一时改不过来，也可以再等一下，重提一遍，效果应该不错。

（三）不盲目顺从，实际上是保护父母兄弟良好声誉的有效方式。盲目顺从，好像很有孝心，结果却害了父母兄长，这个道理，可以在家庭中建立共识，互相谅解。

五、南容[①]三复[②]白圭[③]，孔子以其兄之子[④]妻之。

今译

南容每日多次诵读《白圭》这首诗，孔子做主把侄女嫁给他。

引述

“白圭之玷，尚可磨也”，指白圭的瑕疵，尚可以磨光。而祸从口出，很难加以修复。孔子曾经赞美南容具有政治智慧，知道进退的要领。现在又指出南容读到“白圭之玷”的诗句，反复再三，深深领悟其中的要旨。前后都在说明，孔子做主将侄女嫁给他，是经过仔细考虑的，很有道理。

十一·四【建议】

养成不盲目顺从的习惯，从现在开始。

十一·五【注释】

①南容：孔子弟子南宫适，字子容，也称南容。②三复：一日多次复诵。③白圭：见《诗经·大雅·抑》篇：『白圭之玷，尚可磨也；斯言之玷，不可为也。』意在勉人慎言。④兄之子：指侄女。

生活智慧

（一）说话很不容易，特别是和中国人沟通，应该更加谨慎。我们的警觉性很高，怀疑心很重，非常容易出差错。

（二）口才好的人，常常被认定没有信用。尤其是口快的人，更是如此。轻诺者必寡信，说起来相当有道理。

（三）读到诗句，能够反复朗诵，思虑再三，深入体会，当然更能够明白其中的道理。若是勤加实践，必有成效。

六、季康子[①]问："弟子孰为好学？"孔子对曰："有颜回者好学，不幸短命死矣，今也则亡[②]。"

今　译

季康子问："你的弟子中谁最好学呢？"孔子回答说："有一个叫颜回的最好学，却不幸英年早逝，现在没有那样好学的弟子了。"

引　述

山东曲阜孔府的东边，有一座颜庙，用以祭祀孔子的第一大弟子颜回。他是孔子弟子中读书最为用功的，很少提问，却能够深切地体会。

一般人能够举一反三，已经很了不起。据说颜回能够闻一知十，难怪孔子对他那样器重。

生活智慧

（一）一个人有多高的天资，我们真的不知道。唯有透过不断的努力，才能够加以证明。我们一生努力，不过为了证明我

十一·五【主旨】孔子赞美南容的慎言。

十一·五【建议】读书要多加思虑，务求明白真正的用意。

十一·六【注释】①季康子：鲁国的执政大夫。②亡：同『无』。

十一·六【主旨】孔子悲叹颜回早逝来激励其他弟子。

们的天资到底有多高。可见人人需要努力，没有人能够例外。

（二）天生的资质良好，若是后天不努力，不可能有好成就。有时聪明反被聪明误，看起来聪明，实际上不然。

（三）学问很重要，健康也十分要紧。颜回早逝，大家都非常惋惜，孔子更是伤心。我们一方面要仿效颜回的好学，一方面则应该爱护身体，重视健康。

十一·六【建议】 培养爱好学习的兴趣，同时加强自己的健康。

七、颜渊死，颜路[①]请子之车以为之椁[②]（guǒ）。子曰："才不才，亦各言其子也。鲤[③]也死，有棺而无椁。吾不徒行[④]以为之椁，以吾从大夫之后，不可徒行[④]也。"

十一·七【注释】 ①颜路：颜渊的父亲，也是孔子的弟子。②椁：外棺。③鲤：孔子的儿子伯鱼，死于孔子七十岁时，享年五十。④吾不徒行：指古时大夫不可以徒步行走，因为诸侯赐给的马车是不可以卖掉的。

今　译

颜渊死，他的父亲颜路请求孔子把车子用作颜渊的外棺。孔子说："不管有才能或没有才能，说来都是自己的儿子啊。以前我儿子鲤去世时，也只有棺而没有外棺。我那时也没有把车子当作外棺使用，因为我还要跟从在大夫后面，依礼是不可以步行的。"

引　述

颜渊是颜路的儿子，孔鲤是孔子的儿子。就算颜渊比较有才能，孔鲤比较没有，但总归都是自己的儿子，居于父子的亲情，找一副外棺，是人之常情。但是孔子曾经担任过大夫的职位，依礼不能步行，所以孔鲤死时，并没有把车子当作外棺。对于颜路的请求，孔子为了遵从礼法，也不得不加以拒绝。

十一·七【主旨】 孔子处理事情都力求合乎礼义。

生活智慧

（一）孔鲤死于孔子七十岁，颜渊死于孔子七十一岁。

孔鲤在先而颜渊在后，孔子既不能以车子作为孔鲤的外棺，当然也不可能答应用车来当作颜回的外棺。这一点颜路应该有自知之明，不提出来比较好。

（二）既然颜路提出这样的要求，孔子也不能碍于情面而勉强答应，以免引起他人的议论。何况依礼不能步行，孔子还需要留下车子使用。

（三）如果孔子答应颜路的请求，对自己的家人，要如何交代？是不是偏爱弟子而忽视亲生的儿子？不应该答应的，必须断然拒绝。

八、颜渊死。子曰："噫[①]（yī）！天丧予[②]！天丧予！"

今　译

颜渊死了，孔子叹道："唉！天要亡我！天要亡我！"

引　述

颜渊陪同孔子登泰山，回曲阜后，不久就病死了。孔子十分悲伤，老泪纵横地感叹：老天把颜渊带走，大道的传人早逝，岂不是天要亡我吗？真的是天要亡我呀！

一个人到了老年，必然会想到自己的传人是谁。如果传不下去，这辈子的理想，不就等于落空了吗？

颜渊在孔子的心目当中，是大道的最好传人。如今不幸英年早逝，不免有"完了、完了"的悲痛。

西方人信仰上帝，有些国家以基督教为国教，也就是举国人民共同的信仰。在这种情况下，开口"阿门"闭口"上帝"，并没有什么人会反对，或者产生反感。中华民族崇尚宗教自由，并没有国教，实际上各种信仰都有，也能够互相包容，彼此尊重，因此在公开场合，不适宜表现自己的宗教

十一·七［建议］

对于不应该答应的要求，必须委婉拒绝。从现在开始，养成这样的习惯。

十一·八［注释］

①噫：哀叹声。

②天丧予：指道若不传有如天丧己。『予』即我。

十一·八［主旨］

孔子哀伤圣道失去传人。

信仰，也不能采行任何宗教仪式。所以我们用“天”来代表所有不同的宗教信仰，是一种十分高明，而且也尊重每一个人的方式。

生活智慧

（一）我们不要迷信，却不能不相信上天的存在，具有大道的意志和力量。天人合一，毕竟是最为理想的假设。

（二）一个人活着，如果死后一了百了，没有人记得住，那有什么价值？一家人处得融洽，至少可以活在家人心中。

（三）一家人都处不好，怎么可能和外人处得好？所以先修身再齐家，然后才可以谈论其他的事情。

九、颜渊死，子哭之恸[①]。从者曰：“子恸矣。”曰：“有恸乎？非夫人[②]之为恸而谁为？”

今　译

颜渊死后，孔子去吊丧，哭得很悲痛。跟从的人说：“老师过于悲伤了！”孔子说：“真的过于悲伤吗？我不为他而悲伤，还要为谁而如此悲伤呢？”

引　述

要找一个值得信赖的传人，真的很不容易。孔子当时，大道难以实行。好不容易才发现颜渊这一位可靠的传人，却不幸比孔子还要早死，怎么不令人伤悲、哀痛？

生活智慧

（一）幼年丧父，中年丧偶，老年丧子，是人生的三大

十一·八【建议】家人相亲相爱，死后大家都忘不了，便是永生。

十一·九【注释】①恸：悲痛。②夫人：此人，指颜渊。

十一·九【主旨】孔子因圣道失去传人而极度哀伤。

不幸。孔子都遇上了，如今儿子刚过世不久，心爱的弟子又英年早逝，孔子的悲痛心情，可想而知。

（二）男人不轻易掉眼泪，但也不必强硬坚持。孔子哭得很伤心，哪里不掉眼泪？只要哭得正，合乎人情义理，何必强忍？

（三）随从的弟子们，劝孔子节哀顺变，是一种尊敬，也是出于爱护。孔子说不能不悲伤，也是出于至情，令人感动。

十、颜渊死，门人欲厚葬[①]之，子曰："不可。"

门人厚葬之。子曰："回也，视予犹父也，予不得视犹子也。非我也，夫二三子[②]也。"

今　译

颜渊死后，同学们想要厚葬他。孔子说："不可以。"

结果同学们还是厚葬了他。孔子说："颜渊啊，对待我就像对自己父亲一样，我当然也对待他像儿子一样。不是我要厚葬他，是我的学生们做主的啊！"

引　述

中庸之道，讲求凡事必须合理。颜渊被称为陋巷圣贤，后人把颜渊居住的街道称为陋巷街，把颜渊当年喝水的井，也称为陋巷井，表示对颜渊贫贱而不丧志的尊敬和钦仰。既然家贫，就不应该厚葬。弟子们居于同学情谊，要厚葬颜渊，孔子认为不可，仅表示他自己不赞成这样做。至于颜渊的父亲同意与否，孔子必须尊重身为颜渊家长的意见。若是弟子们征得颜路的同意，孔子是不便反对的。所以他说不是他主张要厚葬，而是弟子们想这样办。

十一·九【建议】适当地抒发喜、怒、哀、乐的感情，做一个正常人。

十一·十【注释】①厚葬：颜渊家贫，贫而厚葬，非礼。②夫二三子：指门人。

十一·十【主旨】孔子虽极度哀伤颜渊的死，仍谨守礼法。

生活智慧

（一）葬丧是生者对死者表示不舍和尊敬的表现，双方面都要顾及。所以家贫不宜厚葬，以免拖累生者。为了虚荣的面子，却使生活更加困苦，并不合乎情理。

（二）家境贫寒，并不是耻辱。大家对颜渊的尊敬和永久的追思，便是最好的证明。葬丧是一时的事，千古留下美名才值得重视。

（三）孔子的主张，不一定要强制弟子们遵从。孔子有自己的原则，有的弟子们必须服从，有的孔子也不一定坚持。这样的师生情谊，有情有义。

十一、季路问事鬼神。子曰："未能事人，焉[①]能事鬼？"曰："敢问死？"曰："未知生，焉知死？"

今　译

子路问怎样奉事鬼神。孔子说："人都奉事得不好，怎么能奉事鬼神呢？"子路又问："大胆请问人死了以后是怎么样的？"孔子说："生前的事都不能知道，怎能知道死后的事呢？"

引　述

"事鬼神"，便是祭祀鬼神的意思。孔子当然有他的看法，却由于子路在孔子心目当中，还不够谈论这些事情的级别，所以才会这样回答。

孔子和世俗一般，并不否定鬼神的存在。所不同的，保持某种亦即亦离的微妙关系。他的先后次序十分明确，先生人后鬼神。先把现实生存方面的事情弄清楚，然后才探讨鬼

十一·十【建议】不要因为死人的面子，拖累了活人的生活。

十一·十一【注释】①焉：何，怎么。

十一·十一【主旨】孔子勉励子路研究实学。

神方面的事宜。

换成别人向孔子请教这样的问题，很可能获得不一样的答案。我们不能够把这一段文字，当作通案看待。

生活智慧

（一）生活得有意义，自然死得其所，也死而无憾。先生活得有意义，再来关心死后的事情，应该更加实际、具体、可行。

（二）生死是每一个人，都必须面对的事情。也是每一个人，都应该重视的课题。我们不能也不必回避，最好能在死亡之前，做出比较合理的了解，以减少因无知而产生的恐慌。

（三）祭祀是一件重要的事宜，当然有研究的必要。只要虔诚、恭敬，在内心求感通，不必计较太多的仪式，依礼而行就好了。

十二、闵子侍侧，訚訚（yín）如①也；子路，行行（hàng）如②也；冉有、子贡，侃侃如也。子乐。“若由也，不得其死然。”

今　译

闵子骞侍奉在孔子身旁，有中正适度的气象；子路，有勇武刚强的气象；冉有、子贡，有温和快乐的气象。孔子很高兴。他说：“像子路这样，我怕他不得寿终啊！”

引　述

“子乐”应该是“子曰”的笔误或误传，因为子路不得寿终，做老师的怎么会乐呢？自古以来，刚强的反而容易折断，像子路这样的脾气，往往很难获得寿终。子路后来死在

十一·十一【建议】

把鬼神当作虚拟的言谈对象，不追究外形，只想象精神，逐渐有一些了解，不用着急。

十一·十二【注释】

①訚訚如：中正的样子。

②行行如：刚强的样子。

十一·十二【主旨】

孔子乐见弟子各有英才。

卫国内乱，不幸为孔子所言中。

生活智慧

（一）得英才而育之，是教师最大的乐趣。我们常说教育英才是教育界的乐事，可见英才大家都喜欢，乐于教导。

（二）子路死时，孔子七十二岁，接连死了儿子孔鲤、心爱的学生颜回，孔子的悲伤可想而知。子路不得寿终，并不是不得善终，因为军人打仗，死于战场上是莫大的光荣。

（三）死得其时，而又死得其所，便是十分难得的善终。活得不够长久，称为不得寿终。因人而异，并无固定标准。

十三、鲁人为长府[①]。闵子骞曰：“仍旧贯[②]，如之何？何必改作？”子曰：“夫人不言，言必有中。”

今　译

鲁人修筑一座叫“长府”的库来收藏武器、财货。闵子骞说：“照老样子修筑，怎么样？为什么一定要改造？”孔子说：“这人一向不多说话，一开口必定很中肯。”

引　述

真正口才好的人，是少说话，而每说必很中肯。孔子不鼓励多说话，更厌恶乱说话。闵子骞平日少说话，一开口大家才会特别注意。平日多说话，说得再对大家也不以为意。

十一·十二[建议]

寿终不如善终，活得久不如活得有价值。

十一·十三[注释]

①长府：府库名，藏货财的地方，阎若璩《四书释地》以为与季氏家相邻近。

②仍旧贯：依照旧制。『仍』是因的意思。

十一·十三[主旨]

孔子赞许闵子骞说话中肯。

生活智慧

（一）旧的很好，为什么一定要改？旧的不好，当然一定要改。旧的未必不好，新的也不一定就好，要仔细分辨。

（二）中不中，意思是合理不合理。说得合理，大家都欢迎，即使有人不爱听，也不敢明说。否则，反对的声浪很大。

（三）谨言慎行，是每一个人都需要的修养。官再大、钱再多、活得再老、学问再饱满，通通不能例外。

十四、子曰："由之瑟[①]，奚为[②]于丘之门？"门人不敬子路。子曰："由也升堂矣，未入于室[③]也。"

今　译

孔子说："子路弹瑟不合雅颂，为什么要在我的门下弹呢？"弟子们因此不敬重子路。孔子说："其实子路的学问，已到达高明的境界，只是还没达到精深的地步啊！"

引　述

弟子有好几种，入室弟子最得老师的真传。像子路这样，只登上孔子的堂，并未进入孔子的室。子路鼓瑟，不合乎雅颂的要求。孔子明白表示不及格，仍需勤学、多练习。同学因此看不起他，孔子赶快替他解围，说已经不错了，只是不够精深，希望大家不要笑他。

生活智慧

（一）古人的房屋，先进得门来，再登阶入堂，称为升堂。堂的后面才是室，叫作内室。没有老师请，通常只能升

十一·十三【建议】

从现在开始，不开口便罢，言必有中！

十一·十四【注释】

①瑟：乐器名。
②奚为：即何为，为何？
③升堂矣，未入于室：先入门，次升堂，最后才入室，是为学的次序，也是入道的次第。

十一·十四【主旨】

孔子勉励弟子事事都要谨慎。

堂，不方便入室。

（二）我们常说登堂入室，原来是升堂入室，用来譬喻学业的进程，先进入正大高明的领域，再深入精致的奥妙。后来引申为好友可以往来家中，内外不拘。

（三）学生不及格，老师当然不宜放松，应该严加督促，以期严师出高徒。但是在学生中维持和谐的气氛，也是老师的责任，所以遇有不当的表现，或不必要的误解，应该设法加以化解。

十五、子贡问："师与商[①]也孰贤？"子曰："师也过，商也不及。"

曰："然则师愈[②]与？"子曰："过犹[③]不及。"

今　译

子贡问："子张和子夏两人谁比较贤明？"孔子说："子张超过了些，子夏又不够。"

子贡说："那就是子张比较贤明了？"孔子说："过分跟不够同样不好。"

引　述

子张才高意广，不免好高骛远，所以孔子认为有一些过分。子夏笃信谨守，难免开创不足，所以孔子说他不够贤明。子贡听了以后，觉得子张好像比子夏好一些，不料孔子却说过分和不够，都不合乎中庸之道，同样的不好。

中庸之道，长久以来一直被扭曲、被误解，因而造成很大的后遗症，竟然引起若干人士的反感。实际上中庸便是合理。朱子说无一事不合理即中庸，才是最为恰当的解释。凡事恰到好处，便是中庸，有什么好反对的呢？

过与不及，不能用来判别优劣。子贡认为子张比较贤

十一·十四【建议】

促使自己至少在一门学问中，登堂入室。

十一·十五【注释】

①师与商：『师』指颛孙师，字子张，『商』指卜商，字子夏，都是孔门的弟子。

②愈：胜。

③犹：等同。

十一·十五【主旨】

孔子主张中庸之道。

明，便是认为过的优于不及的，所以孔子并不同意。过与不及，在效用上同样不能收到预期的效果，孔子依据这种观点，才说出“过犹不及”的判断。过不中，不及也不中。不中就是不合理，不合用，效果不良好，所以两者是一样的。

生活智慧

（一）凡事不宜过分，也不能不够。不做便罢，要做便应该尽心尽力，设法做得恰到好处，以求合理合宜。

（二）把一件事情彻头彻尾做好，便是完成一件大事。不要好高骛远，也不要过分拘谨保守，以致什么事情都做不好。

（三）凡事想妥当了，就应该立即去做。否则犹豫不定，想得太多，反而不敢着手去做。当机立断，才不致坐失良机。

十六、季氏富于周公[①]，而求也为之聚敛[②]（liǎn）而附益之。子曰：“非吾徒也。小子鸣鼓而攻之[③]，可也。”

今　译

季氏是鲁国的臣子，却比周王朝的周公还要富有，冉求还替他搜刮、聚敛财物，使他更加富有。孔子说：“他不是我的门徒。弟子们，你们可以揭发他的罪行而声讨他。”

引　述

周公对周王朝的贡献，必然胜过季氏对鲁国的作为。现在季氏居然比周公还要富有，冉求也不想一想，竟然还在设法增加他的财富，实在可恶！孔子发动同学的压力攻势，要遏制冉求，同时也警告季氏，当然合乎情理。

十一·十五［建议］

建立无过也无不及的评量标准，促使自己提高警觉，力求无过与不及。

十一·十六［注释］

①周公：指世袭周王室的公爵。

②聚敛：搜刮。

③鸣鼓而攻之：指发声以言论来攻击。

十一·十六［主旨］

孔子严斥冉求帮助季氏搜刮，也间接警戒季氏。

生活智慧

（一）助纣为虐，意思是帮助坏人做坏事。帮助有钱人赚取不义之财，同样是不同形式的助纣为虐，当然不可为。

（二）不正当的压力，要设法排除、化解。正当的压力，应该发动、增强和支持，以发挥正义力量，产生公义。

（三）“鸣鼓而攻之”，并不一定指在战场上的进击。用言论来加以制裁，使其承受压力而改变主意，同样有效。

十七、柴[①]也愚[②]，参也鲁[③]，师也辟[④]，由也喭[⑤]（yàn）。

今　译

孔子评点四位弟子：高柴愚直，曾参迟钝，子张外向偏激，子路粗俗鲁莽。

引　述

既然是老师，当然要评鉴学生的成绩。学业成绩之外，还要评定操行成绩。有时还要加注评语，以资警惕。弟子各有特性，孔子加以指点，促使各人明白自己的缺失，自行调整。

生活智慧

（一）每个人都有个别差异，是优点也是缺点，完全看能不能合理因应。我们常说人有缺点也有优点，其实缺点即是优点，而优点刚好就是缺点，两者是分不开的。

（二）愚直的人，好好用功，说不定成绩更好。迟钝的

十一·十六【建议】

见义勇为，社会上才有公义可言。

十一·十七【注释】

①柴：指高柴，字子羔，孔子的弟子。②愚：愚直。③鲁：迟钝。④辟：偏僻，偏激。⑤喭：指粗俗鲁莽。

十一·十七【主旨】

孔子评点四位弟子的短处，使他们戒惕。

人，多多反省，积极改善，成功的机会更大。偏激，可以调向中道。鲁莽，只要缓和一些，不就是有勇也有谋？

（三）知道缺点，不必生气、懊恼，想办法调整，也就是用到好的一面，并且力求恰到好处，缺点就会成为优点。

十八、子曰：“回也其庶[①]乎，屡空。赐不受命[②]，而货殖[③]焉，亿[④]则屡中。”

今　译

孔子说：“颜渊的学问道德差不多近于圣道了，可是他经常那么穷困。子贡不做官而做生意，经常能够猜中物价行情。”

引　述

颜渊安贫乐道，孔子十分欣赏。子贡做不到，喜欢从商，好像也做得不错。当老师的，有时喜欢比较自我的学生，看谁的表现最有特色，也是一种乐趣。

生活智慧

（一）贫穷不妨碍行道，颜渊家贫，仍被后人尊为圣贤。富贵也不是耻辱，我们并不仇富，当然也不鼓励乐贫。

（二）孔子教学，以弘道为主。弟子有意经商或从事其他行业，孔子并不加以鼓励，因为要学经商，好像不应该投入孔门。至于孔子有没有轻视商人，我们推想应该不会，他只是不加鼓励而已。

（三）子贡在孔门列入言语科，他的言辞用语，常受孔子的纠正，但是他的外交辞令，却获得孔子的嘉许。孔子对

十一·十七【建议】

明白自己的个性，调整得合理，力求恰到好处。

十一·十八【注释】

①庶：即近，庶几的意思。
②不受命：即不受禄。
③货殖：为货财生殖，做生意。
④亿：猜测。

十一·十八【主旨】

孔子赞美颜渊、子贡的长处。

十一·十八【建议】

当老师的，应该尊重学生自己的选择。勉强学生做不喜欢的选择，并不是教育的目的。

弟子，优点必定表扬，而缺失也从不放松。子贡不能安贫，喜欢经商，这是子贡自己的决定，孔子该表扬他的地方，仍然把他列入。

十九、子张问善人[①]之道。子曰：“不践迹[②]，亦不入于室。”

今　译

子张请问作为善人的道理。孔子说：“他们如果不追循前贤的脚步去做，也不会进入圣人的境界。”

引　述

善人的本质良好，仍然需要学习，才能够成为真正的善人。先天的遗传，还是不能保证。后天的学习，实在不可轻视。特别是向古圣先贤学习，循着他们的脚步，逐一实践，才可能成就良好的德行。

生活智慧

（一）善人和圣人，当然有一段距离。善人不一定成为圣人，也没有一定不能成为圣人的道理，完全看善人自己的努力。不断提升品德修养，当然有希望。

（二）孔子并没有告诉子张，怎么成为善人，他只是告诉子张，如果是善人，应该追随先贤，使自己升堂入室，进入圣德的境界。

（三）我们不妨先学习做善人，然后再努力成为圣人。即使不可能，做一个善人，也聊以自慰，不必太苛求。

十一·十九［注释］

①善人：指本质善良的人。

②践迹：追循旧迹。

十一·十九［主旨］

孔子论述作为善人的道理。

十一·十九［建议］

先要求自己做善人，日行一善，是良好的目标。

二十、子曰：“论笃是与[①]，君子者乎？色庄者[②]乎？”

今　译

孔子说：“称赞言论笃实的人，要考察他是个真正的君子，还是只是外貌庄重的人。”

引　述

有些人内心和外表一致，有些人则十分善于伪装。我们常常被那些貌似忠厚的人所骗，因而不敢以貌取人。当年有一个名叫子羽的年轻人，向孔子求教，孔子看他相貌丑陋而加以拒绝。后来子羽自修有成，帮助子由做出很好的表现。孔子从此十分注意，不敢以貌取人。这一番话，应该是孔子提醒弟子们不要看错人的语重心长的教诲。

生活智慧

（一）不要以外貌取人，更不应该以第一印象来论断人，那样实在太危险了，因为人的外表，常和内心不能一致。

（二）我们应该提高警惕，因为很多人喜欢凭第一印象来论断人，我们最好注意自己的形象，让人家有良好的第一印象。

（三）外貌忠厚，说话笃实的人，要考察他的行为，是不是和外表所看到的相配合。如果不是，就要特别小心。

十一·二十【注释】

①论笃是与：称许言论笃实的人。

②色庄者：色厉内荏的人。

十一·二十【主旨】

孔子反对以貌取人。

十一·二十【建议】

告诉自己，不要凭第一印象来论断人。

十一·二十一【注释】

①闻斯行诸：听到一个好道理就立刻去做。

②退：畏缩不前。

③兼人：胜人。

十一·二十一【主旨】

孔子善于因材施教。

二十一、子路问："闻斯行诸[1]？"子曰："有父兄在，如之何其闻斯行之？"

冉有问："闻斯行诸？"子曰："闻斯行之。"

公西华曰："由也问闻斯行诸，子曰'有父兄在'；求也问闻斯行诸，子曰'闻斯行之'。赤也惑，敢问。"子曰："求也退[2]，故进之；由也兼人[3]，故退之。"

今　译

子路问："听到好道理，立刻就去做吗？"孔子说："还有父兄在，怎么可以听到了就去做呢？"

冉有问："听到好道理就立刻去做吗？"孔子说："听到了就去做。"

公西华说："子路问听到好道理，立刻就去做吗？您回答说'还有父兄在上'；冉有问听到好道理就立刻去做吗？您回答说'听到了就去做'。我感到迷惑，大胆请问老师为何有不同的回答？"孔子说："冉求畏缩不前，所以我鼓励他进取，子路好勇过人，所以抑制他退让些。"

引　述

孔子对弟子的个性非常了解，才有办法因材施教。对不同的弟子，采取不一样的教导。子路的个性，十分率直，遇事不知谦让，又逞强好胜，有时显得莽撞。所以孔子用父兄尚在，来加以压制，使他不要过分急躁。冉求的个性稍为软弱，至少不够勇敢，不能见义勇为。所以孔子告诉他应该即知即行，明白道理立即付诸实践。以促使他勇往直前，不致令人失望。

因材施教，对不同的弟子，分别针对不一样的缺点，施以不相同的教导。孔子实在是良师，可以说仁尽义至，令人钦敬。

生活智慧

（一）先了解不同的个性，才能够因材施教。使每一个人，都能够适合个性，做出合理的发展，各有不同的成就。

（二）父母亲健在，不能够以性命相许，也不应该随便以金钱接济他人，必须征得父母同意，才能够应允他人。

（三）父母不在时，应该衡量自己的情况，做出合理的盘算。既不懦弱，也不鲁莽。凡事尽力而为，不宜过分勉强。

二十二、子畏于匡，颜渊后。子曰："吾以女为死矣。"曰："子在，回何敢死[①]？"

今　译

孔子在匡地被围困，颜渊最后才到。孔子说："我以为你已经死了！"颜渊说："您还活着，我怎敢轻易就拼死呢？"

引　述

《子罕篇》说过，孔子被匡人误认为杨虎而遭受危难。他虽然对上天深具信心，却不免为弟子的安危而担忧。当颜渊最后才赶到时，孔子发出这样的感慨，显示出师徒间至深的情谊。颜渊也俏皮地回答，更增加轻松的气氛。

生活智慧

（一）思念心爱的弟子，是老师的至情。学生心中有老师，就好像儿子心中有父亲那样，不敢轻言牺牲，也是至情

十一·二十一【建议】

对不同的人，要采取不一样的劝告。不能够以同样的标准，来要求所有的人。

十一·二十二【注释】

①何敢死：指不敢轻易和人家拼斗而死。

十一·二十二【主旨】

孔子论述仁者必有勇。

的表现。

（二）会不会死，人自己不能控制。敢不敢死，则是自己可以决定的事情。什么时候敢，什么时候不敢，自己应该仔细斟酌，不能凭一时之勇，因为那就是鲁莽。

（三）师徒有如父子，这种情谊十分难得。并不是所有师生都做得到，当然孔子也不是对每一个弟子都如此。颜渊能够获得这样的待遇，实在是一种殊荣。

二十三、季子然[①]问："仲由、冉求可谓大臣与？"子曰："吾以子为异[②]之问，曾[③]（zēng）由与求之问。所谓大臣者：以道事君，不可则止。今由与求也，可谓具臣[④]矣。"

曰："然则从之者与？"子曰："弑父与君，亦不从也。"

今　译

季子然问："子路、冉求，可称得上是大臣吗？"孔子答说："我以为你要问什么人，原来是子路与冉求两人。所谓大臣，是要以正道来事奉国君，国君若是不能接受，就应该辞官不做。现在子路和冉求，只具备臣属的条件而已。"

季子然又问："那么他们会完全听从季氏的话了？"孔子答说："弑父弑君的事，他们也不会听从的。"

引　述

孔子认为大臣与具臣有所不同，能够以道事君，才有资格称为大臣，否则只能算是备位的臣子。

君有义，臣才可以义相合。君如不义，臣便丧失事君的意义。以道事君，主要在辅助君有义，使其名实相符。如果做不到，可以辞职。若有现实上的困难，不妨留任，做一个

十一·二十二【建议】

多关心别人，别人自然也会关心我们。

十一·二十三【注释】

①季子然：季氏的子弟，因为季氏请子路、冉求为家臣，所以提出这样的问题。

②异：非常。③曾：乃。

④具臣：指具备臣属的条件。

十一·二十三【主旨】

孔子表明对权臣的严正态度。

消极的具臣。无论如何，像弑父与弑君这样的事情，是为臣最起码的底线，绝对不能够服从。

生活智慧

（一）君和臣的关系，并不是支配与服从、领导与隶属、反抗与压制的关系。君的任务，在承受天命，受民托付，来管理人民的事务。臣的职责，是辅佐君实现这种道德责任。

（二）君臣都有义，当然最好。若君不义，臣应该求去。如臣不义，必然受到刑罚。君臣以义为重，是百姓的福气。

（三）臣有臣的品德修养，然后才看臣的才能，给予合适的职位，这种德本才末的评量标准，现代亟待恢复。

二十四、子路使子羔为费（bì）宰。子曰："贼[1]夫人之子。"

子路曰："有民人焉，有社稷焉。何必读书，然后为学？"子曰："是故恶（wù）夫佞[2]（nìng）者。"

今　译

子路为季氏宰，派子羔去当费县的地方官。孔子说："你是在害别人的儿子！"

子路说："那里有人民也有社稷可以学习，何必读书才算是做学问呢？"孔子说："所以我最讨厌巧言逞强的人。"

引　述

古人说"学而优则仕"，并不是说学问做得充实，便应该去做官，而是主张先把学问做好，有了充分的准备才去做官，以免使人民受害。

十一·二十三［建议］

不论打算在哪一种行业求发展，都应该以修养品德为根本。

十一·二十四［注释］

①贼：害。

②佞：巧言。

十一·二十四［主旨］

孔子注重求实学，责备子路轻妄。

子羔是不是齐人高柴，我们不清楚，按理应该也是孔子的弟子。如果不是，孔子不至于做出这样的评论。是自己的弟子，学业尚未告一段落，便要出任官职，孔子唯恐他做不好，才会发出这样的感慨。子路不但不诚心受教，反而说一大堆理由，难怪孔子很不高兴。

生活智慧

（一）从实践当中学习，固然是一种方式。但是基本的学识和品德尚未完成，就算在实务中学习，也相当危险。因为选择、判断的能力不足，很容易造成错误。

（二）对长上的指导、教诲，提出很多理由，来加以反驳，不但不礼貌，而且会使长上觉得心寒，以后不再热心教导，吃亏的还不是自己？

（三）对长上当然不应该盲目顺从，却也不应该当面顶撞，以免不恭敬。有意见不妨等一等，看机会再申诉，比较容易获得长上的谅解，反而易于沟通。

二十五、子路、曾皙[①]（xī）、冉有、公西华侍坐。

子曰："以吾一日长乎尔，毋吾以也[②]。居则曰：'不吾知也！'如或知尔，则何以哉[③]？"

子路率尔[④]而对曰："千乘之国，摄[⑤]乎大国之间，加之以师旅[⑥]，因[⑦]之以饥馑[⑧]（jǐn）；由也为之，比及[⑨]三年，可使有勇，且知方也。"

夫子哂[⑩]（shěn）之："求！尔何如？"

对曰："方六七十，如[⑪]五六十，求也为之，比（bì）及三年，可使足民[⑫]。如其礼乐，以俟君子。"

"赤！尔何如？"

对曰："非曰能之，愿学焉。宗庙之事，如会同[⑬]，端章甫[⑭]，愿为小相[⑮]（xiàng）焉。"

"点！尔何如？"

十一·二十四【建议】

尽量避免顶撞长上，以免养成坏习惯。

十一·二十五【注释】

①曾皙：姓曾，名点，曾参的父亲，亦为孔子的弟子。

②毋吾以也：即不要因为我年长而说不出口。

③何以哉：指何以为用。『以』即用。

④率尔：轻率。

鼓瑟希[16]，铿（kēng）尔[17]，舍瑟而作，对曰：“异乎三子者之撰[18]。”

子曰：“何伤乎？亦各言其志也。”

曰：“莫春[19]者，春服既成。冠者[20]五六人，童子六七人，浴乎沂（yí），风乎舞雩[21]（yú），咏[22]而归。”

夫子喟然叹曰：“吾与[23]点也！”三子者出，曾皙后。

曾皙曰：“夫三子者之言何如？”

子曰：“亦各言其志也已矣。”

曰：“夫子何哂由也？”

曰：“为国以礼，其言不让，是故哂之。”“唯求则非邦也与？”“安见方六七十如五六十而非邦也者？”“唯赤则非邦也与？”“宗庙会同，非诸侯而何？赤也为之小，孰能为之大？”

今译

子路、曾皙、冉有、公西华四人陪侍孔子坐着。

孔子说：“不必因为我比你们年长而感到拘束不安。平时你们常说：‘没人知道我！’如果有人知道你们，肯用你们，那么你们要怎么去治理呢？”

子路马上抢着回答：“假如有个千乘之国，被大国所胁迫，外面有军队来侵伐它，国内又闹饥荒，让我来治理这个国家，只要三年，我可使老百姓有勇气，也懂得一些大道理。”

孔子听了，微笑地看着他：“冉求，你呢？”

冉有答：“假如有六七十里，或再小一点儿，五六十里的小国，让我治理，只要三年，我可使老百姓富足。至于修明礼乐，那要等待有才德的人来做了。”

“公西华，你呢？”

公西华回答：“我不敢说我能，但是我很愿意学着去做。像宗庙里的祭祀，诸侯相会时，穿着礼服，戴着礼帽，

⑤摄：胁迫。⑥师旅：指侵伐行动。⑦因：仍，连接。⑧饥馑：饥荒。⑨比及：等到。⑩哂：微笑。⑪如：或。⑫足民：使民富足。⑬会同：会见。

⑭端章甫：『端』是古代礼服，『章甫』是古代礼帽。⑮小相：指负责礼仪进行的人。『小』是谦虚的客气话。⑯希：稀落。⑰铿尔：突然停止弹奏，推开瑟所发出的声音。⑱撰：论述。⑲莫春：指暮春，农历三月。⑳冠者：古时男子二十而冠，『冠者』指成年人。

㉑风乎舞雩：指在舞雩下乘凉、兜风。『舞雩』为鲁国风景区，祭天祷雨的地方，平日可供游赏。㉒咏：即歌咏。㉓与：赞同。

我愿在那里当个小司仪。”

“曾点，你呢？”

曾皙正在弹瑟，听得老师叫他，便停止弹瑟，随即“铿”的一声，推开瑟站了起来，回答说：“我和他们三位的抱负不同。”

孔子说：“那有什么关系呢？只是各人说说自己的志愿罢了！”

曾皙说：“农历三月，穿上春天的衣服，邀五六个朋友，带着六七个小孩儿到沂水边玩玩水，再到舞雩那儿兜兜风，然后唱着歌回来。”

孔子叹声说道：“我同意曾点的主张！”三个弟子都走了，曾皙留在后面。曾皙问：“他们三位说得如何？”

孔子说：“不过各人说出自己的志愿罢了。”

曾皙问：“那么老师为什么笑仲由呢？”

孔子说：“治国以礼，他讲话没有一点儿礼让，所以笑他。”“那么冉求所说的，好像不是治理一个国家啊？”孔子说：“怎见得六七十里或五六十里的土地，就不够是一个国家呢？”“公西赤所说的，也不像治理一个国家呀？”孔子说：“宗庙会见这些事，不是诸侯的事是什么？公西赤只愿意做个小相，那又有谁能做大相呢？”

十一·二十五【主旨】

孔子引导四位弟子谈论各人志向，勉励他们成为用世大才。

引　述

孔子说他同意曾点的主张，已经是最大的鼓励。至于其他的论点，曾点最好退下去以后，好好领悟。跟在孔子后面问东问西，岂不令孔子为难？他宁愿曾点当着大家的面请问，也不愿意在背后议论自己的弟子。曾点所提问题，孔子虽然指出要点，却对原先的欣赏，打了一些折扣。我们不难想象，颜回应该不会这样。

子路的骄矜，使孔子相当担心。不方便直说，所以笑而不答。冉求和公西华比较懂得谦让，但是在气象方面，实在不如曾点那样，丝毫没有舍己为人的抱负。

治理国家，一直忙碌不堪，表示工作还做不完，百姓仍有很多问题。如果不需要操心，也用不着担心，表示诸事大多顺当，人民生活安乐，当然是治理得最有成效。

孔子无为而治的理想，似乎只有曾点做得到，所以特别赞赏。

生活智慧

（一）非我不可，当仁不让，都是不得已的时候，才偶尔为之。若是长久这样，岂不是表示天下动乱，需要英雄挺身而出？

（二）能够把事情做好，又没有舍己为人的感觉，这才是服务的诚意和能力。让大家没有负担，也不需要感恩图报，更不必提心吊胆，唯恐失去能人，岂不妙哉？

（三）应该问的，才提问。暂时不要问、先想想再问、不妨问问别人，或者根本不必问，那就最好不要提问。

颜渊第十二

这是篇名，用第一句的最先两个字来表示，并没有什么特别的意义。

一、颜渊问仁。子曰："克己[①]复礼[②]为仁。一日克己复礼，天下归[③]仁焉。为仁由己，而由人乎哉？"

颜渊曰："请问其目[④]。"子曰："非礼勿视，非礼勿听，非礼勿言，非礼勿动。"颜渊曰："回虽不敏，请事斯语[⑤]矣！"

今　译

颜渊请问仁德。孔子说："克制自己的私欲，实践礼节就是仁德。只要能够做到这样的地步，天下的人都会称许你是个仁者。实践仁德需要靠自己下功夫，难道还要靠别人吗？"

颜渊说："请问实践的条目是什么？"孔子说："不合礼的事不要看，不合礼的话不要听，不合礼的话不要说，不合礼的事不要做。"颜渊说："我颜回虽然鲁钝，但愿意照着这些话去做！"

引　述

"克己复礼"的"礼"字，是指礼的本质，也就是我们固有的心性。克制自己的欲望，便能够达到恢复本有的心性。"克己"和"复礼"是一体两面，合起来看，便是我们常说的克复。克复什么呢？把非礼克复过来，使其合礼，便是克复。

非礼勿视，合礼的便要视。非礼勿听，合礼的便应该听。非礼勿言，合礼的当然要言。非礼勿动，合礼的必须要动。只要克去非礼的私欲，就可以回复应有的活动。视听言动，无一不合乎礼的要求，便是立身端正。

只要遵守非礼勿视、非礼勿听、非礼勿言、非礼勿动的准则，我们便具有很大的自由，可以扩展自己的生命。所以

十二·一【注释】

①克己：克制自己的私欲。

②复礼：实践礼节。『复』即践行。

③归：即『与』，是称许的意思。

④目：指条目。⑤请事斯语：我愿意照着这些话去做。

十二·一【主旨】

孔子教导颜渊实践仁德。

孔子认为实践仁德，主要靠自己，不能依赖他人。自我觉醒，自我改善，还需要自我提升。

这样说起来，克己复礼便是自爱。一个人处处克制自己的不正当欲望，约束自己的不正当行为，便是克己复礼，即是自爱的表现。

生活智慧

（一）要爱人，必须先自爱。使自己守法守分，事事合乎礼制，然后才有资格说爱人，否则满口爱人，却经常伤害他人，令人厌恶、怨恨。

（二）“礼”和“理”同音，所以合礼可以说是合理。合理的礼制，并不可怕，当然应该遵守。不合理的礼制，也应该循合理的途径，来加以改善。

（三）男女两性之间的非礼，大家似乎颇能警觉。最好能够扩大范围，在看、听、说、做方面，都不可非礼。

二、仲弓问仁。子曰：“出门如见大宾①，使民如承②大祭③。己所不欲，勿施于人。在邦④无怨，在家⑤无怨。”

仲弓曰：“雍虽不敏，请事斯语矣！”

今译

仲弓请问仁德。孔子说：“出了门就像要会见贵宾一样，使用民力像承当重大的祭祀一样。自己不喜欢的事物，不要加在别人身上。这样在诸侯的邦国担任公职，没有人怨恨，在卿、大夫的家里工作，也没有人怨恨。”

仲弓说：“冉雍虽然鲁钝，愿意照着这些话去做！”

十二·一【建议】

从克己复礼着手，加强自我约束的修养。

十二·二【注释】

①大宾：即贵宾。②承：即承当。

③大祭：指重大祭典。

④在邦：即在诸侯国。

⑤在家：指在卿、大夫家。

十二·二【主旨】

孔子教导仲弓存心敬恕，在修养上用功。

引　述

一个人要做到没有人怨恨，实在并不容易。因为人各有不同的欲望，很难获得一致的赞赏。唯一的办法，便是时时刻刻，抱持“己所不欲，勿施于人”的心态。凡事将心比心，才能减少大家的怨恨。

一般人对贵宾十分客气，对普通人就不是这样。这种差别待遇，很容易引起反感，造成困扰。如果对人都十分恭谦，便可以减少这些麻烦。

孔子认为仲弓很有气度，可以担任君王，所以用“如见大宾”“如承大祭”来教导他。这种因材施教的方式，是孔子教学的一种特色，值得大家重视。

生活智慧

（一）广义的仁，是忠、孝、仁、爱、信、义、恕、悌等等德行的总称。狭义的仁，便是爱。“己所不欲，勿施于人”，可以当作爱人的一种方法，用将心比心来对待他人。

（二）“己所不欲，勿施于人”看似消极，其实不然。不能够随便颠倒过来，说什么己所欲，必施于人。因为这样一来，固然比较积极，却相当危险。譬如说自己喜欢喝咖啡，便认为别人一定也会喜欢，结果勉强对方喝下，弄得他整夜睡不着觉，岂止是反遭怨恨呢？

（三）己之所欲，可以尝试着先施于人，但是必须尊重对方，不能带有丝毫勉强。通常我们一请、再请，对方若是不肯接受，便应该适可而止，以免引起不悦。当然，只请一次便不再请，显然是不及，和再三勉强，同样不合理。

十二·二【建议】

请人吃东西，或请人帮忙做事，一请再请，便要适可而止，不应该一而再、再而三，勉强对方，以免产生不愉快的后果。

三、司马牛[①]问仁。子曰："仁者其言也讱[②]（rèn）。"

曰："其言也讱，斯谓之仁已乎？"子曰："为之难，言之得无讱乎？"

今　译

司马牛请问仁德。孔子说："仁者说话常有所忍耐而不轻易出口。"

司马牛反问："说话有所忍耐而不轻易出口，这就算是仁了吗？"孔子说："做的时候既然很难，说的时候又怎能不忍耐而随便说出口呢？"

引　述

孔子主张仁人必须言行一致，也就是说到做到的意思。要言出必行，最好的办法便是不轻易说出口。能够先忍耐一下，想清楚了再开口，势必有一些迟钝的样子。做得好总比说得好要受人欢迎，说得好却做不出来，终究令人厌恶。凡轻诺的人，大多寡信，大家要引以为戒。

生活智慧

（一）说话迟钝，如果出于谨慎，信用度通常比较高。话说得太快，令人不敢相信，彼此的信赖感必然随着降低。

（二）孔子向司马牛说这一番道理，致使后人认为司马牛急躁而且多话，可见许多人喜欢牵强附会，乱加臆测。

（三）忍一忍，先想好再开口，有把握才答应。对现代人来说，尤其重要。在求快的风气中，大家愈来愈没有信用。

十二·三[注释]

①司马牛：姓司马名犁，字子牛，是孔子的弟子，《史记》称他『多言而躁』。

②讱：即『忍』，是说话迟钝的样子。

十二·三[主旨]

孔子以『讱』字教导浮躁多言的司马牛。

十二·三[建议]

开口之前，先忍耐一下，想妥当了再开口，以免轻诺寡信。

四、司马牛问君子。子曰："君子不忧不惧。"曰："不忧不惧，斯谓之君子已乎？"子曰："内省不疚[①]，夫何忧何惧？"

今　译

司马牛请问怎样才算是君子。孔子说："君子不忧愁、不害怕。"司马牛再问："不忧愁、不害怕，这样就算是君子吗？"孔子说："自我反省而没有愧疚，那有什么可忧愁、可害怕的呢？"

引　述

人生最理想的状态，应该是心安理得。心不能安，那就忧愁、害怕。我们常说坐立不安，实在很难过。

要心安理得，最可靠的方法，莫过于时常反省，力求自我改善。等待时日一久，能够反省时丝毫都不觉得愧疚，那就心安理得，无所忧虑也无所恐惧了。

"不忧不惧"，代表内心安宁，用不着忧愁，也用不着恐惧。最好的办法是谨言慎行，使自己无所忧也无所惧。倘若明明有忧有惧，不过视若无睹，或者避而不谈，甚至于置之不理，那就是表面若无其事，实则内心很不安宁。这种虚伪不实的表现，并不是君子所应该做的。

生活智慧

（一）有很多事情，让我们回想的时候，不自觉地脸红起来。想想现在已经改过，自然心安了许多，觉得有一些长进。

（二）有一些事情，想起来内心很不安宁，最好设法加以补救。而且要快，慢了恐怕失去机会，终生不安才可怕。

十二·四［注释］

①疚：病。在这里指愧疚。

十二·四［主旨］

孔子教导司马牛心地坦荡可以成为君子。

十二·四［建议］

凡事谨慎小心，力求不使自己心中不安。

（三）能够内省不疚，做到不忧不惧，才是君子。并不是什么都不管，反正不忧愁也不害怕，根本就是废人。

五、司马牛忧曰："人皆有兄弟，我独亡[①]。"子夏曰："商闻之矣：'死生有命，富贵在天。'君子敬而无失，与人恭而有礼。四海之内[②]，皆兄弟也。君子何患乎无兄弟也？"

今　译

司马牛忧愁地向子夏说："人家都有好兄弟，唯独我没有。"子夏说："我曾听说：'死生命中注定，富贵由天安排。'君子对事敬慎就不会出差错，对人恭敬有礼，天下的人都可以做你的兄弟。君子何必忧虑没有好兄弟呢？"

引　述

兄弟和朋友的不同，在于有无血缘关系。实际上有的朋友，除了亲情以外，在许多方面都和兄弟没有区别。而有的兄弟，除了亲情以外，在很多方面都不如朋友。一个人最重要的，是自我修持，提高自己的品德。不但兄弟（包括姊妹在内）相亲相爱，朋友也都志同道合。这时候兄弟和朋友同样亲密，彼此互助，当然不必忧虑没有好兄弟了。

"死生有命，富贵在天"是子夏引用来劝慰司马牛的，是不是真的这样，我们尊重各人的选择。

生活智慧

（一）死生有命，如果是真的，命在哪里？很可能和自己的生活方式有关。我们怎样活，应该可以决定我们的命，究竟有多长。命如果是定的，应该也是由自己来决定。

十二·五［注释］

①亡：即无。司马牛有兄向魋、向巢，弟子颀、子车，都在宋国作乱，司马牛逃亡在外，形单影只。

②四海之内：指天下人。

十二·五［主旨］

子夏劝司马牛好自修养以感化朋友。

十二·五［建议］

四海之内，皆兄弟也。完全看我们怎样修养自己的品德，来决定我们这一生，有多少好兄弟、好朋友。

（二）我们一生的努力，即在证明我们的寿命有多长，富贵有多少。如果自己不努力，就算有天命，恐怕也不会兑现。

（三）命就是天，天也就是命。我们的天命是什么，必须由我们自己努力来证明。有没有好兄弟，有多少好朋友，都是天命，也都由我们自己来实现。

六、子张问明[①]。子曰："浸润之谮[②]（zèn），肤受之愬[③]（sù），不行焉。可谓明也已矣。浸润之谮，肤受之愬，不行焉，可谓远也已矣。"

十二·六【注释】

①明：即明察。

②浸润之谮：指以言语毁谤人就像水渐渐浸透物品。

③肤受之愬：指诉冤的言语似有切身之痛，容易让人信以为真。

十二·六【主旨】

孔子教导子张要明察事理、见识高远。

今　译

子张请问怎样才算明察。孔子说："像水逐渐渗透的谗言，像切身之痛的诉冤，在他面前都会被识破而行不通，这可算明察了。像水逐渐渗透的谗言，像切身之痛的诉冤，在他面前行不通，也可算是见识深远了。"

引　述

"明"是明察是非，"远"是明察得深入而长远。两者都是明，却显然有程度上的差别。孔子先说这样可以算做明察了，接着又指出"远"比"明察"更进一步，更深一层，简直是明察得更为透彻了。表示防止谗言和明辨冤情，实在并不容易。

谗言是陷害人的坏话，原本不是真的，可是一而再、再而三，说久了就会令人感觉好像是真的。如果不能明察，实在很容易受到蒙骗而吃亏上当，甚至受到伤害。

诉冤的人，无不声泪俱下，令人十分感动而信以为真。如果能够不为所动，也不为所误，那就是见识深远了。

生活智慧

（一）我们把喜欢听小话的人，称为耳朵轻。表示很容易受人蒙骗，产生错误的判断。一般人如此，尚且为害不大。具有权力，可以影响他人的人士，若是耳朵轻，害处就很大，不能不慎为防止。

（二）传播谗言，有时出于恶意，有时则出于无心。但是所造成的伤害，却是同样的。所以用心明察，不传不实的信息，实在十分重要，人人都应该谨慎。

（三）现代通讯发达，传播速度极为惊人。培养高度的警觉性和明察是非的能力，对每一个人来说，都很要紧。

七、子贡问政。子曰：“足食，足兵，民信之矣[①]。”

子贡曰：“必不得已而去，于斯三者何先？”曰：“去[②]兵。”

子贡曰：“必不得已而去，于斯二者何先？”曰：“去食。自古皆有死，民无信不立。”

今　译

子贡请问怎样为政。孔子说：“充足粮食，修整军备，使人民信任政府。”

子贡说：“如果迫不得已，在这三项中要先去除哪一项呢？”孔子说：“去除军备。”

子贡说：“如果迫不得已，在剩下两项中要去除哪一项呢？”孔子说：“去除粮食。自古以来，人都免不了一死。人民如果不信任政府，国家的威信就建立不起来。”

十二・六［建议］

不要传播未经证实的信息，同时加强自己的判断能力，以免误信误传，害己又害人。

十二・七［注释］

①足食，足兵，民信之矣：指仓廪充实，军备修整，然后教化实行，而后民才能信于我。

②去：去除。

十二·七【主旨】

孔子教导子贡为政的方法与应变的道理。

十二·七【建议】

无论从事任何行业，都应该信用第一！

十二·八【注释】

①棘子成：卫国大夫。

②夫子：指棘子成，古时大夫常被尊称为夫子。

③驷不及舌：指有过失的言语一出口，四匹马也追不回。

引　述

孔子把充足粮食、整修军备和建立人民的信心，当作施政的三大要项。一切生产，莫不为了足食。所有军备，都是为了足兵。仅仅这两项，很难区分王道或霸道。所以孔子认为迫不得已时，可以去兵，也可以去食。唯有诚信立国，使人民对政府有信心，才是王政的主要特征，一定不可以忽视。

既然诚信这么重要，孔子为什么把它摆在足食、足兵之后，最后才提出来呢？因为仓库里粮食充足，才能用心整修军备。安全获得保障，才能够实施教化。但是依重要性而言，教化的功效，当然比足食、足兵更为优先。

生活智慧

（一）以诚信立国，而不主张以强大的军备立国，这是王道和霸道的主要差异。唯有民众真诚爱戴和支持，才是真的强国。

（二）自古以来，人人都不能不死。所以去除粮食和军备，只要民众对政府有信心，仍然不至于亡国。国家虽然衰弱，民众的斗志依然十分坚强，当然不会灭亡。

（三）民无信不立，是指国家而言。人无信不立，是对个人来说。无论团体或个人，都以信用为重，不可轻忽。

八、棘（jí）子成[①]曰：“君子质而已矣，何以文为？”子贡曰：“惜乎！夫子[②]之说，君子也。驷（sì）不及舌[③]。文犹质也，质犹文也。虎豹之鞟，犹犬羊之鞟[④]（kuò）。”

今 译

棘子成说："君子只要有好的本质就够了，何必要礼乐的文采来修饰呢？"子贡说："可惜啊，棘夫子这样解释君子！话说出来，四匹马驾的快车也追不回来。文采和本质同样重要，如果把虎豹和犬羊皮上的毛都除掉，看来不就很相同吗？"

引 述

《雍也篇》说过"质胜过文"，也就是内在胜过外表，给人粗野的印象。反过来，"文胜过质"，也就是外表胜过内在，必然是虚伪、浮夸。可见质和文同等重要，不可偏忽。如果外表看起来一模一样，我们实在很不容易分辨君子和野人。就好比虎豹和犬羊的皮革，十分相像，若不是外表的毛不一样，我们很难加以分别。

生活智慧

（一）一言既出，驷马难追。愈是身份、地位高的人，愈不能够随便开口说话。愈受到大家重视的人，愈不能不慎言，因为话说出来，可能会影响很多人，显得很重要。

（二）虎豹的皮和犬羊的皮，价格不一样，主要是外表的花纹不相同。如果花纹也一样，就不可能卖得比较昂贵。

（三）外表和实质，最好能够密切配合。佛要金装，人也需要衣装，就是这个道理。表里一致，才是彬彬君子。

④虎豹之鞟，犹犬羊之鞟：虎豹皮与犬羊皮好像相同，但毛的纹彩相异。『鞟』即去毛的皮。

十二·八【主旨】子贡矫正棘子成的偏激言论。

十二·八【建议】品德好，固然十分重要。仪表端庄、服装整齐、态度高雅，同样要加以重视。

九、哀公问于有若曰："年饥，用不足，如之何？"

有若对曰："盍[①]彻[②]乎？"曰："二[③]，吾犹不足，如之何其彻也？"

对曰："百姓足，君孰与不足？百姓不足，君孰[④]与足？"

今译

鲁哀公问有若："年成歉收，国家财用不足够，怎么办呢？"

有若答："为何不实行十分抽一的税制呢？"哀公问："十分抽二的税，我都还不够用，怎么可以只收十分之一呢？"

有若答："百姓富足了，国君怎么会不富足？百姓不富足，国君又怎么能富足？"

引述

财政和经济不同，前者量出为入，后者量入为出。政府的财政，可以预先订好计划，看看需要支出多少，再来寻找财源。这时候税收的高低，当然是主要的考虑项目。然而，农民的收成不佳，依法纳粮确有困难，政府就应该调整计划，以求收支平衡。否则不顾民众的生活，失去民众的信心，对政府相当不利。

生活智慧

（一）为政者最好抱持"下贫则上贫，下富则上富"的心态，先求富民，再求富国。民众生活获得改善，自然乐于依法纳粮或纳税。

（二）遇到农作物收成不好的时候，减免纳粮的比例，

十二·九【注释】

①盍：何不。

②彻：古税制。田赋取十分之一的税。

③二：指加倍，取十分之二的税。

④孰：怎么，疑问副词。

十二·九【主旨】

有若认为富国应以百姓富足为根本。

十二·九【建议】

养成诚实纳税的好习惯，使政府能够顺利完成各阶段的发展计划，以福国利民。

应该是可行的办法。用其他的税收来弥补，也是全民互助的措施。

（三）政治的主要功能，在为人民服务。如何藏富于民，使人民安居乐业，发挥节用爱民的精神，殊为必要。

十、子张问崇德①、辨惑。子曰：“主②忠信，徙义③，崇德也。爱之欲其生，恶之欲其死。既欲其生，又欲其死，是惑也。”

今　译

子张请问怎样提高品德，明辨疑惑。孔子说：“亲近忠信的人，使自己的行为趋向于道义，就是提高品德。喜爱一个人就要他生，讨厌一个人就要他死，既要他生又要他死，这就是疑惑。”

引　述

崇德的意义，在明辨人和禽兽的不同。人有道德，而禽兽则无。有道德才有资格称为人，讲求忠信，主张正义的人，才算是正当的君子。

一般人爱之欲其生，恶之欲其死。便是自己解不开的一种迷惑，充满了矛盾，却又纠缠不清。

生活智慧

（一）忠表示尽心竭力，没有丝毫虚伪不实。忠是德行的根本，崇尚道德，必须注意忠的修养功夫。待人忠厚，做事忠实，人际关系自然和谐、圆通、美满。

（二）处人要忠，说话要信，事无大小都应该尽心竭力，把它做好。现代人应该有这样的观念，更应该发挥这样

十二·十【注释】

①崇德：即尊崇品德。

②主：亲近。

③徙义：指迁善，行为趋向于道义。

十二·十【主旨】

孔子教导子张崇德辨惑的道理。

十二·十【建议】

对任何人，都不应该爱之欲其生，恶之欲其死。

的精神。

（三）义是适宜、应该的意思，把一件事处理得很适宜，便是义。义表示人与人交往的共同准则，可以说是行为的最高准则。使自己的行为合乎义的要求，即为改过迁善。

十一、齐景公问政于孔子。孔子对曰："君君，臣臣，父父，子子[①]。"公曰："善哉！信如君不君，臣不臣，父不父，子不子，虽有粟[②]，吾得而食诸？"

十二·十一【注释】

①君君，臣臣，父父，子子：君臣父子都各尽其道。上字为名词，下字为动词。

②粟：粮饷、俸禄。

今译

齐景公问孔子治国的道理。孔子回答说："当国君的要尽国君的道理，当臣子的要尽臣子的道理，做父亲的要尽父亲的道理，做子女的要尽子女的道理。"景公说："好啊！要是君不尽君道，臣不尽臣道，父不尽父道，子不尽子道，就算有粮饷俸禄，我怎能来享用它呢？"

十二·十一【主旨】

孔子建议齐景公修人伦以治国。

引述

君、臣、父、子表示一个人在群体中的定位，也就是所处的位置。其中君臣属于社会性的关系位置，而父子则是自然性的关系位置。君君、臣臣、父父、子子，具有正名的意义。为君的能正确按照自己的名份、地位，表现出应有的道德与才能，以充分显示其应有的价值。也需要为臣的，同样表现出相对的配合。双方互动的结果，才使得君有君的样子，而臣也有臣的模样。各自扮演好自己的角色，共同完成既定的任务。父子也是一样，在家庭中扮演不同的角色，彼此定位，做出合理的互动，以维护人伦的秩序，完成齐家的使命。

生活智慧

（一）现代有些人主张父子应当像朋友一样，就正名、定位而言，颇不合适。父亲变成朋友，子女最为可怜。多了一位年长的朋友，却没有了父亲，情何以堪？

（二）父亲是一辈子不能变换的，朋友则是合不来或者情况改变，就会变换的。父亲变成朋友，哪一天被子女换掉了，改口叫名字而不称呼父亲，怎么办？

（三）正名十分重要，名不正则言不顺，会产生很多不良的后遗症。不要由于求新求变，或者标新立异，乱改名字，不但妨害视听，而且容易引起误解或扭曲。

十二、子曰：“片言[①]可以折狱[②]者，其由也与！”子路无宿诺[③]。

今译

孔子说：“听信片面之词就能够判决案件的，大概就只有子路的话才做得到吧！”

子路承诺别人的事，不会拖延时日。

引述

子路天资聪慧，智力过人。由于平日说话很有信用，以致断案的人，只听取子路片面的言辞，便敢于判决。

孔子这一番话，并不是赞美子路依据人家片面的言辞，便判定是非。如果子路真的这样，不问问另外一方的意见，就加以论断。相信孔子不但不赞美，反而要责骂他。

子路的信用，从他的急于兑现诺言，答应人家的事，马上去办，可以看得出来。有信用的人，他的片面言辞当然可

十二·十一【建议】

到任何地方，先做好定位的工作，看看自己的名份和地位，以求合理地调整自己的言行态度。

十二·十二【注释】

①片言：指片面之词。『片』即半的意思。

②折狱：断狱，判决案件。

③无宿诺：指急于履行诺言。『宿』即留。

十二·十二【主旨】

孔子称赞子路言而有信，令人敢于片言折狱。

以合理地相信。否则的话，片言折狱显然十分危险。

生活智慧

（一）希望别人相信我们的话，最好的办法，便是言而有信，言出必行，使人不致产生怀疑。久而久之，就算真是片面的言辞，大家也会相信。

（二）为了公正起见，通常听取片面言辞之后，应该再听取另外一面的言辞。把双方的意见对应起来，看看有没有什么矛盾或相反的地方，进一步求证，才能加以论断。

（三）再有信用的人，有时居于私利，难免也会说出一些偏颇或不真实的话，最好加以小心求证，才来判断。我们再有信用，也不能反对人家求证或怀疑。做人必须经得起考验，所以用不着害怕，也不能够生气。

十三、子曰：“听讼①，吾犹人也②，必也使无讼乎！”

今 译

孔子说：“审判案件，我和别人一样，但最好能够使民众不兴诉讼！”

引 述

人是群居的动物，却由于个别差异，难免因看法不同而争执。若是各持己见，调解不成，那就非诉讼不可。只要能够公正严明，做到不枉不纵，也算是一种排解纷争的方式。但是孔子认为，能够进一步相互谅解、彼此包容，社会和谐，没有诉讼的案件，那才是正本清源的做法。

十二·十二【建议】

养成细心求证的好习惯，尽量不要听取片面的言辞，便遽下判断。

十二·十三【注释】

①听讼：审判案件。
②吾犹人也：指我与别人一样。

十二·十三【主旨】

孔子希望感化一般人士亲爱不争。

生活智慧

（一）西方人认为依法诉讼，本来就是正当的行为。律师和法官是良好的职业，一切依法判决，属于正常的运作。

（二）我们中国人，连法官都喜欢庭外和解，尽量避免对簿公堂，以免伤害彼此的感情。诉讼是不得已的行为，能免则免。

（三）明礼义、知廉耻，就会减少诉讼案件。但是，一旦进入诉讼，就应该依法处理，不可以徇私舞弊而有失公正。

十四、子张问政。子曰："居之无倦[①]，行之以忠。"

今　译

子张请问为政的道理。孔子说："在职位上不能有任何懈怠，推行政事一定要尽心。"

引　述

"居"是存心的意思，我们常说居心如何如何，或者究竟有什么居心，是同样的用法。把心存放在自己的职务上面，丝毫没有倦怠的感觉。而且工作时尽心尽力，表里一致，当然不致有所疏失。

生活智慧

（一）在职怨职，干一行不满意一行，是一般人的错误观念，影响所及，做事不用心，稍遇困难便想打退堂鼓，效

十二·十三［建议］崇法守纪，力求不惹官司，能不诉讼最好。

十二·十四［注释］①居之无倦：平日用心不倦。「之」在这里，指政事。

十二·十四［主旨］孔子教导子张为政的道理。

果当然大打折扣。

（二）为人民服务，当然不应该懈怠。凡事半途而废，等于没有做。有时引起众人的反感，对政府失去信心，为害更大。

（三）对人对事尽心尽力，便是忠。推行政令时，尽心尽力，也叫作忠。先决条件是不抱怨，也不嫌麻烦，否则很难做到。

十五、子曰：“博学于文，约之以礼，亦可以弗畔矣夫。”

本章重出，见《雍也篇》第二十五章。

十六、子曰：“君子成人之美[①]，不成人之恶。小人反是[②]。”

今　译

孔子说：“君子成全别人的好事，不成全别人的坏事。小人刚好相反。”

引　述

成全是一种难得的美德，必须具有欣赏、接纳，以及宽宏大量的素养。先要欣赏别人的长处，能够接纳所做的好事，并且衷心加以赞扬和协助。

小人的心胸，通常比较狭窄，见不得人家好。一旦发现别人有什么长处，必定想办法揭发他的缺失，大力加以批判和指责。

十二·十四【建议】

要当公务人员，必须具备居之无倦，行之以忠的素养，以免耽误政事，影响政府的公信力。

十二·十六【注释】

①成人之美：『成』即成全。『美』指善事、好事。

②反是：指与这正好相反。

十二·十六【主旨】

孔子论述君子与小人的用心不同。

君子希望通过成全的美德，使所有的人，都逐渐成为好人。小人深怕别人好过他，恨不得所有的人，都变成小人，来掩饰自己的过错。

帮助别人做好事，不帮助别人做坏事。成全具有选择性，不能够什么都热心帮忙，变成滥好人。

生活智慧

（一）成人之美，是一种成全的美德。不一定出钱出力，也不一定亲自参与。只要不打击、不攻讦、不抹黑、不曲解，就会顺水推舟，让好事能够顺利完成，便是一桩美事。

（二）有些人认为自己完成的，才是好事。别人所做的，必须加以破坏，才不致显得自己无能。其实世上可以做的好事很多，各人做各人的，何必比来比去，还要加以打击？老子尚且倡导功成不居，何况放手让别人去建功呢？

（三）打击坏人，是一种道德勇气，值得鼓励。打击好人，那就成为刻薄的小人，势必为大家所厌恶。我们只能打击坏人，不能打击好人。

十七、季康子问政于孔子。孔子对曰：“政者，正[①]也。子帅以正，孰[②]敢不正？”

今　译

季康子问孔子为政的道理。孔子答道：“政字的意义就是中正，您依正道而行，还有谁敢不依正道来做呢？”

十二·十六［建议］

把成人之美，不成人之恶，当作自己的座右铭。经常反省，看看自己做到了多少。

十二·十七［注释］

①正：即正道。

②孰：谁。

十二·十七［主旨］

孔子教导季康子治国要先端正自己。

引　述

“正”的意思，便是我们常说的正道。从事政治工作，必须以正道修身，使大家受到感应，共同趋向光明正大的途径。居上位的人，尤其要以身作则。务使所领导的人，也不敢不走正道。

生活智慧

（一）正就是对的、是的和光明的，能恪守正道，便是堂堂正正的君子。从自己做起，先求正身，然后才能正名。

（二）恪守正道的原则，是千古不移、历久常新的。我们从日常生活做起，力求恪守正道，由行正而身正，然后做到心正的地步。

（三）任何恪守正道的人，不但不会怨天尤人，而且受人尊敬。只要坚定不移，自然逐渐影响邻近的人，大家都趋向正道。

十八、季康子患盗，问于孔子。孔子对曰：“苟子之不欲①，虽赏②之不窃。”

今　译

季康子忧心国内盗贼很多，向孔子求教。孔子答道：“如果您自己不贪求财货，就算您奖励人民去行窃，他们也不会去做的！”

引　述

上行下效，是自古以来，屡见不鲜的事实。领导者有什

十二·十七【建议】不论从事什么行业，身居什么职位，都应该恪守正道。

十二·十八【注释】①不欲：不贪欲。②赏：奖励。

十二·十八【主旨】孔子教导季康子止盗要自己先不贪。

么偏好，很快就会引起大家的仿效。

长辈有什么作为，晚辈加以仿效，也是上行下效，情况十分普遍。

生活智慧

（一）中国人的眼睛，普遍喜欢向上看。看着居上位的人，来调整自己的步伐。上行下效的现象，在中国社会尤为明显。

（二）君臣是社会性的关系，因为道义而互相结合。所以上下都应该合义，也就是合理节制自己的私欲，以求正身。

（三）我们常说无欲则刚，上下都合理节制私欲，便能在各自的职位上，直道而行。就算有外界不良引诱，也不动心。

十九、季康子问政于孔子曰："如杀无道，以就①有道，何如？"孔子对曰："子为政，焉用杀？子欲善，而民善矣。君子之德风，小人之德草。草，上②之风，必偃③（yǎn）。"

今　译

季康子向孔子请问为政的道理："如果杀掉无道的坏人，成就有道的善人，怎么样呢？"孔子答说："你是主政的人，为何要动用杀戮呢？你想为善，老百姓也就为善了。在位者的德行就像风，老百姓的德行就像草，风加在草上，草必定是随风仆倒的啊！"

引　述

往昔的民众，有如草那样顺从。我们常说风吹草动，便是上面有什么样的作为，下面就会自动仿效。所以君子的德

十二·十八【建议】

从现在开始，合理节制自己的欲望，以免有一天机会到来，居于上位却不幸利欲熏心，反而害了自己。

十二·十九【注释】

①就：即成就。

②上：在这里当动词用，意思是在草的上面吹动。

③偃：仆，倒。

十二·十九【主旨】

孔子勉励季康子施行德政。

十二·十九【建议】

认识礼教的优点，以礼俗代替法律，来提升自己的品德修养，促进社会的和谐。

行和风一样，而小人的德行和草一样。君子指领导者，小人在这里指一般百姓。领导者喜欢善行，老百姓就会表现出善行，效果十分明显。

现代民众的知识提高，见识也因而增广。按理说应该更加容易教化，不料许多人利用知识和见识来追逐个人的名位、财富，却忘却了提高道德修养。以致假借自由、平等、人权等一知半解的名词，盲目扩展个人的权利和自由。有利于己的即仿效，甚至于使用得过分；不利于己的，便发挥自主性和创造性来加以抵制和抗拒，甚至反其道而行之。

于是大家想起加重刑罚，采取重罚的政策，来吓阻民众违犯法规。殊不知强调法治的结果，产生一种“只要不犯法，什么都可以做”的错误观念，大家只怕违法，却不能免于无耻。光凭法治，民众很难培养“尊人卑己”的礼让精神。满脑子“不要让自己的权利睡着了”，动不动就要聚众抗争，甚至走上街道，社会不安，更不可能和谐。

孔子并不否定法治的重要性，但他深切了解法治的功效，为时甚短。居于长治久安的考虑，必须以德治、礼治为主导，而法治不过是暂时性的措施。用法令来吓阻，可以收到暂时的、有限的效果。重视教化，鼓励居上者以身作则，而大众上行下效，仍然是主要的治道。

生活智慧

（一）尊重他人的自由和权利，并且养成先人后己的礼让精神，才是大家乐于接受的治理方式。不得已则可先实施法治，赶快加强道德教育，以求提升为礼治，向德治迈进，才能长治久安。

（二）礼治的重点，在事先防患。而刑罚的措施，只能禁止于事后。法治的效果，比较明显易见。礼治的功能，在潜移默化之中，不容易看得出来。但是礼治长远，法治却仅能吓阻于一时。

（三）先立规矩。养成习惯后，愈少提起规矩的，愈彰显品德修养良好。动不动就要用刑罚来吓阻的，品德很差。

二十、子张问："士何如斯可谓之达[1]矣？"子曰："何哉，尔所谓达者？"子张对曰："在邦必闻[2]，在家必闻。"子曰："是闻也，非达也。夫达也者，质直而好义，察言而观色，虑以下人。在邦必达，在家必达。夫闻也者，色取仁而行违[3]，居之不疑[4]。在邦必闻，在家必闻。"

今译

子张问："一个士人要怎么做才算是通达呢？"孔子说："你说的通达是什么意思？"子张答道："在诸侯的邦国，一定有名望，在卿、大夫的家，一定有名望。"孔子说："这是名望，不是通达。所谓通达的人是：本质正直讲求道义，能剖析别人的言语、观察别人的脸色，总是谦退而处处居于人下，这样他在邦国内必定通达，在卿、大夫家里，也必定通达。所谓有名望的人，可能只是表面上爱好仁德，行为却不如此，自己以仁者自居而不加疑惑，这种人他在国内一定骗取名望，在卿、大夫家里，也一定骗取名望。"

引述

"闻"的意思，是名声传播出去，让大家听得到。我们常说闻名世界或举世闻名，就是有名声的人，连不相识的人都知道，也称为有名望的闻人。

"达"的意思，是通晓事理而且看开一切，很容易获得大家的协助而达成他所想要做的事情。

有名望的人，同样有阴有阳。也就是有真的，便有假的，就好像君子那样，有真君子也有伪君子。名副其实的闻人，大多能够通达。名不符实也就是虚有其名的闻人，很快就会被揭露、被扯穿，被大家视为骗子。

十二·二十【注释】

①达：通达。②闻：有名望。

③色取仁而行违：指外貌似乎有仁德，实际的作为却都违反。

④居之不疑：指自以为是，专务虚伪，还不自疑。

十二·二十【主旨】

孔子辨明『闻』和『达』的差别。

生活智慧

（一）人怕出名猪怕肥，因为猪肥了，很快会被宰杀，以便食用。人出名了，就有很多人动脑筋，想要利用这个人的名声，来做一些不一定有利于社会的事情。或者出售一些假冒或不好的货品，甚至于借着这个人的名来行诈骗的实。

（二）愈有名望，愈需要谨慎小心，以免被利用。然而防不胜防，所以不能随便答应人家，接受人家的请托，或者未经查证，便传达或传播某些讯息。

（三）实至名归，才是安全的正道。没有达到一定的程度，便名闻社会，很可能变成一种负担。这时候赶紧充实自己，格外小心，更为谦虚、礼让，才是预防出丑的有效途径。

十二·二十【建议】

不要求名，更不能想尽办法要求出名。不断充实自己，以待实至名归，才合乎水到渠成的道理。

二十一、樊迟从游于舞雩之下，曰：“敢问崇德、修慝[①]（tè）、辨惑。”子曰：“善哉问！先事后得[②]，非崇德与？攻其恶，无攻人之恶，非修慝与？一朝之忿[③]，忘其身，以及其亲，非惑与？”

十二·二十一【注释】

①修慝：祛除心里的恶念。『修』指除掉。『慝』即恶念。

②先事后得：指先不畏艰难、不计功利，努力去做好该做的事，自然可以累积功德。

③一朝之忿：一旦发怒。

今　译

樊迟跟随孔子在舞雩台下游览，问道：“请问怎样提高品德、排除恶念、明辨迷惑呢？”孔子说：“问得好！只做应该做的事，而不计较报酬，不就是提高品德吗？批评自己的过错，不去指责别人的过错，不就是排除自己的恶念吗？一旦发怒，忘了自己的安危甚至连累父母家属，这不就是迷惑吗？”

引　述

一般人做事，只问喜欢不喜欢，不问应该不应该；只问可以获得多少报酬，不问能够产生多少价值。这样的人，怎么提高品德修养呢？日趋堕落，是必然的结果。

眼睛向外看，只看到别人的过错，不反省自己的缺失。必须检讨的时候，尽量把过失推给别人。这样的人，当然无法排除恶念。

一生起气来，就不顾一切，要和别人拼命。不但自己受到伤害，甚至于危及亲人。这样的表现，不正是迷惑吗？

生活智慧

（一）崇德、修慝、辨惑是修养心性的主要项目。我们最好以先事后得、不忘自己反省、不要小不忍而乱大谋，来互相勉励，以资改进。

（二）做事时，不妨争先。有好处时，何妨礼让。初听起来好像很吃亏，其实不然，实施久了成为习惯，才能真正领悟吃亏就是占便宜的道理。

（三）减少自己的恶，等于增加自己的善。一切全在自己的一念之间，所以每次起心动念，都应该及时加以端正。

二十二、樊迟问仁。子曰：“爱人。”问知。子曰：“知人。”

樊迟未达[①]。子曰：“举直错诸枉，能使枉者直[②]。”

樊迟退，见子夏。曰：“乡[③]（xiàng）也吾见于夫子而问知，子曰，‘举直错诸枉，能使枉者直’，何谓也？”

子夏曰：“富哉言乎！舜有天下，选于众，举皋（gāo）陶[④]（yáo），不仁者远矣。汤有天下，选于众，举伊尹[⑤]，不仁者远矣。”

十二·二十一【主旨】孔子论述心性上的修养功夫。

十二·二十一【建议】以忠信、坚忍、宽恕来提升自己的品德修养。

十二·二十二【注释】①未达：即未明。②举直错诸枉，能使枉者直：『举』即拔擢。『错』指安置。上句为知的表现，下句为仁的表现。

③乡：同『向』，指前些时候。④皋陶：舜的贤臣。⑤伊尹：汤的贤相。

十二·二十二【主旨】

孔子论述智能成仁。

十二·二十二【建议】

远离小人，使小人自行改变。看似消极，实际上最有效果。

今　译

樊迟请问仁德。孔子说："爱护众人。"又请问明智。孔子说："能明察人的好坏。"

樊迟不明白孔子的意思。孔子说："提拔正直的人放置在不正直的人上面，能够使不正直的人也正直。"

樊迟退出，又去找子夏，说道："先前我在老师那里问怎样才算明智，老师说，'提拔正直的人放置在不正直的人上面，能使不正直的人也正直'，这是什么道理呢？"

子夏说："这话说得很有意思！舜有天下，在众人中选用皋陶为他的臣子，那些不仁的人就远离了。汤有天下，在众人中选用伊尹为他的相，那些不仁的人就远离了。"

引　述

仁心的表现，莫过于爱人。智能的显示，莫过于知人。孔子用"提拔正直的人，来领导那些不正直的人，透过上行下效的感应，使这些不正直的人，也逐渐趋向于正直"，使仁和知结合在一起。先要具有知人之明，才明白某人正直，而某人并不正直。然后还要爱人，让不正直的人，有机会受到感应，而变得正直。爱人的"人"字包含他人和自己，因为两者都是人。爱自己和爱他人，最好同等重视。

子夏更具体指出：舜提拔皋陶，那些和皋陶合不来的不仁的人，都躲开了。没有躲开的人，也受到皋陶的良好感应，而趋向于仁德。汤提拔伊尹，也收到同样的效果。

用对人，自然容易做对事。用错人，有时对的事也会做错。要用对人，必须有知人之明，加上仁德的精神。

"爱人"这两个字，在《论语》中，除了《学天篇》"节用而爱人"之外，只在这一章出现。它和《里仁篇》中"唯仁者能好人能恶人"的"好人"，意义并不相同。爱人以所有的人为对象，好人仅指一部分值得好的人。我们可以说应该爱所有的人，却可以好所当好的人。前者是一视同仁的爱，后者则加以价值的判断。

生活智慧

（一）政治领袖以德行为主，并不是以知识为主。由于以德为主可以感化人，使不正直的也变成正直，不正直的人不敢亲近，自然离得远远的，更加安全。

（二）“举直错诸枉”，和“举枉错诸直”，是互相对待的。正如阴消阳长和阳消阴长一样，都表示好人多了，坏人便少了。而坏人多了，好人自然少了。

（三）我们没有办法使好人变成坏人，也不可能将坏人变成好人。只有好人自己想要改变，才会变成坏人。同样只有坏人自己想要变成好人，才有可能改变。教化的功能，即在促使坏人自动变成好人。而好人坚持原则，仍然自动要做好人。

二十三、子贡问友。子曰：“忠告[①]而善道[②]（dǎo）之，不可则止，毋自辱焉。”

十二·二十三［注释］

①忠告：尽心劝告朋友向善。

②道：同『导』。

今译

子贡请问交友的方法。孔子说：“尽心劝告朋友，好好开导他。朋友如果不接受，就停止劝导，不要自取其辱。”

十二·二十三［主旨］

孔子教导子贡交友的道理。

引述

朋友和兄弟不同，只有社会关系而没有血缘关系。彼此志同道合，当然很好。若是志趣不相投，逐渐疏远，以期好聚好散。大可不出恶言，而淡然相忘。

但是，既然朋友一场，除了有通财之义以外，还需要互相劝告、勉励。朋友有过错，必须善加劝导，使其改善。朋友欣然接受，彼此的友谊更为加深。如果听不进去，或者心生反感，甚至于激烈抗拒，那也不能勉强，最好适可而止，以免反目成仇。或者恼羞成怒，反而自取其辱。

对待朋友的方式，最合理的应该是热心与漠视并用。先热心地加以劝告，如果不能接受，不妨冷漠看待，促使其自己反省。不必穷追猛打，咄咄逼人。否则有时反而引起对方的强烈不满，岂不是和自己过不去？凡事合理为度，对人忠告也不能例外。

生活智慧

（一）劝告朋友，心须讲求沟通技巧。不能毫无顾虑地有话直说，使朋友产生误解，以为有意加以挑剔，故意使其难堪。

（二）我们常说熟不拘礼，好像熟悉的朋友，可以不讲求礼节。其实不讲究形式，免除一些客套，是可以的。但是提出忠告的时候，基本礼貌还是十分重要。务使被劝告的人，知道我们尊重他、对他好，才肯这样做。

（三）通常一劝再劝，如果没有效果，就应该暂时停止，再想想有没有其他的方式，或者更合适的人来劝他。不宜一而再，再而三，甚至于带有威胁、压迫的口吻，以免逼得太紧，反而产生误会而很难化解。

二十四、曾子曰："君子以文①会友，以友辅仁②。"

今　译

曾子说："君子以礼乐文章来结交朋友，以朋友来辅助自己培养仁德。"

十二·二十三［建议］

多检点自己的行为，多改善自己的过失，少重视别人的缺失。可以劝告，才试试看，不行则适可而止，不宜勉强。

十二·二十四［注释］

①文：指诗书礼乐。

②辅仁：辅导朋友一起施行仁道。

引　述

君子结交朋友，是为了共同弘扬理想。小人不一样，是为了吃喝玩乐。我们常说的酒肉朋友，便是小人聚集在一起，很少从事正当的活动，对进德修业，丝毫没有帮助。

君子透过文章学问，来结合某些志同道合的人士。大家互相尊重，彼此交换读书的心得。借由相互观摩学习，以增进各人自己的仁德修养。

曾子提出以文会友，也就是结识有益的朋友。然后以友辅仁，透过益友的互动，使自己的仁德获得精进。这是一条人人都走得通的有效途径，何乐而不为呢？

生活智慧

（一）我们想了解一个人，最好看他结交的是哪一类型的朋友，看他平日读些什么书，再看他休闲时从事什么样的活动。应该八九不离十，可以做出初步的判断。

（二）所交的朋友，都是因道结合。有共同的理想，又能够彼此勉励、互相指点，对于仁德的提升，必然大有帮助。与朋友共同学习，经常可以获得事半功倍的效果。

（三）发现朋友之间，有言不及义的倾向，最好委婉劝导，千万不要浪费宝贵的时间。把大家的言行，都引导到正道上来，是朋友之间应尽的道义责任。

十二·二十四【主旨】曾子论述交友的好处。

十二·二十四【建议】发现有言不及义的现象，要赶快想办法，加以挽回。

子路第十三

这是篇名，用第一句的最先两个字来表示，并没有什么特别的意义。

一、子路问政。子曰："先之，劳之。"请益[1]，曰："无倦。"

今译

子路请问为政的道理。孔子说："领导民众，凡事自己先去实行，不畏劳苦。"子路请求再说得详细一些。孔子说："还要持久不倦。"

引述

"无倦"是始终如一的意思。理想的政治，本来就是一条漫长的实践历程。从事政治的人士，如果不能始终如一，那就是十分严重的变节或不忠。不论是由于倦怠，或者是苟且，都是不能持久，终将有头无尾而屡生弊端。

要求民众做到的事情，自己率先实行，作为民众的先导。不怕辛劳，作为民众的典范。若是始终如一，便是优秀的政治工作者。子路有从政的意思，所以提出这样的问题。孔子知道他勇于行事，做出这样的解答，也是针对子路的个性和能力，同样是一种因材施教。

生活智慧

（一）政治的内涵，相当丰富。孔子不可能也不必要一次说完，因为他不是在上政治课程。每当有人提问题，他总是针对请问的人，提出某些要点。我们可以把各个要点，自行整合起来，做出比较完整的了解。

（二）政治是从政的人士，领导民众走向正当途径的行政措施，所以领导者先之劳之，以身作则，十分重要。

（三）忠于职守，清廉守正，是从政人士的基本必要条

十三·一【注释】

①益：增加。

十三·一【主旨】

孔子教导子路要能够以身作则，并且持久不倦。

十三·一【建议】

培养自己尽忠职守的良好习惯，对钱财的处理，也应该清楚而正确，一丝不苟。

件。必须始终如一，才是无倦的表现，使民众安心。

二、仲弓为季氏宰，问政。子曰："先有司[①]，赦小过，举贤才。"

曰："焉知贤才而举之？"子曰："举尔所知。尔所不知，人其舍诸[②]？"

今　译

仲弓当季氏的家臣，请问为政的道理。孔子说："凡事都应该先由专职的官员去处理，他们有过失要加以宽赦，举用有德有能的人才。"

仲弓再问："怎么知道谁有贤才而举用他呢？"孔子说："举用你所知道的人；你所不知道的，别人会舍弃他不推荐给你吗？"

引　述

事必躬亲，是担任主管的人经常触犯的不良现象。领导必须以身作则，却千万不宜事必躬亲。以身作则，是指在品德修养和工作态度方面，要作为大家的表率。事必躬亲，则是不尊重分工专职的制度，并且不信任部属的能力和操守，使部属不敢做事，也不能发挥长才。

既然设置职有所司的百官，就应该尊重制度，先让他们按照规矩办事。如果有一些过失，也应该加以合理的宽恕，使他们在工作中获取宝贵的经验，不断求取进步。

至于知人善任的具体做法，孔子认为领导者应本着大公无私的原则，把自己所知道的贤明人士举荐出来，别人自然会跟着举荐贤才，不至于视而不见，舍弃良才。

十三·二【注释】

①有司：指职有所司的百官。『司』是负责的意思。

②舍诸：舍弃。

十三·二【主旨】

孔子教导仲弓凡事应从大处着想。

生活智慧

（一）领导者举荐贤明的人才，也是一种以身作则。大家都知道这一位领导者大公无私，知人善任，自然乐于举荐人才。

（二）自己不知道的贤良人才，应该有其他的人乐于把他们举荐出来。如果没有这种风气，领导者反而应该反省，是不是大家不相信自己，或者在知人善任方面做得不够好。

（三）凡事由下而上，通常比较切合实际的情况。而且层层过滤，自然会取得合理的协调。领导者从各方面的反应，和处理的结果，应该可以知道到底做得好不好。

三、子路曰："卫君待子而为政，子将奚先①？"

子曰："必也正名乎！"

子路曰："有是哉，子之迂②也！奚其正？"

子曰："野哉由也！君子于其所不知，盖阙如③也。名不正，则言不顺；言不顺，则事不成；事不成，则礼乐不兴；礼乐不兴，则刑罚不中④；刑罚不中，则民无所措手足。故君子名之必可言也，言之必可行也。君子于其言，无所苟⑤而已矣！"

今　译

子路说："卫君等待老师去辅助他治理国政，老师将首先做什么事呢？"

孔子说："那一定要先正名分！"

子路说："有这必要吗？老师真不切实际啊！何必要正名分呢？"

孔子说："真粗野啊，仲由！君子对于他所不知道的

十三·二【建议】

养成尊重专业的态度，不要外行干涉内行。

十三·三【注释】

①奚先：即何者为先。『奚』是何的意思。

②迂：指迂阔，不切实际。

③阙如：搁置一旁，不予讨论。『阙』同『缺』。

④中：合理。

⑤无所苟：指不可轻率苟且。

事，搁置不说。要知道名分不正，说话就不能合理；说话不合理，做事便不能成功；做事不成功，礼乐就不能推行；礼乐不能推行，刑罚就不得当；刑罚不得当，老百姓就不知道怎么做才好。所以君子先定名分，话才可以说得出口，话说得出口，事情才办得通。君子对于自己所说的话，都不敢随便苟且啊！”

引　述

《颜渊篇》记载“君君、臣臣、父父、子子”，便是正名的要求。把名分定好，才有是非善恶的判断标准。孔子主张以“正名”为优先的工作，主要在要求大家名实相符，相当于各就定位，各尽其责，以期分工合作。而且有考核的具体标准，使大家知道应该怎样做才合理。

子路听不懂孔子的话，可以提出问题，继续请教。而不应该当面批评老师迂阔而不切实际，导致孔子当面给他难堪，指责他鄙俗粗野，果然是自作自受，罪有应得。

对于喜欢乱说话的子路，孔子以不随便开口说话来加以警惕，实在是一番苦心。

生活智慧

（一）正名并不是完全对人来说的，对事物同样需要正名。名实相符的概念，可以用到很多方面。对物来说，便是现代所讲求的质量。

（二）名不正则言不顺，言不顺则事不成。一直到现代，仍然如此。现代人过分重视物质层面，而正名属于精神层面，以致大家比较不重视。实际上正名的重要性，在工业社会，仍然不能忽视。

（三）不能乱说话，是“知之为知之，不知为不知”的基本要件。对于自己不明白、不清楚的事理，最好多听、多看、多请教，而少开口，才是君子应有的风度。

十三·三【主旨】孔子表明从政必须正正当当，不能迁就、苟且。

十三·三【建议】对于不明白、不清楚的事物，不要随便乱说。

四、樊迟请学稼[1]，子曰："吾不如老农。"请学为圃[2]。曰："吾不如老圃。"

樊迟出。子曰："小人哉，樊须也！上好礼，则民莫敢不敬；上好义，则民莫敢不服[3]；上好信，则民莫敢不用情[4]。夫如是，则四方之民襁[5]（qiǎng）负其子而至矣，焉用稼？"

今　译

樊迟请学种植五谷的方法。孔子说："我不如老农夫。"又请学种植蔬菜的方法。孔子说："我不如种菜的人。"

樊迟退出，孔子说："真是个不识大体的小民啊，樊迟！在上位的人好礼，百姓不敢不恭敬；在上位的人好义，百姓不敢不服从；在上位的人好信，百姓不敢不诚实。能做到这样子，各地方的百姓都会背着小孩儿来归服你，何必要自己去种五谷呢？"

引　述

孔子这一番话，并不是看不起农夫或农艺，认为种植五谷或蔬菜不如礼、义、信重要。如果樊迟请问的是有关怎样富民的问题，相信孔子不会这样回答。

何况孔子说他不如老农夫、不如老圃，也没有比农夫、菜农高一等的想法。反而是尊重他们的专业素养，指点樊迟如果要请教这方面的问题，应该向他们学习才对。"不如"并不是不懂，而是不如老农夫和老菜农那样专业。

孔子所说的，是基本的教育问题。对各行各业，都是共同必需的基础，现代称为"通识"，意思是共通的基本认识。那就是礼、义、信，居上位的领导人，只要把这些基本的文化建设做好，各行各业的专家便会自动前来，协助各种

十三·四【注释】

①稼：指种植五谷。

②圃：指种植蔬菜。

③服：即服从。④情：诚实。

⑤襁：将小孩子背在背上的布带。

十三·四【主旨】

孔子开导樊迟重视礼、义、信。

经济建设。领导者既不必也不能样样学习，以致没有一样专精，这才是分工合作的主要精神。孔子这样回答，是一种“知之为知之，不知为不知”的科学态度。

生活智慧

（一）往昔把从事劳力活动的人，通称为“小人”。并不是修养品德较差，而是相对于有志弘道的“士人”，性质并不相同。

（二）孔子不当着樊迟的面，却在背后说一些话，这并不是在人家的背后说一些坏话。如果是这样，那才是孔子所厌恶的小人。他说这番话，用意在提醒其他的弟子，请问事情，要找好对象。自己学习的重点，也不应该偏离。

（三）孔子能够自谦不如老农，不如老圃，不但是“知之为知之，不知为不知”的具体实践，而且含有在这些地方不如老农、老圃，在某些地方则老农、老圃反而不如自己的意思，指点樊迟应该在礼、义、信方面多向孔子请教。

五、子曰：“诵《诗》三百，授之以政，不达；使于四方，不能专对[①]；虽多，亦奚以为？”

今　译

孔子说：“读了《诗经》三百首，授给他政事，他却不能把政事处理好；派他出使各国，并不能单独做主应对；虽然读得多，又有什么用处呢？”

引　述

《诗经》是我国最早的诗歌总集，孔子说它是“思无邪”（《为政篇》），发乎情的自由想象，却能够合乎礼义

十三·四【建议】
请教事情，要慎选对象。以免问得不妥当，反而双方都很尴尬。

十三·五【注释】
①专对：指单独应对。『专』是独的意思。

十三·五【主旨】
孔子主张读《诗》要有心得，徒然在章句上用功是不够的。

的要求，可以拿来当作教材。古人所吟诵的诗歌，并非无病呻吟，也不是空幻虚构。熟读《诗经》，应该可以灵活运用在真实的生活当中。若是授以政事，或者使于四方，按理应该通达而应对妥当。如果不能这样，表示读《诗》不能活用。即使读得再多，背诵得再熟，又有什么用呢？

十三·五【建议】

慎选文学读物，凡是有违伦理，伤风败俗的作品，至少不应该留存或传阅。

生活智慧

（一）孔子认为文学（诗歌）应该具有教育的功能，重视人伦道德的发扬。现代从事文学写作的人，似乎忘记了这样的精神，实在是人类一种严重的退化。

（二）不达，并不是完全不通达。不能够合理地应变，便是不达。我们说不，常常含有“并不完全不，只是有一些不”的用意。说要，也经常变成“不能要的，还是不要”，并不是全要。和西方的一刀两断式思维，有很大不同。

（三）“不能专对”，并不是对答不出来，而是对答得不妥当。不是有损国威，便是得罪了邻国，往往无端惹出祸患，实在是有辱使命。

六、子曰：“其身正，不令[①]而行；其身不正，虽令不从。”

十三·六【注释】

①不令：指不必命令。

今　译

孔子说：“在上位的人本身行为端正，不必命令事情也行得通；如果本身行为不端正，就算命令，人民也不会听从。”

引　述

孔子主张“正名”，具体实践起来，就成为“正身”，也就是表现得名实相符。首要的工作，便是以身作则，作为民众的表率。

领导者走正道，自己将心比心，制定合理的法令，并且自己率先遵守，民众自然产生正向的感应，也跟着遵守法令。制定法令的人士，自己不遵守，民众看在眼里，当然也阳奉阴违，甚至于明目张胆地不守法令。就算再三下令，恐怕也难收效果。

生活智慧

（一）我们常说“上梁不正下梁歪”，意思是上行下效，很容易有样学样，甚至于变本加厉，学得更加不像样。

（二）《大学》说：“身修而后家齐，家齐而后国治。”意思是齐家或治国的先决条件，都在修身。对领导者来说，更是非修身不可，因为大家都在看。

（三）自己都管不好，怎么能够管别人？这是大家都明白的道理。可惜往往眼睛只看到别人，却看不到自己。

七、子曰：“鲁卫之政，兄弟①也。”

今　译

孔子说：“鲁卫两国政治情况很相似，有如兄弟之邦。”

引　述

鲁国是周公的后代，卫国是康叔的后代。两人原来就是兄弟，称为兄弟之邦，原本十分合适。

但是，孔子的意思，并不是这样。他看到鲁国和卫国的衰败，情况十分相似，于是借用兄弟之邦的譬喻，来唤醒当

十三·六【主旨】孔子批评只知规定法令，自身却不遵守的人。

十三·六【建议】时常提醒自己，也督促自己，一定要好好修治自己。

十三·七【注释】①兄弟：譬喻两国有如难兄难弟。

十三·七【主旨】孔子感叹鲁卫两国政治衰乱。

时的君主，应该好好振作起来，把国家治理好。不要像这样做难兄难弟，使民众受苦。

生活智慧

（一）兄弟有好兄弟也有不像样的兄弟，我们希望兄弟彼此鼓励，共同奋发，成为好兄弟，却不喜欢看到难兄难弟，心里不愉快。

（二）尽管有人痛骂政治是高明的骗术，我们还是相信政治是真诚的治理。只要有心为人民服务，抱持纯粹为了照顾全体人民，政治实在非常重要。

（三）把政治做好，重视文化建设，才是人民幸福的保障。现代大家普遍偏向经济建设，实在是本末倒置的不正常现象。

八、子谓卫公子荆[①]："善居室。始有，曰：'苟合[②]矣。'少有，曰：'苟完矣。'富有，曰：'苟美矣。'"

今译

孔子评论卫国大夫公子荆说："他善于治理家业。家中的生活用品才刚有一些时，便说：'差不多够用了。'稍又增加一些，便说：'差不多完备了。'富有时，便说：'差不多富丽堂皇了。'"

引述

衣、食、住、行，都是用来帮助我们生活的，差不多够，就应该知足。把精力和时间，用在修养品德方面，以提升生存的价值，这才是生活的真正意义。

刚有一点点，就觉得够了，够了，是很容易满足的人。

十三·七【建议】

经济建设固然很重要，必须配合良好的文化建设，大家才会快乐。对于文化建设的配合，人人都应该尽力。

十三·八【注释】

①公子荆：是卫国的大夫。

②苟合：指差不多够用。『合』是足够的意思。

十三·八【主旨】

孔子赞美公子荆知足，以讽刺当时在位的人。

稍微增加一些，便认为够多了，不能再要求了，是知道感恩的人。再多一点儿，就很不好意思，连忙说“太好了，不好意思”，是真诚的表现，是懂得圆融处世的人。

一般人在物质享受方面，很不容易知足。没有的时候，要求有；有了之后，希望获得更多。物质丰裕，还要追求精美。一辈子做牛做马，成为物质的奴隶，实在不值得。精神空虚，才会在物质方面苦苦追求，看看能不能得到一些补偿，其实这种想法，是行不通的。

生活智慧

（一）“差不多”有两种完全不同的含义：一种是不能差太多；一种则是实在差太多。前者属于积极性的思维，后者代表消极性的观念。我们最好把“差不多”解释为“不能差太多”，更加符合原本的用意。

（二）“差不多”表示一种心理的满足，差不多就好了，是一种知足的修养。可惜长久以来，被误解了，遭受严重的扭曲，实在是太委屈了。

（三）人无完人，差不多近乎完人，已经很了不起。质量管理，也有标准的公差，表示差不多合乎规格，可以接受了，这才是真正明白规格和检验标准的意义。

九、子适[①]卫，冉有仆[②]。子曰：“庶[③]矣哉！”冉有曰：“既庶矣。又何加焉？”曰：“富之。”曰：“既富矣，又何加焉？”曰：“教之。”

今　译

孔子前往卫国，冉有替他驾车。孔子说：“卫国人口真多啊！”

冉有问：“人口多了，进一步要做什么呢？”孔子说：

十三·八【建议】

不要再误解、曲解『差不多』的真正意义，凡事不能差太多，必须要求在合乎规定标准的范围。

十三·九【注释】

①适：往。

②仆：驾车。

③庶：众多。

“使百姓富有。”

冉有问：“人民富有了，进一步要做什么呢？”孔子说：“教化他们。”

十三·九［主旨］孔子说明治国的正当顺序。

引　述

先富后教，是孔子一贯的主张。经济建设先行，紧接着就要文化建设。

政治既然为人民服务，就应该先满足人民现实生活的需要，也就是先让人民的生命得以保持和维护，满足人民衣、食、住、行的基本需求，然后提升人民的道德精神，使大家能够安居乐业，和谐相处。

治国的顺序，应该是先使人民活得下来，再使人民活得有意义、有价值。

十三·九［建议］除了重视我们的自然生命之外，还应该重视我们的精神生命。

生活智慧

（一）经济的发展，是为了教育的普及和提升。一切向钱看，社会秩序必然大乱，社会风气一定败坏。把金钱当作生活的工具，而不是生存的目的，应该是正确的观念。

（二）生命和性命不同，生命不过是活生生的一条命，未必有意义、有价值。性命表示具有人性，也就是活得像一个人。把人的角色扮演得很好，当然有意义，也有价值。

（三）孔子认为人的生命比其他生物的生命更为重要，更有价值。因为人的生命，除了一般生物所拥有的生物性的生命存在之外，还有一种其他生物所没有的精神生命，所以人的教化，非常重要。

十三·十［注释］①期月：一周年。

十、子曰：“苟有用我者。期（jī）月[①]而已可也，三年有成。”

今 译

孔子说："如果有人用我治理国家政事，一周年便差不多了，三年会有好成绩。"

引 述

孔子这一番话，并不是妄自夸大，或者有骄傲的味道。他也不是现代人喜欢说的，具有充分的自信。真正的意思，还是对上天有信心。有没有君王能够重用孔子，这是命。重用之后，能不能表现得很好，这要看天。但是孔子对天深具信心，知道以他的修养和努力，皇天一定不负苦心人。只要获得机会，必然会让他如愿以偿。

一件事情，应该有两种不同的看法。孔子一生，未能施展他的政治抱负，对当时的人来说，如果是一种遗憾，对我们这些后生晚辈而言，却实在是十分幸运。如果孔子有生之年，获得像周公那样的机遇，很可能和周公一样，只留下美名，却没有具体的语录和文字的教诲，供我们研究和学习。

孔子说一年就差不多有一些成绩，三年便会拿出好的成果，主要是他长年观察、分析和研究，已经十分有把握，才敢开出这样的"支票"。绝不是信口开河，随便说说而已。

生活智慧

（一）"期月"的意思，原本是"为期一月"，也就是一个月的期限。但是一个月便能够有一些成绩，未免太急迫了。孔子应该不会开出这样的"支票"，所以才解释为一年。

（二）中国文字，本来就具有很大的弹性。长久流传，又容易产生笔误或口误。我们解释古代的文字，应该以合理为判断的标准，而不是斤斤计较于文字上的意义。

（三）负责任地开出"支票"，是政治人物应该具备的道德勇气。让民众知道自己的期望，并且相当信任地有所期待。

十三·十【主旨】孔子感叹不能受到重用。

十三·十【建议】读书时不应该固执文字上的解释，而应该以合理不合理来加以评量，以免因笔误或口误而造成误解。

十一、子曰："'善人为邦百年①，亦可以胜残去杀②矣。'诚哉是言也！"

今　译

孔子说："古人说：'善人治理国家政事连续一百年，也可以使残暴的人不做坏事，政府也可以废除杀戮的刑罚了。'这话说得真对啊！"

引　述

我们从"诚哉是言也"这一句话，可以推知"善人为邦百年，亦可以胜残去杀矣"是引用古人的话。孔子表示十分赞成，说它实在很有道理。

儒家倡导德治，领导者先以仁德立自己，然后以仁德感化人民。以德治国，不仅要立自己，而且要透过各种教化，使人民不做坏事，然后政府才可以废除刑罚。

生活智慧

（一）历史上的法家，始终不能成为治道，主要是刑罚的目的，只在维护君王的权利，并未真正居于人民的需要。

（二）现代强调法治，主要在保障人我之间的权利，容易引起争权夺利的私欲，使社会潜伏着很大的不安与危机。

（三）光凭法治，不能促使人民不做坏事，反而鼓励大家利用法律的漏洞，以争取各种权利，结果不得不重用刑罚。

十三·十一【注释】

①为邦百年：即长久相继。

②胜残去杀：指感化残暴的人，废除杀戮的刑罚。

十三·十一【主旨】

孔子认为善人为政，可以感化残暴的人，废除刑罚。

十三·十一【建议】

千万不可以只怕法律的制裁，而不怕良心的不安。

十二、子曰："如有王者，必世[①]而后仁。"

今译

孔子说："如果有圣明的君王治理国政，必定要三十年后，才能使仁道大行于天下。"

引述

儒家推崇王道，主张施行德治、礼治。以德行仁道，使人民心悦而诚服，当然需要比较长的时间。所以孔子认为，必须三十年（以上）才能以仁道感化天下。

现代人求快，为了急功近利，表面上满口仁义，实际上使用威胁、利诱的方式，不免落入霸道，很难持久。

生活智慧

（一）做大做强，不如做得久远。霸道或许可以快速成长，却不能历久不衰。德治虽然较为缓慢，却可长可久。

（二）凡事来得快去得也快，我们从风可以获得证明。狂风来得快，转眼就不见了。徐徐吹来的微风，反而长久。

（三）霸道常有立竿见影的速效，因此领导者一心急，便容易落入霸道。古人说急事要缓办，就是不能一味求快。

十三·十二【注释】

①世：三十年为一世。

十三·十二【主旨】

孔子认为圣王主政，也要三十年才能以仁道化行天下。

十三·十二【建议】

欲速则不达，不要凡事只求快速而纰漏百出。

十三、子曰：“苟正其身矣，于从政乎何有①？不能正其身，如正人何？”

今译

孔子说：“执政的人如果能端正自己的言行，对于从政有什么困难呢？如果不能端正自己的言行，又怎么能去端正别人呢？”

引述

孔子十分重视正心修身的功夫。保持内心的平正，能遵守正道，做一个堂堂正正的人，才叫作正身。

从事政治工作的人，为了以身作则，作为人民的表率，更应该正身。否则上梁不正下梁歪，又怎样来指责人民呢？谨言慎行，从领导者开始做起，上行下效，自然比较容易形成良好的风气。

生活智慧

（一）现代重视专业分工，讲求各有专长的技术官僚。但是正身的修养，则是共同的必要条件，不能不加以重视。

（二）再有天大的本领，再有专精的技术，若是心不正而身不修，道德操守出了问题，所造成的祸害，必然很大。

（三）政治的对象，是全体人民。只偏重技术而忽略道德操守，势必全民受害。恪守正道，应该是必要的要求。

十三·十三［注释］

①何有：指何难之有，有什么困难呢。

十三·十三［主旨］

孔子主张为政必先正己。

十三·十三［建议］

不论哪一行业，都应该重视正心修身。

十四、冉子退朝。子曰：“何晏①也？”对曰：“有政②。”子曰：“其事③也。如有政，虽不吾以④，吾其⑤与闻⑥之。”

今　译

冉有从季氏那儿回来。孔子说：“为什么今天回来这么晚呢？”冉有答：“有国家的政务。”孔子说：“恐怕是季氏的家事吧！如果有国家的政务，虽然朝廷不采用我的意见，还是会让我知道的。”

引　述

“政”是国政，“事”为家事。孔子主张正名，所以把国政和家事分辨得十分清楚。冉有毕竟年轻，缺乏经验，不免政、事混为一谈。孔子实施机会教育，告诉他政和事不同，应该加以明辨。

生活智慧

（一）我们常说“真人面前不说假话”，意思是在经验丰富、见闻很广的人士面前，说话应该更加谨慎小心，以免露出破绽，马上被识破，而贻笑大方。

（二）在一般人面前，国政和家事不分，大家根本听不出来。然而在孔子面前，冉有一开口，孔子便听得十分明白。分明是家事，怎么会说成是政务呢？若是和其他同学谈论，冉有的话很可能轻易被接受，因为大家都分辨不出来。

（三）我们也可以把政务当作国家大事，而将事务看成通常的事情。政务和事务分开处理，也是现代政治的主要原则。

十三·十四［注释］

①晏：晚。

②政：国家政务。

③事：大夫家的事务。

④不吾以：是『不以吾』的倒装句。『以』即用。

⑤其：大概。

⑥与闻：指参与听闻。

十三·十四［主旨］

孔子教导冉子分辨国政与家事。

十三·十四［建议］

注意真人面前不说假话，记住当着什么样的人，说什么样的话。这不是圆滑，而是圆通。

十五、定公问："一言而可以兴邦，有诸[①]？"

孔子对曰："言，不可以若是，其几[②]也。人之言曰：'为君难，为臣不易。'如知为君之难也，不几乎一言而兴邦乎？"

曰："一言而丧邦，有诸？"

孔子对曰："言，不可以若是，其几也。人之言曰：'予无乐乎为君，唯其言而莫予违也。'如其善而莫之违也，不亦善乎？如不善而莫之违也，不几乎一言而丧邦乎？"

今译

鲁定公问："一句话就可以使国家兴盛，有这回事吗？"

孔子回答："说话的影响力未必有这么大，但是我们举一个差不多的例子，有人说：'做国君很难，做臣子也不容易。'如果知道国君不容易做，这一句话不就差不多可以使国家兴盛吗？"

定公再问："一句话就可能使国家丧亡，有这回事吗？"

孔子回答："说话的影响力未必有这么大，不过我们举一个差不多的例子，有人说：'做国君没什么快乐的，唯一的快乐是所说的话没有人敢违抗。'如果国君说得正确而没有人敢违抗，那不是很好吗？如果国君说得不正确而没有人敢违抗，这句话不就差不多促使国家丧亡吗？"

引述

我们已经说过，差不多是"不能差太多"，现在我们又证明差不多是"不会差太多"。虽然不致如此，也不会差太多，这是"几"字的真正含义。

十三·十五[注释]

①有诸：即有这样的事吗。

②几：差不多。

十三·十五[主旨]

孔子认为国君对于政事的谨慎与否差不多可以决定国家的兴或亡。

一言可以兴邦，一言可以丧邦，听起来似乎太严重了。鲁定公有一些疑惑，所以请教孔子。答案是不可能百分之百，却也差不多了。

生活智慧

（一）差不多是一种十分高明的智慧，不幸由于解释错误，把它当作“就是差太多”，弄得大家深恶痛绝，不敢提起。遭受这么大的扭曲，我们应当好好深思。

（二）我们日常生活当中，很少出现百分之百的东西，绝大部分都是差不多如此。这种事实，怎么可以忽视呢？

（三）差不多几乎是刚刚好的代名词，刚刚好便是恰到好处，合乎大家所重视的中庸之道，难道刚刚好还不好吗？

十六、叶公问政。子曰：“近者说[①]（yuè），远者来。”

今　译

叶公问为政的道理。孔子说：“使邻近的百姓喜悦，远方的百姓前来归附。”

引　述

孔子倡导王道，认为以德治国，对内可以得民心，对外可以无敌于天下。邻近的百姓安居乐业，自然喜悦，即为得民心。远方的百姓前来归附，当然天下无敌。

民心的向背，关系国家的兴亡，至为重大。所以近悦远来，成为为政的考核标准，并不为过。

十三・十五【建议】

好好观察、分析和研究我们日常生活当中，大家对差不多的真实感受，然后再对差不多加以论定。

十三・十六【注释】

①说：同『悦』。

十三・十六【主旨】

孔子主张为政要得民心。

生活智慧

（一）《书经》说：“民为邦本，本固邦宁。”人民是国家的根本，根本巩固，国家自然安宁。以民为本，不分古今。

（二）内部团结，上下一心。对内增产，对外御侮。这就是王道政治对内的成果。得民心者昌，由此可以想见。

（三）近悦远来，可以从社区做起。使小区内的居民安居乐业，心生喜悦。而其他地区的人，也心向往之，很希望有机会搬进来居住。这是身为社区一分子，应该尽心尽力担负起的责任。

十七、子夏为莒父①宰，问政。子曰：“无欲速②，无见小利。欲速，则不达；见小利，则大事不成。”

今　译

子夏当莒父的邑宰，问孔子怎样施政。孔子说：“不要求速成，不要只看到眼前小利。求速成就不能达成任务；只看到眼前小利就不能成大事。”

引　述

求近功，贪小利，是一般人常见的缺点，似乎很难避免。为自己的事业，求自己的私利，不过是自作自受，属于个人的选择，我们最好加以尊重。

政治是人民的事务，若是求近功，事情就做不好。如果贪小利，根本成不了大事。孔子对子夏的这一番话，主要在告诉子夏，既然要为人民服务，必须眼光长远而顾全大局，一定不能够急功近利，以免人民受害。

十三·十六【建议】

从自己居住的小区做起，促使每一个社区都能够近悦远来，国家自然兴盛。

十三·十七【注释】

①莒父：鲁国的一邑。

②欲速：心中期望速成。

十三·十七【主旨】

孔子教导子夏为政要有远大的眼光。

生活智慧

（一）急功近利，对个人而言，也是有害无利。可惜一般人不明白这个道理，一天到晚要求快、快、快，而一无所成。

（二）有些人明白急功近利并不好，但是一见到小利，便心急如焚，深怕失去良机。知而不能行，实在令人担心。

（三）见到小的，便忘记大的。得小利却丧失更大的好处，对从事政治的人士，应该是最大的罪过，因为对不起人民。

十八、叶公语（yù）孔子曰：“吾党有直躬者①，其父攘羊②，而子证之。”孔子曰：“吾党之直者异于是。父为子隐③，子为父隐，直在其中矣。”

今　译

叶公告诉孔子：“我乡里有个正直的人，他父亲顺手牵走别人的羊，他作证告发。”孔子说：“我们乡里的正直人士跟你们不一样，父亲替儿子隐瞒过失，儿子替父亲隐瞒过失，这当中就包含了正直的道理。”

引　述

父亲顺手牵走人家的羊，儿子挺身而出，向警察报案，并亲身作证，当然是遵守法律的表现，也是法律允许的行为。但是，这样做并不合乎人性，有违父子的亲情。孔子认为父子（当然包括母女在内）是骨肉至亲，即使知道对方犯了法，也不会径行检举告发，这才是正直的人应有的表现。

有人犯法，当然要加以检举。然而，由自己的骨肉至亲出面，毕竟不妥当。仇者快亲者痛，骨肉至亲，应该是痛大于仇，不忍心让至亲被送法办，怎么会出面检举呢？

十三·十七【建议】

好好想一想『欲速则不达』的道理，并在日常生活中用心实践。

十三·十八【注释】

①直躬者：指行直道的人。
②攘羊：顺手牵羊。
③隐：隐瞒过失。

十三·十八【主旨】

孔子告诉叶公直道的真义。

不是大义灭亲吗？不错，如果是叛国、通敌的大事，当然要大义灭亲，出面检举而毫不留情。这种顺手牵羊，虽然不能视同小事，但别人一定会出面检举，何苦由自己的骨肉至亲出面呢？

孔子这种说法，曾经成为批评者的众矢之的。认为重亲信而轻国法，简直是鼓励大家为了私情而违反法律。

实际上，孔子只是不赞成叶公所说的方式，并没有主张父为子隐、子为父隐，才算是直躬。

能够不必隐瞒什么事情，当然最好。万一发生了什么事情，还是要考虑亲情，做出合乎人情义理的措施，而不是不近人情地直接举发。

孔子这一番话，并不是鼓励大家父为子隐、子为父隐。他只是表示，不赞成叶公所说的道德标准，因为那不是可以放诸四海而皆准的。

生活智慧

（一）儿子原本就对父亲不孝，抓住机会便举发父亲的罪行。这种无情的儿子，根本就不仁，不值得鼓励。

（二）儿子本来对父亲有情，只是为了别有用意而举发父亲。牺牲父亲来达成自己的目的，根本就是不择手段，也是不仁不义的行为。

（三）父为子隐、子为父隐，当然不能称为直躬。但是和叶公所说的直接举发父亲的罪状比较起来，我们宁愿选择前者。现代很多人采取西方的标准，来抨击孔子“其父攘羊”的说法，我们应该提高警觉，特别加以注意。

十九、樊迟问仁。子曰：“居处[①]恭，执事[②]敬，与人忠。虽之[③]夷狄[④]，不可弃也。”

十三·十八【建议】

事先避免父为子隐、子为父隐，才是上策。如果避免不了，还是要顾虑亲情，重视伦理关系。因为这样的举动，并不致影响法律的公正。我们仔细想想，孔子这一番话的真正用意，应该是『孝』重于『直』。当『子为父隐』（孝）和『其子证之』（直）两相冲突时，只好舍弃『直』，而采取『孝』。孔子的意思不在鼓励我们『父为子隐』，不要拿来当作实践的目标才好。

十三·十九【注释】

①居处：日常起居。
②执事：行事。
③之：往。
④夷狄：指未开化的异邦。

今　译

樊迟请问“仁”的要义。孔子说：“日常起居要恭谨，做事要敬慎，待人要忠诚。就算到了蛮夷的地方，也不可废弃这三个原则。”

引　述

仁不是用来口头上说说就算了的，必须在日常生活中实践，才能体会其中的道理。孔子分成三个角度，分别对自己、对事情和对别人提出三个原则。那就是对自己要恭谨：态度端庄、安分守己、谨慎小心。对事情要敬慎：负责认真、尽心尽力、不辱使命。对别人要忠诚：言出必行、忠实可靠、不出恶言。孔子认为这三个原则，就算到了蛮夷的地方，同样不能放弃。现代人还要加上一句：即使到了非常现代化的地方，也不能放弃。

生活智慧

（一）现代人喜欢求新求变，孔子这三个原则，却是千古不变，不能够任意加以改变。可见生活的方式可以变，而生活的法则不能变。

（二）这三个原则，是为人处世的不易法则。自古以来，不论任何地方，都可以通用，也都能够受到大家的欢迎。

（三）这三个原则，看起来简单明了，要真正做到，却十分不容易。必须养成时常反省的习惯，不断检讨改进，才有可能真正实践。

二十、子贡问曰：“何如斯可谓之士矣？”子曰：“行己有耻①，使于四方，不辱②君命，可谓士矣。”

十三·十九［主旨］

孔子教导樊迟在日常行事中行仁。

十三·十九［建议］

以居处恭、执事敬、与人忠来要求自己，并且不断反省改进，养成良好的习惯。

十三·二十［注释］

①行己有耻：指自己做事要能知耻而有所不为。②辱：即辱没。③果：果敢。④硁硁然：坚决自守的样子。⑤斗筲之人：比喻才短量浅的人。

曰："敢问其次。"曰："宗族称孝焉，乡党称弟焉。"

曰："敢问其次。"曰："言必信，行必果③，硁硁（kēng）然④小人哉！抑亦可以为次矣。"

曰："今之从政者何如？"子曰："噫！斗筲（shāo）之人⑤，何足算也？"

今　译

子贡请问："怎么样才可以称为士呢？"孔子说："自己行事能知耻，出使到外国能顺利达成使命，便可称为士。"

子贡问："敢问次一等的呢？"孔子说："宗族中的人都称赞他孝顺父母，乡里的人都称赞他恭敬尊长。"

子贡又问："敢问再次一等的呢？"孔子说："说话必定信实，做事必定果断，坚决自守，就算是器量狭小的人，也可算是次一等的。"

子贡说："现在从政的那些人怎么样？"孔子说："唉！都是些才短量浅的人，怎么会算到他们的头上呢？"

引　述

士有文士和武士两种，这里所说的，只是文士的条件。最高明的是，知耻而有所不为，能够好好地自律。出使外国时，能顺利完成任务。次一等的，孝敬父母，而且尊敬长上。再次一等的，则是坚持小信小忠的人。至于当时做官的人，就孔子的观察，根本都是奉命行事而已，不值得评论。

生活智慧

（一）我国重视道德，所以最重视士。因为士的工作对象是人，必须以身作则，道德修养应该很高尚，才能够成为人民的表率。

（二）现代把士称为读书人，必须读书明理。凡事依理

十三·二十【主旨】

孔子教导子贡为人要笃实。

十三·二十【建议】

读书明理，是每一个知识分子都应该自我警惕的课题。凡事力求合理，才有资格称为读书人。

而行，力求合理。使社会风气日趋良好，应该是读书人共同的责任。

（三）读书人如果不重视道德，势必利用知识来谋取私利。因此而影响到社会公益，那就没有资格称为士人了。现代知识经济，读书人除了专业技术之外，更应该加强道德修养。

二十一、子曰："不得中行①而与之，必也狂狷②（juàn）乎！狂者进取，狷者有所不为也。"

今　译

孔子说："找不到言行都合理的人在一起，只好找次一等的狂狷的人了！狂放的人虽然好高骛远，但有进取心，狷介的人拘谨保守，但不会做出不合义理的事。"

引　述

狂妄的人，看起来骄傲自大，却往往敢作敢当，勇于进取。狷介的人，虽然拘谨保守，却能够顾虑周全。一般来说，年轻人近于狂妄，而年纪大的人，则近于狷介。过度积极进取或过分保守谨慎的狂狷人士，当然比不上言行都能够恰到好处的中道人士。但是在找不到适当的对象时，就算退而求其次，也是不得已的选择。

生活智慧

（一）中行是言行都恰到好处的表现，无过与不及，"度"的掌握十分准确，当然非常难得，十分不容易找到。

（二）狂妄或狷介，虽然各有缺失，却也各有优点。我们看人，最好多看优点，少看缺失。狂狷的人，透过各自的优点，仍然可以弘扬大道。

十三·二十一【注释】

①中行：即中道，行为合乎中庸的人。

②狂狷：指狂放与狷介。狂妄的人虽然自大，却有进取心。狷介的人拘谨保守。

十三·二十一【主旨】

孔子因找不到适当的人传道，想传给次一等的。

十三·二十一【建议】

多看人的优点，少看人的缺失。

（三）自古以来，有志于道而又品德高尚的，实在少之又少。狂狷人士，虽然没有中和的德性，毕竟各有优点，仍然是可以造就的人才。

二十二、子曰："南人有言曰：'人而无恒，不可以作巫医①。'善夫！""不恒其德，或承之羞②。"子曰："不占③而已矣。"

今　译

孔子说："南方人有句话说：'人如果没有恒心，不可以当巫医。'这话说得好！"《易经》恒卦说："人如果没有常德，羞辱的事也就跟着来了！"孔子说："无恒心的人，也不必替他占卜吉凶了。"

引　述

"恒"是长久、持久的意思，"无恒"便是缺乏恒心，不能持久。当医生的人，不管是巫医、中医或西医，基本上都需要持久用心而不能懈怠。

《易经》的恒卦，第三爻是阳爻，称为九三。爻辞"不恒其德，或承之羞，贞吝"，说明不能恒久地用心，或许将承受羞辱，必须持守正道以保无咎。孔子因此推断，对于这种不能持久用心的人，就算前来问事，实在也用不着为他们占卜了。

这一章出现两次"子曰"，主要是孔子引用两种不同的例证，来说明持久用心的重要性。把巫医和占卜这两件事放在一起，用两个"子曰"来做好区隔，使读者更容易明白。

生活智慧

（一）占卜是一种预测未来吉凶的方法，有许多种不同的

十三·二十二【注释】

①巫医：以法术或奇异方法治病的医生。

②不恒其德，或承之羞：《易经》恒卦九三的爻辞。

③占：即占卜。

十三·二十二【主旨】

孔子认为德行与事业都要持久用心，不能懈怠。

十三·二十二【建议】

千万不要断章取义，以致扭曲了原本的意思。

方式。有人根据孔子这一句话，推断孔子不赞成占卜。我们认为有一些不妥当，最好解释成：若是缺乏恒心，何必占卜呢？

（二）占卜的目的，在引起我们原本就有的第六感。不明白道理的人，不应该乱占卜。具有推理能力的人，其实也用不着占卜。

（三）占卜有一定的限制，对于结果要有正确的态度。不知道这些规矩，最好不要占卜。更不应该利用占卜来欺骗，甚至于威胁、恐吓别人。

二十三、子曰："君子和①而不同②，小人同而不和。"

今　译

孔子说："君子很亲和但不会苟且赞同，小人曲从人意，却不能做到中正和平。"

引　述

"和""同"两字的异同，有很多解释：

（一）"和"指和谐相处，"同"为勉强求取一致。

（二）"和"是以道义相合，"同"指以利害结合。

（三）"和"是中正而平和，"同"是表面无意见。

（四）"和"指大原则相同，"同"为细节也一样。

（五）"和"为异中求同，"同"是只能同不能异。

我们认为求同存异，在大原则相同的前提下，彼此尊重，好好商量，才是和而不同的君子。

生活智慧

（一）勉强求同，难免各怀鬼胎。一旦利害冲突，马上四分五裂。就算现在不爆发，总有一天会出现重大的损失。

十三·二十三【注释】

①和：指无乖戾的心。

②同：有曲从的意味。

十三·二十三【主旨】

孔子辨别君子与小人交友的不同心态。

十三·二十三【建议】

道义之交，在精不在多。利害相结合，再多也没有用，酒肉朋友而已。

（二）真的大家都没有意见，实在也很危险。新朋友看见这种一言堂的气氛，恐怕也不敢加入，很难产生新气息。

（三）同而不和，实际上是混日子的和稀泥。表面上一团和气，结果却一事无成。把时间空过了，根本无法挽回。

二十四、子贡问曰："乡人皆好之，何如？"子曰："未可也。""乡人皆恶之，何如？"子曰："未可也。不如乡人之善者好[①]之，其不善者恶[②]之。"

今译

子贡问："一乡的人都喜欢他，这人怎么样？"孔子说："还不可以说他一定是好人。"子贡又问："一乡的人都讨厌他，这人怎么样？"孔子说："还不可以说他一定是坏人。倒不如一乡的好人都喜欢他，一乡的坏人都讨厌他，这才一定是真正的好人。"

引述

一乡的人都喜欢他，表示大家都看到他的优点，却没有人发现他的缺点。可见这个人很会伪装，或者十分会讨好别人。无论如何，都是相当可怕的事情。

一乡的人都不喜欢他，证明他一定有被误解的地方，否则不太可能这样。譬如执法如山而毫不变通，说话很直而不能妥当地拐弯，个性孤僻但不危害他人，都可能使大家都不喜欢他，却不能指责他就是坏人。

好人说他好，还要加上坏人说他坏，才是真的好人。反过来说，坏人说他好，而好人一致厌恶他，才是真的坏人。

生活智慧

（一）大家都这么认为，并不一定正确。公众的议论，

十三·二十四［注释］

①好：喜欢。

②恶：厌恶，不受欢迎。

十三·二十四［主旨］

孔子教导子贡如何明辨善恶。

十三·二十四［建议］

宁可当真小人，也不要做伪君子。

只能够当作重要的参考，不应该盲目地全盘接受。有时候独排众议，反而更加贴切。

（二）想办法让大家都欢迎的人，大多是到处讨好，却毫无立场的乡愿。滥好人，好好先生，只能维持一阵子。时间长了，大家都厌恶。

（三）愈是坏人，愈重视表面工作，愈会利用机会宣扬自己的好处，或者大量从事公益活动，这种伪装善人的功夫如果不加以识破，经常被蒙骗，以为真的是好人。

二十五、子曰：“君子易事[1]而难说[2]（yuè）也。说之不以道，不说也；及其使人也，器之[3]。小人难事而易说也。说之虽不以道，说也；及其使人也，求备[4]焉。”

今　译

孔子说：“君子容易事奉，但难以讨得他的欢心。不以正道讨好他，他就不喜欢；任用人时，能因材器来用人。小人难以事奉，却容易讨得他的欢心。虽然不以正道来讨好他，他也会喜欢；用人时，一定处处苛刻求全。”

引　述

同样是在位者，却有不一样的心态。君子和小人，这时候表现得最清楚。在位者如果是君子，则不容易讨好，只喜欢走正道的人。在位者若是小人，就很容易讨好，不一定要走正道。前者能知人善任，把人才用在适合的位置。后者却喜欢求全责备，甚至于存心挑剔。

“器之”的意思，是量才为用，也就是适才适用。既不能大材小用，也不可小材大用。君子以“器之”使人，并非看不起，而是避免用错人，耽误了公务。

十三·二十五【注释】

①易事：容易侍奉。

②难说：是难以讨他喜欢的意思，『说』同『悦』。

③器之：因各人的才器不同而任用。

④求备：指苛刻求完备。

十三·二十五【主旨】

孔子论述在位者的不同心态。

生活智慧

（一）君子或小人，在尚未获得机会，占好位置之前，有时还不容易看出来。因为没有任何表现，不致露出真面目。一旦占到好位置，我们就很容易从做人做事的心态，来明辨其到底是君子还是小人。

（二）君子自重自律，做人做事都规规矩矩，当然不喜欢不走正道的人。存心讨好，会使君子担心害怕，从而提高警觉，反而处处提防。

（三）小人不但喜欢讨好别人，也喜欢别人讨好他。想要替他规规矩矩做事，却经常饱受挑剔。只看缺失而不看长处，实在很难相处。

二十六、子曰：“君子泰①而不骄，小人骄②而不泰。”

今　译

孔子说：“君子安详舒泰而不会骄傲，小人骄傲而不能安详舒泰。”

引　述

君子的气度，和小人不同。君子谦虚礼让，不会骄傲；小人得意忘形，自然流露出骄傲的神态。君子和而不同，所以十分安详舒泰；小人患得患失，当然不能够安详舒泰。

生活智慧

（一）孔子几番分辨君子和小人的差异性，用意在于促使大家多多向君子看齐。并且看清楚小人的状态，以期保持

十三·二十五【建议】培养自己做一个君子，避免成为小人。

十三·二十六【注释】①泰：安适。②骄：骄傲。

十三·二十六【主旨】孔子辨别君子与小人气度的不同。

安全距离。

（二）君子和小人的主要不同，不在于专业知识和技能，而在于品德修养的高低。从品德修养来区分，很容易明辨君子或小人。

（三）小人实际上也明白骄者必败的道理，只是稍微有一点儿成就时，便按捺不住而喜不自胜，不自主地骄傲起来。

十三·二十六［建议］
永远保持谦虚的态度，以求自由自在。

二十七、子曰："刚、毅、木、讷[①]，近仁。"

十三·二十七［注释］
①刚、毅、木、讷：『刚』即无欲，『毅』是果敢的意思，『木』指质朴，『讷』即迟钝。

今　译

孔子说："意志刚强、行为果敢、本性朴实、说话谨慎，具有这四种特质的人，已经很接近仁者了！"

引　述

"刚毅"两字，可以分开来看，也可以连在一起解释。"刚"字单用，意思是刚强。"毅"字单用，即为果敢。如果两个字连用，那就是坚定不移的意思。

公正无欲才能刚强，坚忍持久才能果敢。公正无欲而又坚忍到底，即是刚毅。只有这样的刚强和果敢，才能力行，而力行近乎仁，所以近仁。

"木"和"讷"两字，同样可以分开来看，也能够连接起来解释。"木"字单用，意思是质朴。"讷"字单用，便是迟钝。若是两个字连用，那就是迟钝实在，不失真情，所以近乎仁。

孔子说过"巧言令色，鲜矣仁"和"刚、毅、木、讷，近仁"，可以相对地互相照应，意思就更加清楚。

十三·二十七［主旨］
孔子赞美刚、毅、木、讷的人。

生活智慧

（一）公正刚强的人，凡事只问应该不应该，不问喜欢不喜欢。应该做的事，再不喜欢也要去做。不应该做的，再喜欢也不会去做。

（二）一个人有志于行仁，再大的困难，都会尽力克服。若是不能成功，很可能成仁，也就是牺牲性命，也在所不惜。

（三）现代社会，普遍喜欢能言善道的人，以致不知提防而经常上当。民主式的选举，更是以口才取胜，不知道因此而害死了多少人。

十三·二十七【建议】 真正口才好的人，是言行一致，专门做应该做的事情的君子。

二十八、子路问曰："何如斯可谓之士矣？"子曰："切切偲（sī）偲[1]、怡怡[2]如也，可谓士矣。朋友切切偲偲，兄弟怡怡。"

十三·二十八【注释】
①切切偲偲：为相互切磋的意思。
②怡怡：即和顺、和悦。

今　译

子路请问："怎样做才可称为士呢？"孔子说："能够相互切磋，态度和悦，就可称为士了。朋友之间要相互切磋，兄弟之间要和悦相处。"

十三·二十八【主旨】 孔子教导子路修养中和的德行。

引　述

朋友相交，最需要互相敬重。但往往时间一久，熟不拘礼，便轻慢放荡，彼此伤害感情，甚至于翻脸成仇。朋友的交情，主要用来互相勉励，彼此劝导。所以相互敬重，才能够诚恳劝勉，善尽切磋的责任。

兄弟是血缘关系，必须相亲相爱，同心同德，有如水乳交融，才能使家庭中充满祥和的乐趣。

能够做到对朋友敬重，对兄弟亲爱，应该有资格称为知书达礼的读书人了。

生活智慧

（一）兄弟之间要温良和顺，互相友爱。因为兄弟的感情，有如手足，彼此痛痒相关。情同手足，便是兄友弟恭、兄爱弟敬的良好表现。

（二）西方人喜欢讲爱，中国人比较重视敬。爱是感情的，容易产生变化。忽冷忽热，难免影响彼此的心情。敬则是理智的，比较容易持久。敬比爱重要，敬可以包括爱，而爱却不能够包括敬。

（三）对人要敬重，对鬼神也应该如此。孔子主张“敬鬼神而远之”，希望大家借着敬重鬼神，来约束自己的身心，做好自律的功夫。

二十九、子曰：“善人教民七年，亦可以即戎[1]矣。”

今译

孔子说：“善人主政，教化百姓七年，也可以使他们上战场作战。”

引述

前面已经说过：善人为邦百年，可以使残暴的人绝迹，而不必动用刑罚。现在把时间缩短，善人主政，花上七年的时间，来实施教化，应该可以使民众为了防卫国家的安全，走上战场作战了。

使民众保家卫国，走上战场，为什么需要七年的时间教化呢？因为战争是大事，不能不敬重、谨慎。先教以忠孝的大义，再教以战争的道理。不得不战时，还要力求以战止战，才符合善人主政的精神。

生活智慧

（一）战国时代，由于仁道毁弃，信义不存，导致好战

十三·二十八【建议】对长上敬重，对朋友敬重，对兄弟也应该敬重。

十三·二十九【注释】①即戎：上战场作战。『即』是就的意思。『戎』即兵。

十三·二十九【主旨】孔子说明善人为政的方法。

十三·二十九【建议】

读一读《孙子兵法》，明白战争的意义和价值，即在于不战。

十三·三十【注释】

①弃：抛弃。

十三·三十【主旨】

孔子警戒轻易用兵的人。

十三·三十【建议】

维护人民的生命，保卫国家的安全，人人有责。

好杀，竟然蔚为风气。诸侯之间尔虞我诈，重利轻义，造成恐怖、悲惨的世界。

（二）现代科技发达，核武器、化学武器极具威力，人类根本没有战争的资本。万一擦枪走火，很可能导致人类的灭亡。所以对于战争的教化，更为重要。

（三）中华民族爱好和平，以德为本的主张，在二十一世纪的现代，必须充分发扬，使人类得以安居乐业，身心愉快。

三十、子曰："以不教民战，是谓弃①之。"

今　译

孔子说："用没经过训练的民众去作战，就等于是抛弃他们。"

引　述

战争关系着人民的生命和国家的存亡，至关重要。军人接受严格的训练，充实科学的知识和技能，使他们能够以战止战，立于不败之地。若是训练不精，武器不良，不就等于白白牺牲，任意将他们抛弃？

生活智慧

（一）孔子主张慎战，因为再怎么说，战争也是凶事，非谨慎不可。军人战死沙场，固然英勇壮烈，但是良好的训练，必须加强。

（二）义战可行，不义之战当然不可行。然而教战、习战，则是维护国家安全的必要措施，所有国家都不能忽视。

（三）执戈卫国，原本是人民应尽的义务。军人捐躯，为了保卫家园，也是神圣的责任。

宪问第十四

这是篇名，用第一句的最先两个字来表示，并没有什么特别的意义。

一、宪[①]问耻。子曰：“邦有道，谷[②]；邦无道，谷，耻也。”

今　译

原宪问什么是可耻的。孔子说：“国家太平时，只知食禄而没有建树；国家纷乱时，也只知食禄而不能独善其身，都是可耻的。”

引　述

《公冶长篇》说过：“邦有道则知，邦无道则愚。”知而出仕，当然很好。愚还要担任公职，那就是只知食禄而不知进退，果然很可耻。

还有，担任公职，却只领薪水而不好好做事，同样可耻！不论政治清明与否，都是如此。

生活智慧

（一）《泰伯篇》也说过同样的话：“邦有道，贫且贱焉，耻也；邦无道，富且贵焉，耻也。”可以合在一起加以体会。

（二）知进退是重要的修养，当进即进，该退就退。不贪图利禄，也不留恋职位。政治之外，还有很多工作可以做。

（三）现代官吏，分成政务官和事务官两大类。孔子这一番话，应该是对政务官而言。事务官只管好好做事，便大致不会被骂为无耻了。

十四·一【注释】

①宪：指孔子的弟子原宪。

②谷：俸禄。

十四·一【主旨】

孔子勉励原宪有守有为。

十四·一【建议】

如果要担任政务官，便需要担负起政治责任。

二、“克①、伐②、怨、欲，不行焉，可以为仁矣？”子曰：“可以为难矣，仁，则吾不知也。”

今译

原宪又问：“能够克制好胜、自夸、怨恨、贪欲这四种毛病，可以算是仁者吗？”孔子说：“可以说是难能可贵了，但是否算是仁者，那我可不知道啊。”

引述

孔子对于仁的描述，有时候采取积极的说明，譬如“己欲立而立人，己欲达而达人”（《雍也篇》）和“克己复礼”（《颜渊篇》）。有时候采用消极的说法，譬如这一番话，表明不克、不伐、不怨、不欲，只能说十分困难做到，却不能算是仁。一个人不好胜、不自夸、不怨恨、不贪婪，已经十分不容易。但要成为仁者，还需要更多的修养。孔子说他不知道，是客气，意思就是加以否定。

生活智慧

（一）好胜、自夸、怨恨、贪婪，可以说是一般人的通病。可见我们想成为仁人，实在要十分努力。但是只要有志加上努力，就难不倒我们。

（二）完全不好胜，丝毫不自夸，绝对不怨恨，一定不贪婪，根本不可能做到。我们只要合理地加以克制，不过分，也就可以了。

（三）合理的好胜，是自我激励的原动力。合理的自夸，是诚实对待自己的表现。合理的怨恨，才是不怨天不尤人的着力点。合理的贪欲，也是努力奋斗的支撑力量。

十四·二［注释］

①克：好胜。

②伐：自夸。

十四·二［主旨］

孔子告诉原宪仁道当行，但不容易行。

十四·二［建议］

从现在开始，力求做到不好胜、不自夸、不怨恨，也不贪婪。唯有这样要求自己，才能克制到合理的程度。

三、子曰："士而怀居①，不足以为士矣！"

今　译

孔子说："一个读书人却贪恋安逸的生活享受，那就不配作为一个读书人。"

引　述

每一个时代，都有不一样的生活方式和生活条件，可以随着当时的情况，做出合理的调整和改变。

孔子这一番话，实际上和生活方式与生活条件没有关系。他所说的，是生活法则，所以历久常新，永远不会改变。他的主旨是：不能贪恋安逸的生活，丧失修己安人、立身行道的理想。

生活智慧

（一）为了修己安人、立身行道，而明哲保身，是合理的。追求安宁的生活，能够安居乐业，当然是读书人共同的理想。

（二）安逸的生活享受，容易使人懈怠，甚至于饱食终日，无所用心，反而逸则不劳，久而久之，就会觉得无聊。

（三）孟子所说"生于忧患而死于安乐"，便是警惕大家，无聊时容易投向不正当的娱乐，反而伤害自己的身心。

十四·三［注释］

①怀居：即心怀安居，贪恋安居享受。

十四·三［主旨］

孔子主张士人一定要有高远的志趣。

十四·三［建议］

生活水平只能小康，不能追求奢侈、浪费。

四、子曰：“邦有道，危[①]言危行；邦无道，危行言孙[②]。”

今　译

孔子说：“国家太平时，言语、行为都要正直；国家纷乱时，行为要正直，但言语要谦逊。”

引　述

孔子固然倡导“知其不可而为之”，却并不主张不知保身而任意牺牲。他在“邦有道”和“邦无道”之间，做过多次的提示，便是希望大家注意大环境的不同，来选择自己的原则，决定自己的态度。

邦有道的时候，政治清明，当然可以言行正直，把自己的意见平实地表达出来。邦无道时，行为依然保持正直。说话的方式却需要更加委婉谦逊，以免受到祸害。

孔子的意思，当然不是叫大家说假话。因为欺骗是不可原谅的事情，说谎的人必然不能心安。但是把话说得更加委婉谦逊，至少可以保身避祸，符合乱世装愚、以求免于刑戮的道理。

不过，对于国家民族有利的事，仍须勇往直前，不惜牺牲宝贵的性命。这时候“知其不可而为之”的精神，应该积极地加以发挥。

生活智慧

（一）“暴虎冯河，死而无悔”（《述天篇》）的人，孔子并不欣赏。一个人必须勇敢地为社会人群负起责任，却不能忽视“小不忍，则乱大谋”（《卫灵公篇》）的教训。

（二）邦无道的时候，言语足以危害自身，自然应该更

十四·四【注释】

①危：正直。

②孙：同「逊」，谦逊。

十四·四【主旨】

孔子教导弟子处世的方法。

十四·四【建议】

养成谦逊、辞让、虚怀若谷的良好态度。

加谦逊。说话时委婉小心，谨慎地选词用字，以策安全。

（三）就算邦有道，不争名、不争利、不争功、不诿过，也都是谦逊的态度，应该是与人相处时，十分重要的美德。

五、子曰："有德者必有言[1]，有言者不必有德。仁者必有勇，勇者不必有仁。"

今译

孔子说："有道德的人必定会说好话，会说好话的人不一定有道德。有仁德的人必定有勇气，勇敢的人不一定有仁德。"

引述

这里所说的"言"，是指有益于世道人心的好话。一般人说话，由于喜欢标新立异，或者危言耸听，经常"语不惊人誓不休"，甚至伤风败德，也在所不惜。所以说坏话的人，往往比说好话的人，更受传播界的青睐。

然而同样说好话，动机却有真也有假。真心说好话，通常都以身作则，务必躬亲实践，应该是说到做到的君子，属于有仁德修养的人士。光说好话，行为未必配合得上，那就是假仁假义。会说不会做，光说不练，不一定是好人。

同样的道理，仁人一定具有道德勇气，能够见义勇为，也就是勇者不惧。但是只凭暴虎冯河，便死而无悔（《述天篇》），勇而不仁，不过是逞强的小勇。

生活智慧

（一）说好话，必须配合做好事，才算是好人。嘴巴说很多好话，实际的行为却不仁不义，大家心中有数，不过是

十四·五［注释］

①言：指说好话。

十四·五［主旨］

孔子论述德与言、仁与勇的本末关系。

十四·五［建议］

从现在开始，坚持只说自己做得到的话。

假仁假义。表面上不一定揭穿，心里头却十分厌恶。

（二）嘴巴说得头头是道，实际上却是十足的伪君子。这样的人很多，所以孔子主张“听其言而观其行”（《公冶长篇》）。言行在理想上应该取得一致，事实上则未必如此。

（三）勇有大勇也有小勇，仁者的勇，必然是大勇。勇而不仁，很显然属于小勇。至于为了求生而害仁，那就是无勇。

六、南宫适[①]（kuò）问于孔子曰：“羿[②]（yì）善射，奡[③]（ào）荡舟，俱不得其死然。禹稷[④]躬稼而有天下。”夫子不答。

南宫适出，子曰：“君子哉若人！尚德哉若人！”

今译

南宫适请问孔子：“羿善于射箭，奡能用手推舟前进，好像都不得好死。夏禹、后稷亲自下田耕种，反而得到了天下。”孔子没有回答。

南宫适出去后，孔子说：“真是个君子啊，他这个人！真是个尊崇道德的人啊，他这个人！”

引述

同样是弟子，有的问题孔子给予回答，有的却沉默不语。因为有的问题不能不答，有的问题却不必回答。南宫适这个问题，表面上看起来，是向老师报告自己的学习心得。深一层想，则显然把孔子譬喻为后稷。孔子心里有数，为了表示谦虚，所以没有回答。

羿、奡都很有本领，却不得好死。夏禹和后稷，看起来没有什么大本事，结果得到了天下。南宫适的体会，显然是德行更加重要。他应用这些历史故事，来譬喻孔子的仁德

十四·六[注释]

①南宫适：即南容，孔子的弟子。

②羿：有穷国君，善射，为其臣寒浞所杀。

③奡：寒浞的儿子，有大力，能陆上行舟。

④稷：后稷，教民耕稼，稷的后代到周武王时亦有天下。

十四·六[主旨]

孔子赞美南宫适品高心正。

十四·六［建议］

看任何人，都应该仁德优先，然后才看他的本事。德本才末，是不可改变的根本原则。

十四·七［注释］

①不仁：指违背道德。

十四·七［主旨］

孔子勉励君子并警惕小人。

高于当时其他的人。孔子不便回答，却欣然给予对君子的赞美，说他是一位尊崇道德的好人。

生活智慧

（一）有本事的人，未必有仁德。有仁德的人，也不一定有很大的本事。两者比较起来，我们还是更加重视仁德。

（二）有仁德的人，可以透过很多有本事的人，来完成各种任务，不一定要事必躬亲，有时反而获得更佳的效果。

（三）有本事却缺乏仁心的人，往往为了一己的私利，或者居于显示自己的才能，不择手段地为所欲为，祸害更大。

七、子曰："君子而不仁[①]者有矣夫，未有小人而仁者也！"

今　译

孔子说："君子有时候也会违背了仁德，小人却从来没有行过仁德！"

引　述

在孔子的心目当中，圣人的道德修养，应该是最高尚的。仁者居第二位，而君子则列为第三。

圣人当然不可能有不仁的举动，"仁者安仁"（《里仁篇》），时时刻刻都合于仁。所以孔子自谦"若圣与仁，则吾岂敢"（《述天篇》），自称"君子居之，何陋之有"（《子罕篇》）。君子偶尔也会出一些差错，孔子却以君子自居，实在十分谦虚。小人的品德，当然是最差的。只会怀土而不知怀德，只能怀惠却不能怀刑（《里仁篇》）。小人不成人之美，反而成人之恶（《颜渊篇》），难怪孔子说小人从来没有行过仁德。

生活智慧

（一）君子也可能不仁，这是我们必须提高警觉的。不能够因为平日看起来像君子，便完全相信他的所言所行。

（二）如果经过多次的观察，某人确实是小人，他所说的话，哪怕再动听，也不能相信，以免受害而后悔不堪。

（三）君子偶有不仁，应该是无心的过失，而不是有意的犯错。只要知错能改，不再犯，我们可以原谅，再给他机会。

八、子曰：“爱之，能勿劳乎？忠焉，能勿诲[①]乎？”

今　译

孔子说：“爱护他，能不使他勤劳吗？忠于他，能不教诲他吗？”

引　述

长官爱护部属、父母爱护子女，都应该培养他们勤劳的习惯。只有做事努力，不辞劳苦，才能克服困难，用心把工作做好。部属勤劳，长官自然放手让他发挥最大的自主性和创造性，彼此都十分愉快。子女勤劳，父母就不必忧心他们将来长大了怎么办。

部属对长官忠心，子女对父母孝敬，就必须勇敢地给予合理的劝谏或委婉的劝告。

扩大范围来说，我们爱护一个人，就应该帮助他保持勤劳的习惯。我们忠于任何一个人，便应该对他的不正当处，提出合理的劝告。

十四·七[建议] 君子稍有不仁，还可以原谅。小人假仁假义，我们千万不要上当。

十四·八[注释] ①诲：教训，教导。

十四·八[主旨] 孔子提示爱子忠君的准则。

生活智慧

（一）现代社会，由于生活条件改善、生活水平提高，以致勤劳的习惯，逐渐不为大家所重视。少生子女，更是把子女当作宝贝，因而溺爱子女，反而误了子女的一生。

（二）部属对长官，往往存有讨好的心理，事事听话，不敢稍有冒犯。以致决策错误，部属也努力执行，产生更为严重的祸害。

（三）爱的意思，并不是不限制，而是合理地给予限制。爱他就应该合理地限制他，这才是爱的真义。否则爱他反而害他，那就适得其反了。

九、子曰："为命①，裨（bì）谌②（chén）草创③之，世叔讨论之，行人④子羽修饰之，东里子产润色⑤之。"

今　译

孔子说："郑国制定外交辞令，由裨谌起草稿，世叔参与讨论，子羽修饰词句，子产再加以润色。"

引　述

郑国多贤才，是国君的福气。而郑国的国君知人善任，使贤人能够分工合作，各自施展才能，更是郑国老百姓的福气。孔子以郑国为例，向弟子说明贤才的重要，勉励大家为国效劳。但要慎选明君，以便发挥所长。

"行人"是当时的官名，东里则是子产的乡里，子产用以为号。裨谌和世叔，都是郑国的大夫。

十四·八【建议】

爱护自己，就应该合理地限制自己，不能懒散堕落，不能骄慢专横，不能任意妄为，也不能危害社会。

十四·九【注释】

①为命：指草拟外交所需的辞令。『命』是外交辞令。②裨谌、世叔、子羽、子产：四人皆为郑国大夫，分工合作，使外交辞令的制定，更趋精详完美。③草创：即起草，打草稿。④行人：掌管出使的官。⑤润色：加以文采。

生活智慧

（一）分工合作，说起来容易，实施起来十分困难。往往分工而不合作，彼此固守本位，坚持己见，以致影响整体的效果。

（二）我们常说必须顾全大局，便是为合作而分工。彼此建立“若是不能合作，分工也是徒然”的共识，舍弃本位主义，同心协力，全力朝向共同的目标。

（三）领导者公正无私，部属比较容易精诚合作。若是有所偏私，引起部属的纷争，当然难以合作。知人善任之外，更需要公正合理。

十、或问子产。子曰：“惠人也。”

问子西[①]。曰：“彼哉[②]！彼哉！”

问管仲。曰：“人也，夺伯氏骈（pián）邑三百；饭疏食，没齿[③]无怨言。”

今　译

有人请问子产是个怎么样的人。孔子说：“他是个宽厚慈爱的人。”

又问子西。孔子说：“他呀！他呀！”

又问管仲。孔子说：“这个人，曾经剥夺伯氏骈邑三百户的采地，使伯氏吃粗饭粗菜，可是伯氏到死也没有怨恨的话。”

十四・九[主旨] 孔子称赞郑国用人能各尽所长。

十四・九[建议] 为了合作而分工，才能达成共同的目标。

十四・十[注释] ①子西：指楚公子申，能让国，立昭王，协助其改革政事，是一位贤大夫。②彼哉：是表示轻视的习惯语，意思是无足轻重。③没齿：终身。

十四・十[主旨] 孔子评论子产、子西、管仲三位大夫。

十四·十【建议】

心中要有第三者的存在，时时刻刻提醒自己，人在做天在看。人指自己，天便是第三者。

引　述

“惠”是恩的意思，通常恩惠合在一起讲。孔子说“小人怀惠”（《里仁篇》），给他恩惠，便念念不忘。子产是郑国的大夫，能够“养民也惠”（《公冶长篇》），所以孔子赞美他是惠人。给人民恩惠，安定民生。

楚平王去世时，太子珍年纪很小。有人想要立平王的弟弟令尹子西为王，子西认为国家有一定的法则，改立君王会造成祸乱，不愿意接受。于是立太子珍为昭王，在位二十七年，传位给惠王。后子西出兵救郑，接受郑国很多贿赂，返国时被人袭杀。对于毁誉参半的子西，孔子似乎不愿意评论，只说“他呀！他呀”，不正面回答。

管仲是齐桓公的宰相，协助桓公成就霸业。孔子以管仲没收伯氏的食邑，使伯氏过着穷日子，却到死没有一句怨恨的话，来证明管仲当时的声望，实在了不起。

“人也”的意思，应该是“再怎么伟大，也还是个人”。既然是人，就有伟大处，也有平凡的一面。我们不清楚管仲和伯氏之间的关系，究竟如何。只是看到伯氏没齿而没有怨言，推论管仲这样处置，应该是合理的。

生活智慧

（一）经常接受询问的人，说话必须格外慎重。因为请问的人愈多，表示自己的影响力愈大。受影响的人愈多，当然应该更加谨慎。

（二）没有人相信，或者别人根本听不进去，乱说话的结果，还没有什么害处。有人相信，大家喜欢听，说话若是不正当，害处必然很大。

（三）第三者的批评，往往十分严正。愈有名望的人，愈难逃避第三者严正的批评。所以声望日隆的人，对自己的所言所行，必须更为小心。

十一、子曰：“贫而无怨，难；富①而无骄，易。”

今译

孔子说：“贫穷而不怨恨，很难；富有而不骄傲，比较容易做到。”

引述

贫穷和富有，是两种不同的生活状态。爱富嫌贫，应该是人之常情。但是富贵时，大多认为是自己的本领，难免骄傲。而贫贱时则认为受到不公平的待遇，否则以自己的能力，绝不致如此。

怨恨和骄傲，是两种不一样的情绪反应。大家通常怨恨贫贱，而富贵时却十分骄傲。如果要求加以改变，应该是富贵时不骄傲，比较容易做到。贫贱时不怨恨，实在很难。

生活智慧

（一）贫穷和富有，并不是人力所能够完全控制的。把它当作无可奈何的命来看待，比较容易获得从容自在的生活乐趣。

（二）富贵时骄傲，受害最大的是自己的子女。通常富不过三代，和富贵即骄傲，具有十分密切的关系，不可不慎为预防。

（三）贫贱时怨恨，不但于事无补，反而容易造成人际关系的不良情况，使自己的工作，添增很多阻碍，更加有害。

十四·十一［注释］

①富：贫富是相对的，各人的感受有很大的不同。

十四·十一［主旨］

孔子教导弟子处于贫贱或富贵时应有的心态。

十四·十一［建议］

培养贫而无怨、富而无骄的正常心态。

十二、子曰："孟公绰[1]，为赵、魏老[2]则优[3]，不可以为滕、薛大夫。"

今　译

孔子说："依孟公绰的性格，担任赵氏、魏氏的家臣，可以做得很好，但不适合去担任滕、薛小国的大夫。"

引　述

孟公绰是鲁国的大夫，孔子对他相当了解。认为依他的性格，担任赵氏、魏氏这样的家臣，可以表现得很好。因为赵氏、魏氏都是晋国的卿大夫，晋为大国，家臣称为老。下面还有很多人手，孟公绰寡欲不贪，正好让他们分工合作。若是担任滕、薛这种小国的大夫，许多事情需要亲自去处理，就不合适。

生活智慧

（一）适才适任，才是用人的原则。大单位和小单位性质不同，所以任用的人，性格也颇不一样。

（二）对于熟悉的人，才可以评论。如果不怎么熟悉，最好不加置评，以免判断错误，引起误解，还会得罪人。

（三）评论任何人，都应该说出道理来。使听到的人，按照所说的道理，自己进行判断。要不要相信，并不能勉强。

十四·十二【注释】

①孟公绰：鲁国大夫，性廉静寡欲。

②老：家臣的称呼。

③优：宽绰有余。

十四·十二【主旨】

孔子评论孟公绰的性格。

十四·十二【建议】

对于不熟悉的人，不予置评。

十三、子路问成人[①]。子曰："若臧武仲[②]之知（zhì），公绰[③]之不欲，卞庄子[④]之勇，冉求之艺，文[⑤]之以礼乐，亦可以为成人矣。"曰："今之成人者，何必然？见利思义，见危授命[⑥]，久要[⑦]不忘平生之言[⑧]，亦可以为成人矣。"

今　译

子路问怎样才算是人格完备的人。孔子说："要像臧武仲那样的智慧，孟公绰的不贪欲，卞庄子的勇敢，冉求的技艺，再加以礼乐的熏陶，也可算是人格完备的人。"接着又说："现在人格完备的人，何必要这样子呢？只要能看见利益就顾到义理；遇到危难，不怕牺牲性命；与人有旧约，不会忘记平日许人的诺言，这也可以算是人格完备的人了。"

引　述

才德兼备的人，才有资格称为成人。像臧武仲那样的智慧、孟公绰那样的不贪心、卞庄子那样的勇敢、冉求那样的多才多艺，还需要礼乐的陶冶，总共加起来，才构成完美的人格。缺少其中任何一种，毕竟仍然有遗憾。

这么高的规格，对子路来说，也许是太严苛了。所以孔子退而求其次，指出看见利益便能兼顾义理、遇到危难不顾生死、有所承诺长久信守这三个条件，认为具备这三个条件也可以称为成人了。

孔子所说的成人，便是现代的完人，也就是人格完美的人。有学问、有道德、有勇气，必须齐全。

生活智慧

（一）我们骂人，常骂"不像一个人"，这是其他民族

十四·十三［注释］

①成人：人格完备的人，即『全人』。

②臧武仲：即臧武纥，鲁大夫。

③公绰：即孟公绰。

④卞庄子：鲁卞邑大夫，有勇。

⑤文：修饰。

⑥授命：致命，遇危难不惜牺牲生命。

⑦久要：指旧约，长久以前的邀约。

⑧平生之言：指平日所许诺的约定。

十四·十三［主旨］

孔子论述一种完全的人格勉励弟子。

所难以了解的。没有学问，可以像一个人，没有能力，也可以像一个人，只有道德修养不好，就不像一个人。可见作为中华民族的一分子，道德修养是十分重要的。

（二）《颜渊篇》说过：“为仁由己，而由人乎哉？”一个人要不要修养品德，完全可以自行决定，用不着和别人商量。立下志向，要成为健全的人，要陶冶高尚的品格，任何人都禁止不了，也抵挡不住。

（三）《子罕篇》说过：“三军可夺帅也，匹夫不可夺志也。”有志竟成，只要立志向善，不断提高品德修养，自然有一天成为完人。不必急，一步一步来。不能停，一直向前走。

十四·十三【建议】

不要立志做大官，也不一定要立志做大事，但是一定要立志像一个人，提升自己的品德修养。

十四、子问公叔文子[①]于公明贾[②]，曰：“信乎？夫子不言、不笑、不取乎？”公明贾对曰：“以告者，过也。夫子时然后言，人不厌其言；乐然后笑，人不厌其笑；义然后取，人不厌其取。”子曰：“其然？岂其然乎？[③]”

十四·十四【注释】

①公叔文子：指卫国大夫公孙拔，《左传》称为公孙发。

②公明贾：应该是公叔文子的朋友或部属，所以孔子向他请教。

③其然？岂其然乎：他是这样吗？他真的是这样吗？

今　译

孔子请教公明贾关于公叔文子的为人，说：“公孙大夫平日不苟言笑也不贪取，是真的吗？”公明贾回答说：“那是传话的人说得过分了。公孙大夫该他说话的时候才说话，所以人家不会讨厌他说话；快乐的时候才笑，所以人家不会讨厌他的笑；应该取的才取，所以人家不会讨厌他的收取。”孔子说：“他是这样的吗？他真的是这样的吗？”

引　述

孔子不相信有关公叔文子的传言，知道公明贾对他相当了解，所以向公明贾求证，公叔文子是不是真的跟传言所说的不言、不笑、不取那样。公明贾做出一番解释之后，孔子还是不太相信，因此将信将疑地说出：是这样吗？意思是如果真的是这样，那真是太好了。

生活智慧

（一）同样不相信，也可以分成正反两面。正面的意思，是虽然不相信，却宁愿它是真的。反面的用意，则是根本不相信。就算是真的，我也不相信。

（二）有些事实太真实了、太美妙了，以致大家不敢相信。这时候最好不要急，想办法再加以证实，使大家调整自己原先的态度，转为相信。

（三）说的人，身份关系比较敏感，大家也会加以怀疑。要说好话，同样需要因人、因事、因时、因地而制宜，大家才会相信。

十五、子曰：“臧武仲以防[①]，求[②]为后于鲁，虽曰不要[③]君，吾不信也。”

今　译

孔子说：“臧武仲据守他的封地防，还要求鲁国君王立他的后代，虽然有人说他并没有要挟国君，但我是不相信的。”

引　述

孔子是鲁国人，对于鲁国发生的重大事件，不能不关心，更不能说不知道。臧武仲是鲁国的大夫，孔子赞美过他的智慧，对他的事情，更不得不有所评论，以示负责。臧武仲要求立后，孔子认为摆脱不了要挟国君的嫌疑。孔子以负责任的态度，明白表示不相信臧武仲没有要挟的意思。

十四·十四【主旨】孔子向公明贾请教公叔文子的为人。

十四·十四【建议】说话时不要过分武断，人家反而比较容易相信。

十四·十五【注释】①防：地名，武仲的封邑。②求为后于鲁：指要求鲁国的君王册封他的后代。③要：要挟。

十四·十五【主旨】孔子评论臧武仲要挟国君的事。

十四·十五【建议】

做事时力求避免瓜田李下的嫌疑。

十四·十六【注释】

①晋文公：名重耳。

②谲：诡诈。

③齐桓公：名小白。

十四·十六【主旨】

孔子指出桓、文二公心术的不同。

生活智慧

（一）俗语说：瓜田李下。意思是不管有没有不正当的行为，在当时的环境下，很难不引起大家的怀疑。我们做任何事情，都应该依据当时的情境，避免瓜田李下，以免令人产生怀疑。

（二）立后的重要性，应该是精神大于物质。优良的精神获得传承，得以发扬，远比寻求物质方面的保障，以求能够继续享受下去，来得有意义、有价值。可惜一般人在立后时，往往偏重物质方面，很少注重精神的发扬光大。

（三）不论利用任何形式，使对方害怕，不得不接受我们的要求，都是一种要挟。在第三者看起来，都是不合理的不正当行为。

十六、子曰："晋文公[①]谲[②]（jué）而不正，齐桓公[③]正而不谲。"

今译

孔子说："晋文公诡诈而不正义，齐桓公正义而不诡诈。"

引述

齐桓公和晋文公，都是春秋时代的霸主。依据历史记载，齐桓公的功业，还不如晋文公那样成功而长久。但是孔子对这两人的评价，显然齐桓高于晋文。

"谲"的意思，是诡变不正。晋文王善于权变，却不能守正。用现代话来说，比较不正派。齐桓公在坚守原则方面，比较正派。却在权宜应变的运用方面，不够灵活。中华文化主张执经行权，也就是持经达权。齐桓能守经而不知行权，晋文善行权却不能守经。两人和周文王比起来，毕竟差一大截。

生活智慧

（一）有经无权，表示有原则却不能随机应变，很难长久维持。齐桓公一死，就产生内乱，一传而衰，不能持久。

（二）有权无经，常常假仁假义，巧施权谋。晋文王传得比较长久，孔子却严正地指出他的缺失，传得长久又有什么用？

（三）一个人的功业固然十分重要，而这个人内心的德志，尤为后人所重视。孔子重视德志，甚于功业，值得尊敬。

十七、子路曰："桓公杀公子纠，召忽死之，管仲不死[1]。曰未仁乎？"子曰："桓公九[2]合诸侯，不以兵车[3]，管仲之力也。如[4]其仁！如其仁！"

今　译

子路问："齐桓公杀了公子纠，召忽自杀而死，管仲却不肯死。管仲应该不算是有仁德的人吧？"孔子说："齐桓公多次会合诸侯，不凭他的武力，完全是管仲的功劳。这就是管仲的仁德！这就是管仲的仁德！"

引　述

管仲和鲍叔牙两人，从小就是好朋友。长大后合伙做生意，管仲多分一些钱，鲍叔牙知道他家境穷困而不计较。共同商量事情，管仲出的主意，大多行不通，鲍叔牙认为是时机不对，并非他愚蠢。管仲三次当官，三次都被撤职，鲍叔牙认为长官不赏识管仲，并非管仲没有才干。两人之间的

十四·十六［建议］

不择手段追求建功立业，远不如坚持原则，凭良心做事。

十四·十七［注释］

①『桓公杀公子纠』三句：齐襄公无道，鲍叔牙知道齐国将会动乱，奉公子小白奔莒。襄公被杀时，管仲、召忽奉公子纠奔鲁。后来小白入齐继位为桓公，叫鲁人杀公子纠，并且把管仲和召忽送回齐国。召忽以死报效，管仲没有同死。由于鲍叔牙力荐，桓公请管仲为相。②九：多次。③不以兵车：不假武力。④如：乃，是。

交情，十分密切。历史上称为“管鲍之交”，传为美谈。公子纠失败，召忽殉难而死，管仲却受囚偷生。鲍叔牙知道他不以小节为耻，待机发挥才能，以扬名天下，因此极力向桓公推荐，自己虽然有很大的功劳，却甘愿身居管仲的下位。后来桓公多次号召诸侯，共同抵御外夷的侵略，保卫中原文化，完成“尊王攘夷”的大业，可以说完全是管仲的功劳。

孔子不但肯定了管仲的仁德，还连声加以赞美。可见管仲的仁心，使孔子十分赞赏。

生活智慧

（一）召忽以身相殉，是英勇的表现，也是忠心的行动。对召忽来说，是了不起的选择。但是以死相报，并不是最好的方式。能够忍辱吞声，保存性命，做出更大的贡献，像管仲这样，岂不是更有价值？

（二）对于生死的选择，每个人有不一样的标准。不应该把一时的决定，做成立即性的判断。我们主张盖棺才能论定，便是看到最后，自然明白当时的选择是否妥当。

（三）管仲如果为了小信、小节而自杀，或者为了害怕回国受审而殉死，固然英勇可嘉，却不能做出更大的贡献，对齐国和当时的天下，都是重大的损失。

十八、子贡曰：“管仲非仁者与？桓公杀公子纠，不能死，又相之。”子曰：“管仲相桓公，霸诸侯，一匡①天下，民到于今受其赐；微②管仲，吾其被发左衽③（rèn）矣！岂若匹夫匹妇④之为谅⑤也，自经⑥于沟渎⑦，而莫之知⑧也？”

今译

子贡说：“管仲不是个仁者吧？桓公杀了公子纠，管仲

十四·十七【主旨】

孔子赞美管仲的仁德。

十四·十七【建议】

盖棺论定，因为人死了，才不会再有改变。不要在其死前论断，以防万一有变，难以交代。

十四·十八【注释】

①匡：匡正。②微：无，没有。③被发左衽：指披散头发，衣襟向左开，都是夷狄的装扮。④匹夫匹妇：庶人，一般民众。⑤谅：小信。⑥自经：自缢。⑦沟渎：田间水沟。⑧莫之知：没人知道。

身为纠的太傅，不能守节而死，还去辅佐桓公。”孔子说：“管仲辅佐齐桓公，称霸于诸侯，匡正天下，民众到现在还受到他的恩惠。如果没有管仲，我们都会披散头发，穿着衣襟向左开的衣服，受夷狄统治了。管仲难道要跟一般小百姓一样守小节，在田间水沟中自杀，不被人知道他是谁吗？”

引　述

子贡应该没有听见孔子回答子路的问题，才会这样向孔子请教。由于他问得比子路还要深入，说管仲非但不死，反而担任桓公的宰相。所以孔子更进一步指出，要是没有管仲这样做，我们都要披头散发，衣襟向左边开，成为蛮夷统治下的人民了。管仲是有功于后世的大政治家，当然不能像一般老百姓那样，为了小信小节而自杀在田间水沟中。子路和子贡，都因为同样奉事公子纠，召忽能以身相殉，管仲却不能，来论断管仲不是仁人。孔子则依据管仲最后所成就的大用，评论管仲是仁人。孔子的高度，当然不是子路和子贡所能及的。

生活智慧

（一）管仲如果没有后来的事功，恐怕孔子就会同意子路和子贡的评论，认为管仲不是仁人。可见把生命保存下来，必须发挥更大的功效。否则还不如像召忽那样，至少留下英勇忠诚的美名。

（二）《八佾篇》记载，孔子批评管仲的度量很小，也不算懂得礼法。为什么这里却赞赏管仲为仁人呢？因为小器是管仲个人生命中的缺失，但是和他客观表现出来的大价值相比，显得不算什么，仍然有资格被尊为仁人。

（三）反过来说，孔子评定管仲为仁人，是很高的评价。但是对他的小器，仍然不客气地指出来，正是十分公正而客观的评论态度。

十四·十八【主旨】孔子称许管仲能不顾小节，立下大功。

十四·十八【建议】身为华夏子孙，保存并发扬优良的中原文化，应该具有无比崇高的价值，千万不能够轻视。

十九、公叔文子[①]之臣，大夫僎[②]（xún），与文子同升诸公[③]。子闻之曰："可以为'文'矣。"

今 译

公叔文子的家臣僎，晋升为大夫，和文子同上公朝。孔子听到此事，说："这样是可以谥为'文'了。"

引 述

僎是公叔文子的家臣，由于公叔文子的举荐，出任大夫。和原来的主人公叔文子一起出入公朝，共同为国家做出贡献。孔子赞美公叔文子荐贤的美德，说他有资格死后被赞为"文"了。

生活智慧

（一）为国举贤，是一种美德。就算是自己的亲人，只要真正贤能，也应该内举不避亲，极力加以推荐才合理。

（二）即使是仇人，为了国家整体的利益，只要真正贤能，也应该外举不避仇。因为私人的恩怨，不能影响国家的公益。

（三）现代人流行自荐，自己推荐自己。我们认为非不得已，尽量避免。因为第三者随时存在，还是由别人推荐比较好。

二十、子言卫灵公之无道也。康子曰："夫如是，奚而不丧[①]？"孔子曰："仲叔圉[②]（yǔ）治宾客，祝鮀（tuó）治宗庙，王孙贾治军旅。夫如是，奚其丧？"

十四·十九【注释】①公叔文子：卫国的大夫公孙拔，谥『文』。②僎：本为公孙文子的家臣，『僎』是他的名字。③升诸公：进于公朝为臣。『公』即公朝，指诸侯的朝廷。

十四·十九【主旨】孔子赞许公叔文子荐贤的美德。

十四·十九【建议】培养『内举不避亲，外举不避仇』的正常心态。

十四·二十【注释】①奚而不丧：即为何不失位。②仲叔圉：即孔文子，卫国的贤臣。

今译

孔子叙述卫灵公不依正道而行，季康子说：“既然这样，他为何不会丧失君位呢？”孔子说：“他有仲叔圉接待宾客，祝鮀负责祭祀，王孙贾统率军队。像他这样善用贤才，怎么会丧失君位呢？”

引述

君王有道，当然是人民最大的福气。君王无道，如果能知人善任，获得贤能的辅助，也可以保持“无为”状态，而不致灭亡。

卫灵公三十八年，孔子到卫国，接受灵公给他的俸禄，和鲁国给的一样多。但是孔子觉得卫灵公处理某些事情，并不符合正道，所以不久就离开卫国。虽然曾再度前来，却没有改变他对卫灵公的观感。

仲叔圉、祝、王孙贾三人，各有专长，都是卫国的贤才。卫灵公能够重用他们，并且适才适任，可见卫灵公知人善任，所以政务推动得相当顺利。孔子在这一方面，自然加以肯定。

生活智慧

（一）知人不易，求才尤难。领导者必须具有知人善任的品德和才能，使贤者在位，能者在职。以期分工合作，同心协力完成预期的任务。

（二）人君无为，人臣才能放手去做事，发挥大有为的功能。就算是昏君，如能知人善任，又能秉持无为的原则，也不致坏了大事。

（三）有道的主持人，以德为主。若能知人善任，就算品德不如预期的高尚，还可以用无为来补救。

十四·二十【主旨】孔子认为卫国不亡是因为用人得当。

十四·二十【建议】不论有道无道，最好都能够无为而无不为，确保组织的力量，不因自己的错误而难以发挥。

二十一、子曰："其言之不怍[1]（zuò），则为之也难！"

今译

孔子说："一个人说大话却不感到惭愧，要实践就难了！"

引述

人人都有说大话的自由，一般人也都有这样的习惯。说大话可以，但是一定要兑现。使自己能够言行一致，做到说大话而不必惭愧，那就对了。

然而，实际上的情况，却是说得容易做起来难。大话往往难以实现，徒然自暴其短，让大家看不起。

最好的办法，便是稍有保留，不要言过其实。

生活智慧

（一）说大话而不必惭愧，需要平日言行一致，说到做到。但是为了慎重起见，仍然稍有保留，以策安全。

（二）万一说出了大话，那就非竭尽全力，促其实现不可。以免自己的信用受到减损，对自己造成很大的伤害。

（三）说话慎重，不说没有把握的话，不使用武断的形容词，也不必为了一时的夸大而事后提心吊胆，对自己最为有益。

十四·二十一［注释］

①怍：惭愧。

十四·二十一［主旨］

孔子教导弟子要慎重说话。

十四·二十一［建议］

不要陷入说大话的困境，事先预防比事后不安来得愉快。

二十二、陈成子[①]弑简公。孔子沐浴而朝[②]，告于哀公曰：“陈恒弑其君，请讨之。”公曰：“告夫三子[③]！”

孔子曰：“以吾从大夫之后，不敢不告也！君曰‘告夫三子’者！”之三子告，不可。孔子曰：“以吾从大夫之后，不敢不告也。”

今　译

齐国大夫陈成子弑杀齐简公。孔子沐浴净身后上朝，禀告鲁哀公说：“陈恒弑了他的国君，请君上出兵讨伐。”哀公说：“你去告诉孟孙、叔孙、季孙三位大夫吧！”

孔子退朝后，对别人说：“因为我身为大夫，这样的大事不敢不告诉国君，但国君却说：‘去告诉三家大夫吧！’”孔子前去告诉三家大夫，他们却不肯出兵。孔子说：“就因为我身为大夫，这种大事不敢不来告啊。”

引　述

孔子主张“不在其位，不谋其政”（《泰伯篇》）。既然身为大夫，应该提出建议的时候，便不能不提，不能够采取不闻不问的消极态度。他沐浴净身，表示慎重。向鲁哀公禀告陈成子弑杀齐简公的事情，请求出兵讨伐。当时的孟孙、叔孙和季孙，合称三桓，势力很大。哀公不敢决定，要孔子去告诉三桓。孔子到三家去说，结果他们并不赞成。那时候孔子已经七十一岁，从此绝笔，不再管这些事了。

生活智慧

（一）鲁国的三桓势力浩大，并不是始于哀公。可以说冰冻三尺，非一日之寒。孔子生为鲁人，看到当时的混乱局

十四・二十二［注释］

①陈成子：名恒，齐国的大夫。

②沐浴而朝：为表示慎重，先沐浴净身，再上朝禀告。

③三子：即当时的孟孙、叔孙、季孙三位卿大夫，权势很大，使鲁哀公不敢自行决定。

十四・二十二［主旨］

孔子为了君臣大义，主张正名伐罪。

十四・二十二［建议］

不能为子孙谋取幸福，至少不要留下许多痛苦的包袱，祸害子孙。

面，不禁感叹君不君而臣不臣。对于君臣的名正言顺，十分重视。

（二）后来到了鲁悼公，三桓的势力远胜于公室。鲁君有如子侯，地位比三桓之家还要低下。鲁国虽然有周公的教化，却丧失礼义，已经没有善良的风气。这一段历史，值得大家警惕。

（三）鲁哀公何尝不忧虑三桓的势力过分庞大，曾经想利用诸侯来削弱三桓的武力。三桓也怕哀公发难，致使君臣之间的隔阂愈来愈大。后来哀公想利用越人来攻打三桓，反而被三桓赶出鲁国，逃到卫国再转赴越南。先人的不慎，往往使后人承受摆脱不掉的苦痛。

二十三、子路问事君。子曰："勿欺[①]也，而犯之[②]。"

今　译

子路请问事奉国君的道理。孔子说："不要欺骗君上，进谏时可以稍有冒犯。"

引　述

君臣的关系，应该建立在道义的基础上。以道事君，才是为臣的正道。不能欺骗君上，要使君上了解实际的情况，以便做出合理的决策。若是有所偏失，为臣的必须忠言劝谏，并据理力争。就算稍有冒犯，也是应该的。

生活智慧

（一）臣下敢于冒犯君上，正是不患得患失的良好表现。但是在表达的技巧上，仍然要随时注意礼节和诚恳，以

十四·二十三【注释】

①欺：欺骗。

②犯之：指君有过，可犯颜谏诤。

十四·二十三【主旨】

孔子教导子路事君的道理。

求君上听得入耳。

（二）忍气吞声，不敢稍有冒犯，其实是一种虚假的忠诚。君上最好明察，以免被这种虚忠的臣下所蒙骗。

（三）《里仁篇》说过：对君上的态度，如果过分急切，就会招来侮辱。臣对君的冒犯，仍应适可而止，不宜过分。

二十四、子曰："君子上达[①]，小人下达[②]。"

今　译

孔子说："君子依循天理，日求上进；小人追求私欲，日趋下流。"

引　述

孔子不厌其详地，分别从不同的角度，来区别君子与小人。目的在勉励大家向君子迈进，而不沦为小人。上达天理，力求天人合一，不断地上进，便成为君子。相反地，只想满足自己的欲望，追求自己的私利，很快就会成为小人。

生活智慧

（一）君子或小人，都不是天生的，而是后天经过学习，才逐渐形成的。人人自作自受，必须为自己成为君子或小人，负起全部的责任。

（二）对现代人来说，知道品德修养的重要，凡事能够凭良心，自然成为君子。只知道争名夺利，不重视修德，当然成为小人。

（三）学识再丰富，技术再专精，声名再远播，事业再成功，只要品德修养不好，一定日趋下流，迟早成为小人。

十四·二十三［建议］
培养对上不欺，却又能适当冒犯忠告的良好习惯。

十四·二十四［注释］
①上达：指求上进。
②下达：即趋于下流。

十四·二十四［主旨］
孔子论述君子与小人立身处世的不同。

十四·二十四［建议］
以上达自勉，而不以下学自我设限。

二十五、子曰："古之学者为己，今之学者为人[①]。"

今　译

孔子说："古时候的学者是为了充实自己而学习，现今的学者则是为了使别人知道而学习。"

引　述

孔子主张修己安人，前者为己，后者则在为人。为己为人，合起来看是好事，分开来想就不好了。为充实自己而学，不过求独善其身。为使别人知道，很容易徒有虚名，甚至于误人子弟，祸害社会。

理想的方式，应该是先为己，把自己好好充实起来，无论品德、言语、政事、文学，都能够兼顾。然后才为人，把自己所学，推广出来，使大家都获得安宁。

孔子这一番话，应该是看到当时的风气，普遍重视言语、政事、文学的传授，却严重地忽略了自己的品德修养。想不到孔子说了两千多年，到今天大家仍然不知改进，反而变本加厉，愈加可怕。

生活智慧

（一）《雍也篇》所说"己欲立而立人，己欲达而达人"，要立人、达人之先，必须反问自己，是否已立，是不是能达。可见先为己，后为人，才是合理的次序。

（二）《大学》所说"格物、致知、诚意、正心、修身、齐家、治国、平天下"，便是由为己到为人的系统历程，把一个人从内发扬到外。

（三）重视修养自己的品德，是为己和为人的共同基础。不重视品德修养，却极力展现自己的才学，抓到机会就

十四·二十五[注释]

①为己、为人：为己、为人其实是一体两面，一般人不明白，孔子才做出这样的区分。

十四·二十五[主旨]

孔子分别古今求学心态的不同。

十四·二十五[建议]

先把自己的品德修养好，再看情况由为己而为人，才是合理的途径。

要教训别人，实在就是品德不良的具体证明。

二十六、蘧（qú）伯玉[1]使人于孔子，孔子与之坐而问焉。曰："夫子何为？"对曰："夫子欲寡[2]其过而未能也。"

使者出。子曰："使乎！使乎！"

今　译

蘧伯玉派遣一位使者拜访孔子。孔子和他一起坐，问："蘧先生近来做些什么？"使者回答："蘧先生想减少自己的过失，但还没能做到。"

使者告辞退出。孔子说："好一个使者啊！好一个使者啊！"

引　述

孔子非常重视沟通的艺术，蘧伯玉的使者，简单几句话，就博得孔子这么高的评价，可见说得很好，令人听了，对蘧伯玉肃然起敬，却又不致怀疑他的使者有意吹捧或猛打广告。孔子的连声赞美，确实很恰当。

作为一个使者，传达正确的讯息、建立合适的关系、达成预期的任务，应该是缺一不可的。蘧伯玉的使者，传达了蘧伯玉勤于自省、力求改善的讯息，建立了良好的形象，使孔子获得很好的观感，终于完成了他来见孔子的任务。孔子的赞美，给他很高的分数，十分圆满。

生活智慧

（一）孔子最讨厌巧言令色的小人，却对口才良好并且表现得恰到好处的人，甚为赞赏。可见口才良好，还要表达恰当，才受人欢迎。

十四·二十六［注释］

①蘧伯玉：姓蘧，名瑗（yuàn），字伯玉，卫国的大夫。

②寡：即少。

十四·二十六［主旨］

孔子赞美蘧伯玉与其使者的德行。

十四·二十六［建议］

多多练习自己的表达能力，增进自己的沟通艺术修养。

（二）既然是使者，就应该心理上有准备。人家一见面便会问："你家老爷近况如何？"预先做好功课，比较容易令人满意。

（三）会说话的人，大多不会多说。简要得体，大家都喜欢。用词适当，情意深远，又不浪费大家的时间，当然是高度的艺术。

二十七、子曰："不在其位，不谋其政。"

这一句已见《泰伯篇》，请参阅。

二十八、曾子曰："君子思不出其位[①]。"

今　译

曾子说："君子所思虑的，不应该超越自己所处的地位。"

引　述

曾子这一句话，和孔子所说的"不在其位，不谋其政"，意思十分相近。不过范围更为广泛，由政治事务，扩大到日常事务。

每一个人，都应该明白自己所处的地位，然后坚守本分，不做逾越本分的事情。位和时离不开，时一改变，往往位就跟着改变。因时、因地、因人、因事，全盘考虑自己的立场，所言所行，应该会十分合理。

生活智慧

（一）《易经》的艮卦，象辞有"君子思不出其位"这

十四·二十八【注释】

①位：自己所处的地位，也可以说是立场。

十四·二十八【主旨】

曾子论述为政者应当专注自己的职务。

一句话，表示君子的思虑，不会逾越所处的本分。由艮（也就是山）的止，体会思虑的止，而不可妄想。

（二）定位是每一个人，都应该做好的工作。明白自己在团体中的定位，才明白自己的所作所为，有没有逾越本分。合乎定位，应该比较合理。

（三）中国人普遍喜欢看清楚四周的环境，便是寻找自己在此时、此地的定位，以便及时自我调整，扮演好这时候应有的角色。

二十九、子曰：“君子耻[①]其言而过其行。”

今译

孔子说：“君子会因为他的言语超过他的行为而觉得可耻。”

引述

言过其实、夸大其词、言过其行，是君子应该引以为耻辱的。可惜现代人主张“吹嘘自己”“营销自己”“自打广告”，以致彼此的信任感丧失殆尽。

这个人的话，要打折。打几折？说起来十分恐怖，打五折。有人还说算好的，实在是太可怜了。

生活智慧

（一）言过其行，大多是自卑的表现。深怕大家看不起，所以自夸自大。想不到更加不受欢迎，大家更看不起。

（二）有几分把握，说几分话。说到差不多，就不要再说了。再说下去，大家都不想听，说了还不等于白说？

（三）言而有信，是自己应有的信用。一旦向下递减，

十四·二十八［建议］ 随时随地，寻求自己的合理定位。

十四·二十九［注释］ ①耻：指自己觉得羞耻。

十四·二十九［主旨］ 孔子勉励弟子要言行相符。

十四·二十九［建议］ 最好养成先做后说的习惯，做到了再说，便不可能言过其行，令人厌恶。

就会愈来愈得不到人家的信任，吃亏的毕竟还是自己。

三十、子曰："君子道者三，我无能焉：仁者不忧，知者不惑，勇者不惧。"子贡曰："夫子自道[①]也！"

今译

孔子说："君子有三种美德，我都未能做到：仁者不忧虑，智者不疑惑，勇者不畏惧。"子贡说："这三种美德，正是老师的自述啊！"

引述

老师自谦，弟子推崇。师生的情感自然流露，令人十分感动。反过来说，如果老师自夸，弟子却表示怀疑，那该多么没趣！现代人喜欢自称老师，又常自夸，实在很不安全。师生的感情，日趋淡薄，好像也是一种退步。

仁者不忧，是专指不忧虑自己的事情。至于以天下为己任，忧天下之忧，甚至先天下之忧而忧，并不能不忧。

智者具有选择和判断的能力，足以洞明事理，所以不惑。清朝学者梁启超，认为一个人要有基本常识、专门知识和总体智能，才能不惑。

勇者气势盛大，无所畏避。天下有事的时候，用在战场上；天下无事时，则用于礼义。敢作敢为，当然不惧。

智、仁、勇三者，后来称为三达德，出现在《中庸》这本书上。

生活智慧

（一）三达德当中，智放在首位，意思是我们要行仁，一定要先动脑筋，务求合理而不糊涂，才是不惑的表现。

十四·三十〔注释〕
①自道：即自述。

十四·三十〔主旨〕
孔子自谦学识不足。

十四·三十〔建议〕
把三达德当作自己修身的主要目标。从小处着手，从现在做起。

（二）仁字放在中间，是三达德的重点。表示智或勇，都是为了行仁。知仁才能不惑，勇于行仁才可以不怕。有智有勇的仁，当然能够不忧。

（三）勇是三达德的基础，有仁心，又判断正确，结果由于胆怯、害怕而不敢付诸实践，还不是等于零？所以仁者必有勇，才能产生实际行动。

三十一、子贡方人[①]。子曰："赐也，贤乎哉？夫我则不暇！"

今　译

子贡喜欢批评别人。孔子说："赐啊，你样样都很能干？至于我，就没有闲暇去批评别人。"

引　述

子贡小孔子三十一岁，在言语科是出色的弟子。他出使游说各国诸侯，到齐、吴、晋、越，都有很好的表现，孔子十分赞赏。但是他喜欢评论他人的缺失，难免得罪人。孔子为了劝阻他，采用"自己没有这种闲工夫"，来加以点醒。

生活智慧

（一）在人家的背后说三道四，对一般人来说，可能是人之常情，然而对子贡这么有成就的人，未免是一种瑕疵。孔子用微讽的方式，来指点他，完全是一番好意。

（二）我们在别人的背后批评他，一定有好事的人，转达给他，甚至添油加醋，弄得大家很不愉快，实在没有必要。

（三）有人看到我们喜欢批评别人，总认为我们也会批评他。于是先下手为强，在别人面前批评我们，岂不是很不利？

十四·三十一【注释】

①方人：评论他人的短长。

十四·三十一【主旨】

孔子教导弟子不要随便批评别人。

十四·三十一【建议】

不要在背后批评别人。

三十二、子曰："不患[1]人之不己知，患其不能也。"

今　译

孔子说："不愁别人不知道自己，愁的是自己没有真才实学。"

引　述

一般人受到"学而优则仕"的鼓励，有机会便要从政，没有机会也要极力争取。却不知道从政所负的责任，十分重要，所需要的政治智慧，非常高明，并不是一般人所能够胜任的，可惜大多数人不这样想。凭着"舍我其谁"的无比勇气，便要挑起重责大任。唯恐自己的才能，不为人所知，不受高层人士赏识。对于自己是不是拥有真才实学，反而并不在意。

生活智慧

（一）如果大家都知道，就算世间没有我，仍然有人承担重责大任，自然减少很多无谓的政治斗争。我们应当有责任治国平天下，却也应该尊重别人也有这样的意识。

（二）每一个人的能力，毕竟都相当有限。觉得别人不如自己，便是狂妄自大。就算自己有能力，别人也未必不如我，为什么一定非我不可呢？

（三）随时充实自己，做好准备，有合适的机会，不要放弃，却不一定舍我其谁。实至名归，才是最合理的安排。

十四·三十二[注释]

①患：担心，忧虑。

十四·三十二[主旨]

孔子教导弟子求学要为自己着想。

十四·三十二[建议]

有机会从政，没有机会也可以本乎以天下为己任的精神，把分内的工作做好。因为任何事务，都和政治相关。

三十三、子曰：“不逆诈①，不亿不信②，抑③亦先觉者，是贤乎！”

今　译

孔子说：“不事先预想别人的诈欺，不事先猜想别人会失信，但是却都能及时发觉，这样的人是一位贤者吧！”

引　述

一般人总认为“害人之心不可有，防人之心不可无”。孔子则以为贤者不必如此，因为一旦有了防人之心，就不能以平常心来看待他人。好比戴着有色眼镜，看起来似乎每一个人都不尽可靠。于是自己先产生偏见，明明没有什么不对的地方，也可能疑神疑鬼，岂不是反而欺骗了自己？

孔子认为既然是贤者，对于人的真伪，自然有高度的警觉性。不逆诈，便是不必预先加以猜测。只要在别人使诈弄巧时，能够看出破绽，也就够了。

中国人普遍警觉性很高，所以怀疑心也很重。如果时时以防人之心不可无来加强自己的心防，恐怕很不容易建立人与人之间的信任。孔子说这一番话，是不是提醒我们，不必过分猜疑别人的动机，以免产生不必要的偏见呢？

生活智慧

（一）上一次当，吃一回亏，我们会同情他。若是连续上当吃亏，我们便笑他实在很愚笨。警觉性低，当然不算是贤者。

（二）一天到晚怀疑别人，把所有的人都当成坏人，这样的心情，怎么同人家精诚合作呢？何况人家看出我们的怀

十四·三十三【注释】

①逆诈：指事先预想别人要诈骗自己。『逆』即预料。

②亿不信：指事先猜想别人会失信。『亿』即猜测。

③抑：反语辞，但是。

十四·三十三【主旨】

孔子教导弟子要心地光明。

十四·三十三【建议】

害人之心当然不可有，防人之心却应该合理地发挥，千万不要过分。

疑，本来不打算要诈的，很可能也因此而不真诚了。

（三）警觉性高，是良好的先觉。平时不用，必要时能够自动及时启动，这才是真正的贤者，不致自己吓自己。

三十四、微生亩[①]谓孔子曰："丘，何为是[②]栖栖[③]（xī）者与？无乃[④]为佞[⑤]乎？"孔子曰："非敢为佞也，疾固[⑥]也。"

今译

微生亩对孔子说："丘啊，你为何如此忙碌而不得安宁的样子呢？莫非是要说些动听的话讨好世人吗？"孔子说："我不敢做那样的事，我只是厌恶固执的人。"

引述

微生亩是隐士，对于孔子忙于到处弘道，很不以为然。他直呼孔子的名，又出言不逊。孔子一向主张"你对我客气，我没有理由对你不客气。你对我不客气，我又何必对你客气"的对待原则，所以回答的话，也不太客气。意思是我忙碌，你固执，有什么好笑的？

生活智慧

（一）人各有志，不必加以勉强。但是应该彼此尊重，互相包容。孔子并没有嘲笑隐士们不关心社会人群，隐士却看不惯孔子的忙碌奔波，难怪孔子对他不是很客气。

（二）就算微生亩的年纪比孔子大，也不方便直呼孔子的名字。因为彼此的关系不够，交情也不够深厚。否则就不会这么不了解孔子，说出这样不贴切的话来。

（三）孔子说微生亩固执，虽然没有指名道姓，但是微

十四·三十四[注释]
①微生亩：姓微生，名亩。是当时的隐士。②是：如此。③栖栖：不安宁的样子。④无乃：莫非是。⑤佞：以讨好的言语奉承别人。⑥疾固：厌恶固执的人。

十四·三十四[主旨]
孔子感叹世间有些人很固执。

十四·三十四[建议]
交情不够，不要说过分深入的话，以免弄巧成拙，反而使自己下不了台阶。

生亩心中有数，当然听得明白。不过他并不能怪孔子，完全是自己闯出来的祸，当然自作自受。

三十五、子曰：“骥[1]不称其力，称其德也。”

今　译

孔子说：“千里马不是称扬它的力气，而是称扬它的德性驯良。”

引　述

千里马的意思，是指马日行千里而不疲乏。很容易使人想起它的力气持久，却忽略了它的驯良德性。古时把千里马称为骥，后来引申为杰出的人才。

千里马的主要条件，应该是驯良和善，而且日行千里，极有耐力。才德并重，大家才敢骑它。

生活智慧

（一）千里马常有，可惜伯乐难得。伯乐是赏识千里马的专业鉴定人士。慧眼识英雄，很快就能看出什么样的马匹才是千里马。我们引申为时时都有贤才，不幸的是，很难遇到明主。

（二）才德并重，用来指千里马，还说得过去。用来指贤才，仍然不够，必须德本才末，先通过品德那一关，才来看他的才能。

（三）要获得大家的赏识，必须先修养自己的品德。否则才能愈高，大家愈害怕。品德良好，大家才敢信任他的才能，不至于为非作歹。

十四·三十五〔注释〕

①骥：指千里马。

十四·三十五〔主旨〕

孔子主张君子要重德行，不能只重才能。

十四·三十五〔建议〕

希望自己多才多艺，请先修养良好的品德。

三十六、或曰：“以德[1]报怨，何如？”子曰：“何以报德？以直[2]报怨，以德报德。”

今译

有人问：“以恩惠回报怨恨，这样做对不对？”孔子说：“那如何去回报对你有恩德的人呢？应该要以公正回报怨恨，以恩德回报恩德。”

引述

以恩报恩，以德报德，还要以直报怨，才合乎孔子的主张。以直报怨，并不是以牙还牙，以暴还暴。现代主张诉之以法，让法律来加以制裁。

生活智慧

（一）同等对待有恩和有仇的人，根本就是没有是非公义。我们不应该挟私怨以报公仇，却必须诉之以法，求得公正的制裁。

（二）不必记仇，更不要冤冤相报，但是公正合理地报怨，却是正当的途径。不能够以德报怨，因而是非不明。

（三）有恩德而不图报，心中不安。有恩德便要求回报，则是假仁假义。自动回报是好事，不可以提出回报的要求。

十四·三十六【注释】

①德：恩惠。

②直：公正无私。

十四·三十六【主旨】

孔子论述以恩报怨的方式。

十四·三十六【建议】

培养以德报德，以直报怨的正当态度。

三十七、子曰："莫我知也夫！"子贡曰："何为其莫知子也？"子曰："不怨天，不尤①人，下学而上达②，知我者，其天乎！"

今译

孔子说："没有人能了解我啊！"子贡说："为什么没人了解老师呢？"孔子说："我既不怨恨天，也不责怪人，只是从人事上去学习，依循天理日求上进，能了解我的，只有天吧！"

引述

下学而上达，意思是下学人事而上达天道。孔子认为礼是人事行为的规范，仁是人事行为的本质。只有依仁合义，持续精进，才能够上达天道，而知天命。

知天命的指标，即在不怨天，不尤人，凡事逆来顺受。以孔子的修养，五十岁时才知天命，可见实在不容易。像孔子这样杰出的人，一般人当然很不容易了解。所以孔子自叹没有人能够了解他，只有天才能明白他的心情。

一般人忙于下学，根本没有上达的可能。孔子说中人以下，不可以语上也。关于天命的部分，很少向这些人提起。因为它比较高明，并不是一般人所能知道的。

生活智慧

（一）下学而上达，下为人，上为天。由人事上达天命，才有天人合一的可能。当中不需要神明的媒介，成为中华文化以人为本的特色。

（二）"我欲仁，斯仁至矣"（《述天篇》）。命在天也在我，便是天人合一的明证。人人都可以做到，只要不断从道德实践中去体会，逐渐提高自觉，以求上达。

十四·三十七［注释］

①尤：为非，责怪。

②下学而上达：指从最基本的做人道理开始学起，日求上进。

十四·三十七［主旨］

孔子自述反己自修的功夫。

十四·三十七［建议］

提高自己的自觉能力，体会自己的责任，并且自愿承受完全的后果。

（三）“人能弘道，非道弘人”（《卫灵公篇》）。天道只能自存，无法弘人。我们必须充实下学的功夫，才能弘扬天道。

三十八、公伯寮[1]（liáo）愬[2]子路于季孙，子服景伯[3]以告，曰：“夫子[4]固有惑志于公伯寮，吾力犹能肆[5]诸市朝。”

子曰：“道之将行也与，命也。道之将废也与，命也。公伯寮其如命何？”

今　译

公伯寮在季叔面前说子路的坏话。子服景伯把这事告诉了孔子，说：“季叔听了公伯寮的谗言，已经对子路有所疑惑，但我还有能力使季叔明白真相，而将公伯寮杀了，陈尸于市场。”

孔子说：“道如果能行于世，是天意；道如果不能行于世，也是天意。公伯寮又能对天意怎样呢？”

引　述

孔子主张知命依仁，所以说道行或不行，最好顺其自然，不必怨天尤人。公伯寮会不会说子路的坏话，说了之后，季孙氏会不会相信，全都是命。子服景伯看不过去，挺身而出，想要挽救子路，使季孙氏不受公伯寮的影响，结果能不能如愿以偿，同样是命。

我们站在子路的立场，请问又有什么办法向季孙氏申诉，是会获得谅解，还是更为增加疑惑，谁也料不定。公伯寮的破坏，会产生什么样的结果，我们又怎么能够掌控？在这种情况下，凡事只要尽力去做，不必去管结果如何。因为管也管不了，何必多操心？

十四·三十八【注释】

①公伯寮：姓公伯，名寮，字子周，鲁人。孔子的弟子。②愬：谗言毁谤。③子服景伯：即鲁大夫服何忌，字伯，谥『景』。④夫子：指季孙氏。⑤肆：将受刑人的尸体陈在刑场或公开的场所。

十四·三十八【主旨】

孔子主张守命自安。

生活智慧

（一）我们只能够要求自己，很难要求别人。要求自己依仁合义，至于别人要怎样对待我们，只能够听天由命。一般听到听天由命，大家很容易想到消极的认命，却忽略了先前的“尽力做到依仁合义”。一偏之见，当然有这样的误差。

（二）我们的命，表面上看起来由外力在决定，实际上是我们自己在决定。因为一切富贵、贫贱、死生、得失、成败，全都是我们自己努力的结果。

（三）我们面对困难或阻碍，不应当求助于鬼神，否则相当于推卸自己的责任。把逆境化为助力，激励自己奋发，仍然坚持依仁合义，就不必怨天尤人。

三十九、子曰：“贤者辟世①，其次辟地②，其次辟色③，其次辟言。”

今译

孔子说：“贤人看到天下无道，为避开污浊的社会而隐居，其次是离开乱邦前往治邦，再其次，看到别人礼貌衰退而避去，更其次，听人说话与自己意见不合而避开。”

引述

孔子这一番话，应该是闲谈时的一种说法，并不能代表他的主张。因为他自己就不想当隐士，实际上也从来没有这样做过。他有知其不可而为之的精神，当然不可能避世隐居。很可能是大家谈起隐士生活，孔子就这一方面，做出这样的评论。先从意见不合避起，升高到礼貌不周到便躲开，然后离开乱邦迁居到治邦，最后只好以天下无道为由而隐居了。

十四·三十八【建议】

遭遇逆境时，不向逆境低头。反过来自我激励，促使自己依仁合义，自然得道多助。

十四·三十九【注释】

①辟世：指因天下无道避世隐居。「辟」即避。

②辟地：指离去乱邦，前往治邦。

③辟色：因礼貌衰退而离去。

十四·三十九【主旨】

孔子论述君子见机引退的等次。

生活智慧

（一）三国时代的孔明，如果和他的朋友崔州平、石广元、孟公威等人一样，过着山居野人的生活，请问孔明的一生，能不能为人类留下这么可贵的行事历程和了不起的风格呢？

（二）我们不能够批评历代或当代的隐士，因为人各有志，应该互相尊重。但是我们也不能鼓励大家过隐士生活，否则贤能的人士都袖手旁观，老百姓非受苦受难不可。

（三）孔子这一番话，应该是针对要不要从政而发的。先看君王听不听得进自己的话，再看君王对自己有没有礼貌，然后看这个国家治或乱，来决定留或去。最后发现生不逢时，干脆避世隐居。

四十、子曰："作者[①]七人矣。"

今　译

孔子说："由于不同原因避世隐居的，已经有七个人了。"

引　述

"作者"究竟是什么意思，实在不方便加以猜测。中华民族通用的汉字，是世界上弹性最大的一种。"作者"可以解释为"这样做的人"，也可以解释成"做这种事的人"。由于上下章都在说隐者的情况，所以推知这里所说的"作者"，便是"这样过着隐士生活的人"，或者依据上一章所说的次序，解释为"作为隐者的人"，到目前为止，已经有七个人了。

是不是真的七人？其实未必这么精确。因为有可能指长沮、杰溺、丈人、石门、荷蒉、仪封人、楚狂接舆这七人。但是当时是不是还有其他的隐士，恐怕谁也说不定。我们对

十四·三十九［建议］

人生在世，能做出多少贡献，还是要尽力而为，孔子的明知不可为而为之的精神，更值得我们学习。

十四·四十［注释］

①作者：在这里，依上下章的连贯性来推论，应该是隐者。

十四·四十［主旨］

孔子感叹当时世道衰微。

于数字的要求，是应该精确时，必须力求精确，不能马虎。然而，大家心里明白，有时候限于种种原因，不可能也不必要精确的，又何必勉强求取呢？为了样样求精确，弄得浪费成本和精力，却对后果没有多大贡献，有这样的必要吗？

生活智慧

（一）汉字是一种非常特别的文字，弹性大到几乎怎么解释都可以。因此解释时要特别用心，前后文对照着体会，比较妥当。

（二）拼音文字，差一个字母，便无法辨识。新字出现得很快，影响沟通的效果。汉字虽然有增有减，常用的文字，却始终维持在四百个字左右，使用起来十分方便。

（三）同样一句“作者七人矣”，在不同的地方，可以做出不一样的解释。使用汉字，必须注意上下文的关联性，非常有趣。

四十一、子路宿于石门。晨门[①]曰：“奚自[②]？”子路曰：“自孔氏。”曰：“是知其不可而为之者与？”

今译

子路在石门城外住了一夜，第二天一早进城，管门的人问他：“你从哪里来的？”子路说：“从孔家来。”管门的人说：“就是明知不可为而为之的那个人吗？”

引述

一般人做事，免不了要做一番盘算。可行性如何？有多大的胜算？这是不能承天知命的表现，我们不能够怪责，更不必加以嘲笑。大多数人，反而认为这样做才是对的，非学

十四·四十［建议］

汉字有很多特性，请多加体会，善加运用。

十四·四十一［注释］

①晨门：掌管早晨开启城门的人。

②奚自：从何而来。

十四·四十一［主旨］

管门人向子路表明对孔子的看法。

习不可。

孔子心里明白，他所承担的重责大任，非一般人所能了解。因此对于不断出现的阻碍和打击，都无怨无悔，不厌不倦，毫无计算的必要。管门的人，说他明知不可为而为之，实在形容得十分恰当。

只问自己有没有尽心尽力，不计较能不能达成预期的效果。进一步明明知道不可为，还是甘愿承担所有的困难，勇敢地向前迈进。这种明知不可而为之的精神，令人敬佩！

生活智慧

（一）对于事业，当然要盘算、计划，可行才去做，以免浪费时间，也浪费资源。对于品德修养，则不能为了怕吃亏而投机取巧，否则耽误自己的进程，势必后悔莫及。

（二）应该做的事情，遭遇到再大的困难，也要不折不挠，勇往直前。哪怕最后不能成功，也应该知不可而为之。孔明六出祁山，正是这种精神的发扬。

（三）把所有客观的艰难、灾祸，都看成自我锻炼的关卡。抱着三国时代关公过五关斩六将的勇气和毅力，自强不息地承担一切的后果。

四十二、子击磬[①]（qìng）于卫。有荷蒉[②]（kuì）而过孔氏之门者，曰："有心哉，击磬乎！"既而曰："鄙哉，硁硁（kēng）乎[③]！莫己知也，斯已而已矣！'深则厉，浅则揭[④]。'"子曰："果哉[⑤]！末之难（nàn）矣[⑥]！"

今　译

有一天孔子在卫国，正在击磬。有一个挑着草筐子的隐

十四·四十一【建议】

天将降大任给我们，必先锻炼我们的心志和身体。承担一切苦难，必能完成重大的任务。

十四·四十二【注释】

①磬：石制乐器，十二个一组，悬于架上，敲击成声。②荷蒉：担草筐的隐士。③硁硁乎：石声，也有坚实的意思。④深则厉，浅则揭：《诗经·卫风·匏有苦叶篇》的诗句，说遇深水就以衣涉水，遇浅水就撮衣涉水，比喻应世深浅要适宜。『厉』，不脱衣涉水。『揭』，撩起衣裳涉水。⑤果哉：果决。⑥末之难矣：指没有可以责难的。

士，从孔子家门口走过，说：“真有救世的诚心啊，这个击磬的人！”过了一会儿又说：“鄙陋啊，从那坚实的磬声可以听得出来。世人既然不赏识你，也就算了吧！《诗经》上说：‘遇到深水，就和衣涉水过去，遇到浅水就撩起衣裳涉水而过。’处世也应该这样，不要太固执。”孔子说：“这人这样果决，我对他也无可非难了！”

引　述

隐者和孔子，可能具有同样的济世心肠。只不过隐者认为自己比孔子聪明，知道浊世容不了这样的好心，因而明哲保身，以求全身而退。

孔子对隐者，并没有丝毫的责备。因为人各有志，必须互相尊重。同样的时代，不一样的心境。孔子有知其不可而为之的决心，隐者却知其不可而罢手。我们面对这两种不同的态度，究竟要选择哪一种，毕竟要看各人的修养，能不能忘世。能即成为隐士，不能便要仿效孔子。

生活智慧

（一）孔子的心，与天地同心。明知自己的身体力量十分有限，却坚持要发挥无限的精神力量。这种择善固执的态度，实在可钦可敬。

（二）遇到浅水，撩起衣裳，拉起裤管，便可以涉水而过。遇到水深过膝，反正非被水浸湿不可，干脆不撩也不拉，湿衣渡过。这种持经达变的应变态度，孔子十分了解。他主张坚持到底，却也尊重隐者的自求全身而退。

（三）只要果决地定下心来，各自坚持要走的道路，旁人实在不便置评，反正自作自受。这一点风度，孔子要比隐者高明得多。

十四·四十二［主旨］ 荷蒉隐者讥讽孔子，孔子自表不忍忘却天下。

十四·四十二［建议］ 凡事经过仔细思虑，决定之后，便要择善固执，不必由于他人的评论，而有所动摇。

四十三、子张曰："《书》云：'高宗谅阴，三年不言[①]。'何谓也？"子曰："何必高宗，古之人皆然。君薨[②]（hōng），百官总己[③]以听于冢宰[④]，三年。"

今译

子张说："《尚书》上说：'商代高宗居丧，住在凶庐，三年不谈论国家政事。'这是什么意思？"孔子说："不只是高宗，古代人都这样。国君死了，继承的君王不过问政事，三年之内，都由朝廷百官负责自己的职务并听从太宰的命令。"

引述

我们说不言，并不一定是不说话，而是不说则已，一说出来就使大家觉得十分和谐。

武丁是商朝高宗的名字，由于实际上和百姓们在一起劳动，已经有相当长的时间，对于民间的疾苦，十分了解，所以他的父亲中宗逝世，他即位后，真实地沉默，在守丧期间，长达三年都很少说话。必要时一说出来，大家听起来都觉得非常和谐。

孔子认为历史上的君王，不仅仅高宗这样。大致上古代的人，都是这样。当国君去世时，三年之内，继任的君王都保持沉默，让宰相率领百官，按照往例办事。

继任的国君，在三年守丧期间，遵照先王的旧例，先求了解、适应，然后再有所改善，应该比较妥当。

生活智慧

（一）新任主管，先依照往例办理。观察一段时间，试

十四·四十三［注释］

①高宗谅阴，三年不言：见《尚书·无逸篇》，意思是当年武丁居丧，三年不施政令。『谅阴』是天子居丧所住的房屋，又名凶庐。②薨：指帝王的死。③总己：指总摄自己的职务。④冢宰：即太宰。

十四·四十三［主旨］

孔子解释三年不言的疑问。

十四·四十三［建议］

凡事先了解清楚，适应一段时间，搞明白缺失的所在，再提出改善的建议。

试看能不能适应。然后发现缺失，再提出改进的方法。以免新官上任三把火，烧不了别人，却反过来烧了自己。

（二）新官上任三把火，并不是一上任就要烧起火把。不妨了解清楚，商量妥当，获得大家的支持，这才一把一把地烧起火把，应该安全而有效。

（三）新进人员，也应该先求了解，次求适应，然后才提出改善的建议。千万不要尚未了解，便唐突地提出建议，以免不被接纳，而暗自神伤。但是，也不能适应下来，便因循苟且，不思改善。

四十四、子曰：“上好礼，则民易使也[①]。”

今　译

孔子说：“在上位的人能够依礼实践，做出好榜样，百姓就很容易使唤了。”

引　述

人是群居的动物，又各有不同的个性和习惯，称为个别差异。为了群体的和谐，大家必须守礼，维持一定的秩序。这时候居上位的人以身作则，作为大众的典范，使大家群起仿效，对于政令的推行，应该十分有利。

生活智慧

（一）仁是内在的道德修养，礼是外在的生活规范。言行不守礼法，便不是文明人。大家遵守秩序，才算是文明社会。

（二）《子路篇》说过：“上好礼，则民莫敢不敬。”现在又说：“上好礼，则民易使也。”可见居上位的人，好礼是必要的条件。在好礼方面以身作则，十分重要。

十四·四十四［注释］

①《子路篇》和《阳货篇》，都有类似『上好礼』和『易使也』的说法，请参照体会。

十四·四十四［主旨］

孔子主张在上位的人要做出好榜样。

十四·四十四［建议］

自己要求自己，务必遵守规矩，谨守秩序。

（三）在上位的人，若是尊重法律，谨守秩序，老百姓自然有样学样，恭敬地接受命令，听从指使。这样的社会，当然和谐而安宁。

四十五、子路问君子。子曰："修己以敬①。"曰："如斯而已乎？"曰："修己以安人②。"曰："如斯而已乎？"曰："修己以安百姓。修己以安百姓，尧舜其犹病③诸！"

十四·四十五［注释］

①修己以敬：即修身以礼。

②安人：指使他人安乐。

③病：苦其不足。

十四·四十五［主旨］

孔子论述君子之道在修己安人。

今译

子路问怎样才算是君子。孔子说："持恭敬的态度修养自己。"

子路又问："这样就够了吗？"孔子说："修养自己，进而使别人安乐。"

子路又问："这样就够了吗？"孔子说："修养自己，再使百姓都得到安乐。修养自己，使百姓都得到安乐，连尧舜都恐怕不能完全做到呢！"

引述

孔子主张内圣外王，把一个人的内圣修养，发扬到外王的事业上面，以充实内圣的人格。

修己以敬、修己以安人、修己以安百姓，代表内圣外王的三个层次，由浅而深，由近而远，也由亲而疏。先由修己以敬做起，进而修己以安人，再扩展为修己以安百姓。这种远大的目标，不要说一般人达不到，尧舜都还不能完全达成。但是取法乎上，才能做到中等的程度，所以孔子三者都说出来，使大家勉力向前。

修己安人，必须一步一步由己及人，向外推展、发扬。修己是根本，不修己而妄想安人，实在是不可能的事情。现

代人很急躁，处处想安人，却不能修己，所以事倍功半，甚至于反而生害。

生活智慧

（一）对内修己，对外待人以敬，是做人的基本要求。大家对自己产生信任感，才有进一步帮助他人获得安乐的机会。换句话说，才能够为他人服务，而且受人欢迎。

（二）要安百姓，必须从政。但是孔子所说的从政，并不需要直接投入实际的政治工作。只要以德治的精神，来唤醒大家，促使德治得以真正实现，便是从政。

（三）先从法治做起，逐渐向德治提升，这是一条光明的大道，值得我们长期努力，不断向前迈进，以求达成。

十四·四十五【建议】

先以修己敬人要求自己，但是眼光要放远，给自己一些期待，能够逐渐向外扩展。

四十六、原壤[①]夷俟[②]。子曰："幼而不孙弟，长而无述[③]焉，老而不死，是为贼[④]。"以杖叩其胫[⑤]（jìng）。

十四·四十六【注释】

①原壤：孔子的同乡，小时候的玩伴。②夷俟：蹲踞着等待。『夷』即箕踞。『俟』即等待。③述：称述。④贼：败坏风俗。⑤胫：小腿。

今译

原壤两腿张开像簸箕般坐着，在等待孔子。孔子说："你小时候就不谦逊，不尊重尊长，长大后也没什么可称道的，活到这么一大把年纪还不死，真是一个败坏伦常风俗的贼啊。"说完，就用拐杖敲他的小腿。

十四·四十六【主旨】

孔子以原壤做坏榜样警戒弟子。

引述

和老朋友开开玩笑，是人之常情，孔子也不例外。但是他的用意，仍然着重在教导弟子，不要和这位老朋友一样，学问和道德都不长进，对国家民族，完全没有贡献。

原壤坐相难看，孔子一看就知道他还是老样子，趁机数落他从小就不知谦逊，长大了也没有什么表现。把他当作活教材，告诉弟子们，像这样老而不死的人，简直就是老贼。

人总有年老的时候，但是老人可以分为两类：一是作为年轻人良好典范的老人。大家不但喜欢借重他的丰富经验，而且也乐意接受他的教诲。这种老人，当然是难得的“宝”。另一类则是像原壤这样，只能作为年轻人的坏榜样。大家躲得远远的，生怕和他接近，简直和“贼”没有两样。

孔子为了增强随机教学的效果，特地举起手杖，敲敲原壤的小腿。用意在提高弟子们的注意力与警戒心，千万不要和原壤一样，生活得毫无价值。

生活智慧

（一）老而不死是为贼，后来经常被引用。可见大家对于不能终生学习，随时求取进步的老人，颇不欢迎。我们人人都会老，最好以此为戒，加强自己的持续改进。

（二）老人有丰富的经验，值得我们借镜。敬老尊贤，当然是良好的修养。人人都会老，敬老尊贤，更是大家都应该及早养成的习惯。

（三）开玩笑也离不开教化的功能，才不是乱开玩笑。孔子和原壤开玩笑，一方面在警戒弟子，一方面也在激励原壤。如果原壤经过孔子这一番刺激，能够自我改善，岂不是大好的事情？

四十七、阙党①童子②将命③。或问之曰：“益者与？”子曰：“吾见其居于位也，见其与先生并行也，非求益者也，欲速成者也。”

今　译

阙党的一个童子来向孔子传达信息。有人问：“对那童子有什么益处吗？”孔子说：“我看他坐在成年人的位子

十四·四十六［建议］

自我警惕，千万不要幼而不谦逊，长大还是不懂事，以免将来成为老不死的贼，令人厌恶。

十四·四十七［注释］

①阙党：地名，孔子的故里。

②童子：指未成年的年轻人。

③将命：传达信息。

上，和他的长辈并肩而走，那童子不想在学问上求长进，只是想快点儿成为大人，不遵行童子应该有的礼让。”

引　述

一个人的行为态度，背后一定有一种观念在支撑。孔子看见这个前来传递信息的童子，和大人并肩同行，从这种对大人不恭敬、不知礼让的态度，可以推知这个童子，并没有请益的念头。他只是盼望早一点儿成为大人，以免被看成不懂事的小孩儿。希望长大成人，当然不是坏念头。但是保持应有的礼貌，对年长的人尊敬，才是内在的充实，比外表的长大，更加重要。

生活智慧

（一）老练的人，眼睛十分锐利。一眼看过去，便知道对方在想些什么。实际上中国人的眼睛，是全世界最厉害的。我们常说难逃法眼，实在不虚假。

（二）一举一动，明眼人看在眼里，都无所遁形。我们要诚心诚意，把自己的行为态度调整好，以免露出马脚，令人厌恶。

（三）童子想长大成人，最好是内心多求充实。随着身体的高而壮大，才不致配合不上，而显出幼稚的样子。

十四·四十七【主旨】孔子评论阙党童子不知礼让。

十四·四十七【建议】随着年龄的增大，最好不断地充实自己，提升自己的层次，以求表里一致。

卫灵公第十五

这是篇名，用第一句的最先两个字来表示，并没有什么特别的意义。

一、卫灵公问陈[①]于孔子。孔子对曰："俎（zǔ）豆[②]之事，则尝闻之矣；军旅[③]之事，未之学也。"明日遂行。在陈绝粮。从者病，莫能兴[④]。子路愠见曰："君子亦有穷乎？"子曰："君子固穷，小人穷斯滥[⑤]矣。"

十五·一【注释】

①陈：同『阵』，指军队行伍。

②俎豆：盛放祭品的礼器。

③军旅：即军队，此处指战伐。

④兴：即起。

⑤滥：指泛滥。

今译

卫灵公请教孔子军队布阵作战的方法。孔子回答说："关于礼仪的事，我曾经听说过；关于军队作战的事，我没学过。"第二天，孔子便离开卫国。走到陈国时没有了粮食，跟随的弟子都饿病了，无法起床。子路心里不快，来见孔子说："君子也会这样穷困吗？"孔子说："君子穷困时固守着原则，小人穷困时就不守本分乱来了。"

引述

孔子崇尚礼义，所以避谈军事。这种态度，合乎"知之为知之，不知为不知"（《为政篇》）的原则。卫灵公请教军队列阵的道理，表示十分注重这方面的事情。孔子就算知道答案，也不应该告诉他。卫灵公有问的自由，孔子也有不回答的自由。这一番回答的话，暗示卫灵公礼义远比军事重要，却委婉得不致引起卫灵公的恼羞成怒。

在陈国绝粮受困，尽管大家饥饿不安，孔子仍然从容不迫。子路的个性直率，又十分急躁，他不顾师生的礼仪，生气地提出"君子也有穷困的时候吗"这样的抱怨。孔子应该说的话，一句也不少，及时回答："君子穷困时，照样安分守己。小人穷困时，就不免胡作非为。"不知道子路听了，知不知道自己的修养，和孔子差得太远了。

十五·一【主旨】

孔子行所当行，虽然穷困也不后悔。

生活智慧

（一）穷困是老天爷给人的一道关卡，考验人们因应的态度，促使人们了解自己，是君子还是小人。同样绝粮，为什么孔子和大家的因应态度那样不相同？这是子路应该深一层思虑的地方，可惜他缺乏这样的修养。

（二）人的一生，不可能永远不穷困。若是一遭遇穷困便胡作非为，岂不是经不起考验，也就是把握不住自己？这种只能处顺境，不能处逆境的人，实际上相当可怕。

（三）君子修养良好，意志坚定。在现实社会上，往往反而受到排斥和轻视。正是因为如此，才更加难能可贵。当今大多数人趋向功利，不能接受穷困的挑战。我们更应该洁身自爱，才不致同流合污。

二、子曰："赐也，女（rǔ）以予为多学而识[①]（zhì）之者与[②]？"对曰："然，非与？"曰："非也，予一以贯[③]之。"

今　译

孔子说："赐啊，你以为我是博学而强记的人吗？"子贡回答说："是的，难道不是吗？"孔子说："不是的，我只用一个基本道理将所学贯通起来。"

引　述

一般人把多见多闻而又记忆力良好的人，称为博学多闻或者博闻强记。这样的人，有很多知识，却并未真正有学问。因为缺乏把这些知识贯串起来的道理，称不上有系统的知识。孔子当然多见多闻，记忆得十分清楚。但他拥有一般人所缺乏的中心思想，能够做到一以贯之。

十五·一［建议］

把穷困当作一种考试的项目，不但要及格，而且要使自己获得满意的成绩。坚定意志，丝毫不动摇。

十五·二［注释］

①识：记，记在心里。

②与：同"欤"，疑问语助词。

③贯：串。

十五·二［主旨］

孔子教导子贡道学一贯。

子贡一边学习，一边经商。长年在外奔波，见多识广。他认为孔子不过是多学而识的长者，有时候还觉得孔子的见闻，还不如他。经过孔子的指点，才恍然大悟，自己所缺乏的，是一以贯之的道理。因而更加敬仰孔子，也更加谦虚好学。

孔子所说的“非”，并不是否定博学强记，而是要求统合自己的中心思想，以免迷失了自己。

生活智慧

（一）把历史当作过去的事情，不了解彼此之间的关联性，等于记得历史而不懂得历史，顶多讲出一些故事，却说不出其中的道理。我们读历史，不能只记住已经成为过去的年代和人物，应该从历史的教训中，看出现在的问题，并且展望未来的发展，才能一以贯之。

（二）三十而立，最要紧的是建立自己的中心思想，当作自己做学问的总纲领，用以贯串自己的所见、所闻、所学，建立一套有系统的知识。

（三）孔子的一贯之道，曾子认为是“忠恕”。无论何时何地，谈论或处理任何事情，这都是不能改变的原则。这样一来，再杂乱的见闻，都能够统一起来，不致前后矛盾，乱了自己的思维和行为。

三、子曰：“由，知德[①]者鲜矣！”

今译

孔子说：“仲由啊，懂得道德修养的人太少了！”

引述

道德由“道”和“德”两个字组合而成，《论语》中只

十五·二［建议］

为了避免受到『公说公有理，婆说婆有理』的多元困惑，使自己不致摇摆不定，最好及早建立自己的中心思想，把所学所知贯串起来。

十五·三［注释］

①知德：懂得修养品德。

有分开使用，并未合在一起。这里的“德”，原义是所得。修养自己的人品而有所得，专指人的行为，所以和后来连用的道德是相通的。

孔子生长在混乱的春秋时代，看到当时的社会乱象，深恶痛绝。不由得感慨，懂得道德修养的人，实在太少了。令人遗憾的是，他的感慨，似乎到了现代，仍然值得大家警惕。人人以此来反省、改善，才不辜负孔子的提醒。

生活智慧

（一）“德”字如果解释为有所得，那就免不了有美德也有恶德。这两者之间的取舍，才叫作修养。尽量去恶德而取美德，应该是大家共同努力的目标。

（二）合理的有所得，大多为美德。不合理的所得，应该是恶德。凡事以合理为取舍标准，成为道德修养的原则。

（三）合理不合理，标准是变动的，并不固定。所以持经达变，有原则地随机应变，而不是一成不变地固执自己的准则，也是和谐社会必备的条件。

四、子曰：“无为而治[①]者，其舜也与？夫何为哉？恭己正南[②]面而已矣。”

今　译

孔子说：“能无为而治天下的，只有舜吧？他做了些什么呢？不过恭敬自守，端正地坐在朝南的天子位上而已。”

引　述

无为而治是儒家最高的管理艺术，政权既然是为人民服务，便不是君王一个人所独有。于是君王无为，求天下的贤

十五·三［主旨］ 孔子勉励子路好好修养品德。

十五·三［建议］ 时时提醒自己，道德修养良好的人太少，自己更应该成为中流砥柱，在不安的社会当中，建立安定情势的一股力量。

十五·四［注释］ ①无为而治：指圣人德盛，不待有所作为即可感化人民。②恭己正南：指自己端正地坐在朝南的天子位上。

能者，一起来共同治理，才是正当的途径。

在孔子的心目当中，真正做到无为而治的，只有舜。他认为舜所做的，不过是“恭己正南面而已”，却能够任用贤明的人才，担任适当的职务，把政事治理得有条不紊。

“恭己”的意思，是重视自己的品德修养，使自己的品德合乎君王这个身份、地位的要求。“正南面”是指君王的座位，应该坐北朝南。因为朝廷在北方，为了照顾南方的广大人民，最好面向南方，以示尊重百姓。所以坐北朝南，成为君王的最佳方位，象征正人必先正己的正当性。

生活智慧

（一）孔老两家，都主张无为而治，但是儒家不同于道家的放任自然，而是提倡实施德治，以落实政治理想，来获得人民的支持与拥戴。

（二）为政者恭己，不只是修养自己的品德，尤其要在政务上尽其应尽的责任，表现出应有的风范和胆识，以感动人民，启发百姓。

（三）知人善任，保证施政的良好效果，才能够无为而治。并不是自己什么都不做，把责任都推给干部或员工。为政以德，是过程。无为而无不为，才是良好的结果。

五、子张问行。子曰：“言忠信，行笃敬①，虽蛮貊（mò）之邦②，行矣。言不忠信，行不笃敬，虽州里③，行乎哉？立则见其参（cān）于前④也，在舆⑤则见其倚于衡⑥也。夫然后行。”子张书诸绅⑦。

今　译

子张问怎么样才可以到处行得通。孔子说：“说话忠诚信实，行事笃厚谨慎，即使到蛮荒国家也是行得通的。说话

十五·四［主旨］

孔子称赞虞舜治天下的盛德。

十五·四［建议］

在自己的家中，先试试看，怎样才能做到无为而治。

十五·五［注释］

①笃敬：即笃厚谨慎。

②蛮貊之邦：指南蛮北貊，古代用以指代异族番邦。

③州里：即乡里。

④参于前：即值于前。

⑤舆：车。

⑥衡：指衡轭，车前的横木。

⑦绅：古时衣的大带。

不忠诚信实，行事不笃厚谨慎，即使在乡里间，你认为行得通吗？站着时，就好像忠信笃敬几个字也在你前面一样；在车上，就好像忠信笃敬也刻在车前的衡轭上一样。这样以后就到处行得通了！”子张把老师的话立刻记在衣带上。

引述

忠信笃敬是全世界都欢迎的通行证，无往而不利。说话不忠信，行为不笃敬，无论在什么地方，都令人厌恶。知道这种道理的人很多，真正做得到的却很少。

孔子告诉我们，站着的时候，好像看见面前出现忠信笃敬的提示；坐在车中时，有如这些警语都出现在车前的横木上。时时提醒自己，应该可以做到。

生活智慧

（一）忠信笃敬为什么广泛受到欢迎？因为这是人与人互信互赖的基础。人人如此，社会自然和谐，大家都得安宁。

（二）不忠实、不守信用的人，迟早出问题，令人不安。大家保持距离，以策安全。这种人不受欢迎，是必然的。

（三）忠诚、信实、笃厚、谨敬，必须随时提高警觉，使自己产生自律的习惯。不需要外来的警惕，便能切实力行。

六、子曰：“直哉史鱼[①]！邦有道，如矢[②]；邦无道，如矢。君子哉蘧伯玉！邦有道，则仕；邦无道，则可卷而怀之[③]。”

今译

孔子说：“正直啊，史鱼大夫！国家政治清明时，他的

十五·五【主旨】 孔子教导子张要存心诚敬，才能行无不利。

十五·五【建议】 养成忠实诚信的习惯，表现出笃厚谨敬的行为，使自己成为受欢迎的人。

十五·六【注释】

①史鱼：卫国大夫，名鳅，字子鱼。因不能劝告卫灵公进用蘧伯玉而斥退弥子瑕，死以尸谏。

②如矢：形容一个人像箭一般正直。

③卷而怀之：指收藏，『卷』即收，『怀』即藏。

言行像箭一般正直；国家政治污浊时，他的言行也像箭一般正直。君子啊，蘧伯玉大夫！国家政治清明时，他出来担任官职；国家政治污浊时，他便引退，把自己的才能收藏起来。”

引述

“矢”就是弓箭的箭，射出去永远是直的，所以引申为正直的意思。“邦”指国家，治理得好叫有道，治理得不好，便称为无道。卫国的大夫史鱼，不论卫国治理得好不好，总是采取和箭一样直的态度。应该说的话，应该做的事情，都能够正直地表现出来，孔子称赞他是一位君子。

蘧伯玉也是卫国人，国家治理得好，就出来担任官职。否则像一卷画那样，把自己收藏起来。这种态度，和孔子“天下有道则见，无道则隐”（《泰伯篇》）的主张，十分相近。

生活智慧

（一）正直是必要的，但是什么叫作正直？最好深一层了解，再做出定论。很多人望文生义，不明白真正的正直，便贸然采取正直的态度，导致反效果，以致对正直丧失了信心，十分可惜。

（二）很多人认为正直的人，反而容易吃亏。这就是只知道正直的表面意思，却不明白正直的深层意义，所造成的恶果。

（三）箭是直行的，如果射歪了，当然不能命中目标。射的人对箭的直行，要负起完全的责任，不能把它推给箭。

十五·六【主旨】

孔子称赞卫国史鱼、蘧伯玉二位贤臣。

十五·六【建议】

深一层领悟正直的道理，然后才付诸实践，以免做错了，反而失去对正直的信心。

七、子曰："可与言而不与之言，失人；不可与言而与之言，失言。知者不失人，亦不失言。"

今　译

孔子说："可以与他谈，却不与他谈，便错失了值得谈的人。不可以与他谈，而与他谈了，便是说错话。聪明的人既不会错失值得交谈的人，也不会说错话。"

引　述

说话的对象和内容，至关重要。对什么样的人，说什么样的话，必须由自己仔细衡量当时的情况，以及想要达成的预期目标，来加以选择和调整。

人对了，才可以谈对的事。人不对，充其量只能谈一些无关紧要的事情。见人说人话，见鬼说鬼话，不过是通俗的说法。如果深一层体会，不难悟出孔子这一番话的真正用意。

生活智慧

（一）逢人只说三分话，这三分还是比较不重要的部分，因为人不对，不方便说，也不能说太多，必须到此为止。

（二）事无不可对人言，则是人对了，应该说清楚、讲明白。这时候再不说清楚，就会失人，使听的人产生疑惑。

（三）人、事、地、时都对，务必畅所欲言。这时候要留下一些时间，听听对方的意思，至少是一种必要的尊重。

十五·七［注释］无

十五·七［主旨］孔子论述智者既不失人，也不失言。

十五·七［建议］说话时把人和事两种因素考虑妥当，再开口。

八、子曰："志士[①]仁人[②]，无求生以害仁，有杀身以成仁。"

今　译

孔子说："有志于仁道的读书人和具有仁德的人，不会为了保全性命而伤害仁德，只有牺牲性命来成全仁德。"

引　述

志士的特色，在于依据自己的意志，不掺杂任何感性的成分，完成自主自律的德业或事业。把认为应该做的事情，无条件地实践出来。生命当然很可贵，但是为了完美人格的展现，即使杀身成仁，也在所不惜。

仁人怀有仁义的信念，为了成仁取义，就算殉道，也奋不顾身。表面上看来，是杀身，实际上却是完成了仁义的理想。

生活智慧

（一）求生存是人的本能，但是不能为了求生存而丧失做人的理想。活得有意义、有价值，才是求生存的真正目的。

（二）我们常说好死不如歹活，充分显示求生的精神。活着就应该像个人的样子，至于困苦、贫穷，那是可以忍受的。

（三）生活再困苦，也不能自杀。然而为了仁义的理想，居于国家、民族的需要，就算牺牲自己宝贵的生命，也应该慷慨捐躯，这才是志士仁人的英灵浩气。

十五·八【注释】

①志士：有志走上正道的人。

②仁人：心存仁义，也能实践的人。

十五·八【主旨】

孔子勉励弟子做志士仁人。

十五·八【建议】

死有重于泰山，也有轻于鸿毛。对于自己的生死，应该合理地抉择。平日确立信念，才不致届时把握不住。

九、子贡问为仁。子曰："工欲善其事，必先利其器。居是邦也，事其大夫之贤者，友[①]其士之仁者。"

今 译

子贡请问怎样推行仁道。孔子说："工人想要做好工作，必先磨利工具。居住在这个国家，必先事奉这国中的贤大夫，结交这个国家中有仁德的士人。"

引 述

完成一件工作，需要内在的条件和外在的环境，密切配合。推行仁道，好比工匠从事工艺一样。不但心中有良好的构想，还要磨利合适的工具。孔子的意思是，先和社会贤达取得适当的互动，为贤能的官吏服务。有了这些有利的助力，才能顺利推动仁道。

《为政篇》的"君子不器"，"器"当作形容词。《公冶长篇》的"女器也"，"器"当作名词使用。《子路篇》的"及其使人也，器之"，"器"字是动词，表示量才为用。现在这个"器"字，则是名词，指使用的工具。同样一个"器"字，有不同的用途，也表示不一样的意义。汉字弹性很大，不容易做出精确的解释，小心明辨才好。

生活智慧

（一）个人的力量十分有限，结合社会贤达，共同努力，对于推行仁道，当然可以收到群策群力的效果。

（二）现代社会，最好透过社区活动，和当地的学校相配合，把仁爱、信义、和谐的精神，由社区做起，获得发扬。

十五·九【注释】

①友：交友。

十五·九【主旨】

孔子教导子贡成为仁者的方法。

十五·九【建议】

先参与、多体验，提升自己的仁道精神。

（三）如果有政府的支持、长辈的指导，加上志同道合的朋友，利用适当时机，透过合法活动，当然可以推行仁道。

十、颜渊问为邦。子曰："行夏之时[①]，乘殷之辂[②]（lù），服周之冕[③]，乐则《韶》舞[④]。放[⑤]郑声，远佞人。郑声淫，佞人殆。"

今　译

颜渊请问怎样治理国家。孔子说："用夏代的历法，乘商代的木车，戴周代的礼帽，音乐采用舜时的乐舞。禁绝郑国的音乐，远离小人。因为郑国的音乐淫秽，小人危险。"

引　述

孔子认为夏历比较容易了解，殷商的木车朴实耐用，方便乘坐。周朝的礼帽大方，韶乐尽善尽美。治理国家以便民和育民为主，所以提出这样的建议。至于特别要求禁止郑声，主要是靡靡之音，容易令人消沉丧志，具有高度危险性。

生活智慧

（一）孔子倡导德治，政府必须建立威信，并且改善人民生活，再施以教化。这种方式，就算用在现代，也很适合。

（二）有人认为，我们很了解自己所需要的是什么。实际上，即使教育再普及，这种说法仍然有待商榷。太多的人，实在不知道自己需要什么才合理。教化的责任，是每一个时代，都不能轻易放弃的。

十五·十【注释】

①行夏之时：指采行夏历，夏历就是现在通用的农历。②辂：木制的车子，朴素坚实。③冕：祭服的帽子。④《韶》舞：指舜时的音乐，古代乐舞合一，所以称为韶舞。⑤放：禁绝。

十五·十【主旨】

孔子教导颜渊治理邦国的根本大法。

十五·十【建议】

音乐和服饰，对人的生活价值，具有重大的影响。务请从自己做起，慎加选择。

（三）现代音乐、流行服饰，如果采取放任的态度，结果可想而知。政府又不能加以禁止，于是社会贤达，配合政府做出有效的倡导，应该是必要的。

十一、子曰："人无远虑[①]，必有近忧[②]。"

今译

孔子说："一个人如果没有周全的谋虑，一定会有随时发生的忧患。"

引述

一般人看到远近，立即联想到距离。长远的思虑，和眼前的忧患，实际上并没有什么关联性。顶多解释为长远的目标，以消除近期的迷失，也相当牵强。

"远虑"，是设想得更加周全。"近忧"，是随时可能发生的忧患。为了减少忧患，最好考虑得更为周详、缜密。

生活智慧

（一）思虑时，如果能够看得远些，自然更加周全。若是只想到眼前的情况，很可能顾此失彼，增加忧患的风险性。

（二）防患于未然，意思是在忧患发生之前，便设法加以预防。这就需要事先设想周到，思虑周全，才能有效防止。

（三）不必害怕忧虑，却应该尽量做到减少忧虑。这种健全的心态，必须由现在开始，逐渐培养，早日成为习惯。

十五·十一【注释】

①远虑：周全的思虑。

②近忧：随时可能发生的忧患。

十五·十一【主旨】

孔子教导弟子行事要设想周全。

十五·十一【建议】

凡事多方面设想，做一些虚拟的沙盘演习，以增强自己的思虑能力。

十二、子曰：“已矣乎！吾未见好德如好色者也。”

请参见《子罕篇》。

十三、“臧文仲其窃位①者与！知柳下惠②之贤而不与立③也。”

今　译

孔子说：“臧文仲大概是个只做官不做事的人吧！他明知道柳下惠的贤能，却不推荐柳下惠和他同朝共理国事。”

引　述

《宪问篇》中记载，公叔文子推荐自己的家臣，和他同朝办事。孔子赞美他忘己推贤的盛德，是为国举才的良好示范。现在则批评臧文仲明知柳下惠的贤能，却不能够加以推荐，是做官而不做事的不良案例。

生活智慧

（一）为国举才，应该是人人有责。尤其是有官职的人，更要积极推荐人才。否则便是尸位素餐，只做官不做事。

（二）举荐贤才，不能出于私心，只举荐对自己有利的人。应该大公无私，只要是贤才，不论和自己有没有利害关系，都要推荐。

十五·十三［注释］

①窃位：形容人在其位却不能称职。

②柳下惠：姓展名获，字禽，食邑柳下，谥为『惠』。鲁国大夫。

③与立：指与之并立于朝。

十五·十三［主旨］

孔子责备臧文仲不能举荐贤才。

十五·十三［建议］

培养明辨贤才的能力，等待有能力时，再伺机推荐贤才。

（三）至于上面要不要接受，由上面决定。我们不能加以勉强，或者推荐不成，便恼羞成怒，到处散布谣言，进行破坏。

十四、子曰："躬自厚[①]，而薄责于人[②]，则远怨矣！"

今译

孔子说："严格地要求自己，对于别人的要求不要过分，这样就不会招人怨恨了。"

引述

一般人要求自己宽松，要求别人却十分严苛，因此招人怨恨，却依然不知道改善。同样一句话，自己说可以，别人说就不行。同样一件事，自己做的时候，说是随机应变，不得不如此；别人做时，则认为存心投机取巧，十分可耻。孔子这一番话，是希望我们明白宽以待人、严以律己的道理，至少可以减少别人对我们的怨恨。

生活智慧

（一）记住眼睛是向外长的，看见别人的过失，远比发现自己的缺点，要容易得多。我们必须养成经常自我反省的习惯，而且要对待自己严格一点儿，便是深怕害了自己。

（二）尤其是担任主管的职务，更应该严格要求自己，以表示担当过错的责任。而不是遇有疏失，立即把责任推给部属。

十五·十四［注释］

①躬自厚：指严于律己。

②薄责于人：指要求别人要宽松。

十五·十四［主旨］

孔子教导弟子立身处世的道理。

十五·十四［建议］

时时提醒自己，养成薄责于人而严于要求自己的良好习惯。

（三）严于待己，是居于良心的自觉。薄责于人，则是对别人的尊重，给予人情的温暖。两者都是自我修持的美德，显示良好的修养。

十五·十五［注释］
①如之何：怎么办。
②末：无。

十五、子曰：“不曰‘如之何[1]，如之何’者，吾末[2]如之何也已矣。”

今　译

孔子说：“一个人做事前不说：‘这事要怎么办？怎么办？’对这种人，我也不知道该怎么办了。”

十五·十五［主旨］
孔子教导弟子不要任意妄行。

引　述

遇着事情，自己先想想要怎么办。想不通时，再请教别人应该怎么办。对于不这样做的人，我们真的不知道应该怎么对待。孔子说他也没有办法，何况我们呢？

十五·十五［建议］
事先思虑周全，是减少错误的最佳保障。

生活智慧

（一）凡事先想想，怎么办才妥当。这种谋定而后动的习惯，最好趁早养成。唯有一开始就谨慎小心，才能预先防患，使事情得以顺利完成。

（二）自己想不通，或者没有把握，最好虚心向他人请教。有时遇到经验丰富的人士，机会难得，赶快向他请教，也是随时随地学习的好习惯。

（三）原本很有把握的事情，若是隔离很长时间，或者担心情况有所变化，也应该向人请教，以确保自己的做法，合乎当时的要求。

十六、子曰："群居终日，言不及义，好行小慧[①]，难矣哉！"

今　译

孔子说："大伙儿整天聚集在一起，没说半句正经话，喜欢耍耍小聪明，这种人不可能有什么成就！"

引　述

一群人聚在一起，看嘻嘻哈哈或吵吵闹闹的电视节目；搞笑，说些不正经的话，耍嘴皮子，卖弄小聪明。这种情况，在现代社会更是屡见不鲜。孔子当年的警语，迄今仍然值得大家警惕。

生活智慧

（一）我们不可能整天谈正经事，偶尔轻松一下，增加生活情趣，当然是合理的安排。但是，一天到晚，花费太多的时间吃喝玩乐，游手好闲，那真是浪费生命。

（二）大家有机会聚集在一起，就应该珍惜这种难得的机缘，谈论一些有意义、有价值的事情。增长见识，也促进彼此的良性互动。这样的群居生活，才有正面的作用。

（三）慎选电视节目，多接触一些知识性、道德性的内容，少看低俗的综艺性节目，以免影响自己，也祸害家人。

十五·十六［注释］

①小慧：即小聪明。

十五·十六［主旨］

孔子警告混在一起不求上进的人。

十五·十六［建议］

对某些喜爱吃喝玩乐、嘻嘻哈哈、卖弄小聪明的人，采取敬而远之的态度，尽量减少和他们聚集在一起的时间。

十七、子曰："君子义以为质[1]，礼以行之，孙[2]以出之，信以成之，君子哉！"

今译

孔子说："君子为人处事，以合于义理为基本原则。讲求合适的礼节，善用谦逊的言语，用诚信的态度来贯彻自己的言行。这样就是个君子了。"

引述

"义"的意思，应该是合理。为人处事，都力求合理，当然是君子的基本原则。言行要达到适宜、合理、应该的地步，必须要有合适的礼节、谦逊的言语、诚信的态度。连贯起来，自然就是君子了。

生活智慧

（一）一般人喜欢理直气壮，认为自己有道理，便没有什么好客气的，因此蛮横无礼、语气欠佳，令人不敢领教。最好改采"理直气和"的原则，纵然自己有理，态度仍然谦和有礼，更加受人欢迎。

（二）礼以敬为本，不敬便不成其为礼。人与人的关系不同，所产生的亲切感情不一样，所以所采取的礼节也不相同。亲疏有别，所表现的礼节也有所差异。

（三）逊有逊避、逊让、谦虚的意思，是与人相处的一种美德。常常提醒自己学识能力都不够，不能目中无人，也不应该妄自尊大，比较容易逊让，而不与人争。

十五·十七【注释】

①质：指本质。

②孙：谦逊。

十五·十七【主旨】

孔子论述君子的行事力求完善。

十五·十七【建议】

从合乎义理着手，持续要求自己重视礼节、表现谦让，并且讲求诚信。

十八、子曰："君子病无能焉，不病人之不己知[①]也。"

今　译

孔子说："君子忧虑自己没有才能，并不忧虑别人不了解自己。"

引　述

《宪问篇》曾经说过："不患人之不己知，患其不能也。"意思是"不必忧虑别人不知道自己，却应该担心自己没有实力"。

《学天篇》也说过："不患人之不己知，患不知人也。"意思是"不必忧虑别人不知道自己，却应当担心自己不能知道别人"。

《里仁篇》有一段记载："不患莫己知，求为可知也。"意思是"不必担心人家不知道自己，最好先使自己有足以使人知道的东西"。

孔子不断重复这样的话，可见其重要性。

生活智慧

（一）在现代社会，孔子这一番话，更显得重要。其实别人不知道自己，不但没有坏处，反而可以减少很多不必要的麻烦。

（二）不必害怕别人不知道自己，同时也不必担心别人知道自己。以平常心看待，没有必要放在心里，才能自在。

（三）知道别人，也不必一定要让他知道，以免反而形成干扰，使他不安，并不是一件好事情。有必要才打招呼，否则不一定要表示出来。

十五·十八【注释】

①不己知：指不了解自己。

十五·十八【主旨】

孔子勉励弟子要为充实自己而求学。

十五·十八【建议】

不要迷别人，最好也不要使别人着迷。

十九、子曰："君子疾[1]没世[2]而名不称[3]焉。"

今　译

孔子说："君子忧虑的是，死后没有留下让人称道的好名声。"

引　述

一生的作为，不能在死后留下好名声，应该是君子的最大遗憾。人生所求的，是透过立德、立功、立言三不朽，来引起后人的共鸣，永远活在后人的心中。

就算不能如此，至少也要在子孙心目当中，留下好榜样，无愧于祖先，更遗爱子子孙孙。

生活智慧

（一）东晋的政风败坏，陶侃却是少数正直的官吏。他认为，在世时无益当时，死后不留一点儿名声，这叫自暴自弃，十分值得我们警惕。

（二）有学问就应该为国家效命，为社会服务，自然而然将自己的名声传布出去。真正的好名声，也会"豹死留皮，人死留名"，在死后留传后世。

（三）不求虚名，必须实至然后名归，才不致有朝一日，反而被骂为欺世盗名，而遗臭万年。宁可不留名，也不要留臭名。

十五·十九［注释］

①疾：病。

②没世：相当于没身。

③名不称：没有善行可以称赞。

十五·十九［主旨］

孔子勉励弟子及时进修。

十五·十九［建议］

多做好事，肯用心，才会不求名而自然获得好名声。

二十、子曰："君子求[①]诸己，小人求诸人。"

今　译

孔子说："君子责备自己，小人责备别人。"

引　述

一般人的习惯，是先责备别人，再责备自己。比较好的，则是同时责备自己和别人。孔子认为如果能够改变过来，只责备自己，而不责备别人，那就是君子了。

深一层想，自己应当做的事情，如果没有做好，根本不应该责备别人。我们若是明白"自作自受"的道理，对于自己的所作所为，原本就应该负起全部的责任，那就只会责备自己，而不致责备他人了。

生活智慧

（一）规规矩矩做人，实实在在做事，本来就是自己应尽的本分。如果做不好，或者不够理想，当然应该求诸己，不应该求诸人。

（二）自己不努力，却企图将不理想的结果，归罪于别人。这样的推卸责任，只不过是欺骗自己，于事无补。

（三）求诸人是一种不诚实的表现，也是死爱面子在作祟。求诸己表示内心充实，对自己负责任，并不会没有面子。

十五·二十[注释]

①求：责备。

十五·二十[主旨]

孔子辨明君子与小人用心的不同。

十五·二十[建议]

深一层体会『自作自受』的道理，培养凡事求诸己的良好习惯。

二十一、子曰："君子矜①而不争，群而不党②。"

今译

孔子说："君子庄敬自守但不与人争执，合群但不与人结党营私。"

引述

有所为也有所不为，应该是君子为人处事的原则。外貌庄重温良，内心坚持自己的信念。自然有所不同，却不喜欢争权夺利。因此和人家相处，和谐合群，并不结党营私而违背道义。

君子矜而不争，也是有条件的，并非绝对不争。请看前面《八佾篇》记载："君子无所争，必也射乎！揖让而升，下而饮，其争也君子！"应该争的时候，还是要争。只是不能不择手段，以免有失君子风度，为人所耻笑！

生活智慧

（一）一个人名利心太重，往往为了私欲，到处争权夺利，造成社会的不安。这群人聚合在一起，更是营私舞弊，破坏社会秩序，制造社会问题。

（二）有亲和力是可喜的，但必须和而不同，才能坚持自己的原则。亲和合群，却不能结党营私，否则就不是君子了。

（三）内方外圆的道理，从"矜而不争，群而不党"来体会，应该可以获得比较具体的认识，实践起来，也较具成效。

十五·二十一【注释】

①矜：庄重，坚持原则。

②党：指结为共同谋利的团体。

十五·二十一【主旨】

孔子论述君子不乖僻也不徇私。

十五·二十一【建议】

对自己的外形态度和内心修养，必须严加要求。做到矜而不争，群而不党，才是求诸己的具体实践。

二十二、子曰：“君子不以言举[①]人，不以人废[②]言。”

今译

孔子说：“君子不因为话说得好而推举这个人，也不因为这个人的行为不好就否定他所说的话。”

引述

一般人对别人的认识，不够深入，也就是缺乏知人的能力。因此很容易凭着某人所说的话，来判断某人。听了一些动听的话，便认定这个人很有才能，而大力举荐他。这种以言举人的方式，并不是君子所应当做的。

对于比较熟悉的人，我们很容易加上“好”“坏”或者“某人的话可以听”“某人的话不能听”之类的标志，以致一旦被贴上“坏”或“不能听”的标签之后，便以人废言。哪怕说得再有道理，我们也不听取。

孔子提醒我们，会说道理的人，不一定自己做得到。品德修养不好的人，有时也会说出一番大道理。以言举人，或者以人废言，都不合理，最好不要这样做。

生活智慧

（一）会说道理的人，品德未必良好。这种满口仁义道德，一肚子坏主意的人，在社会上到处可见。最好的办法，应该是“听其言而观其行”，看看能不能说到做到，来加以核实。

（二）再坏的人，偶尔也会良心发现，说几句真心的话。我们要不要因为这几句话，改变对这个人的观感，是一回事；对这几句话要不要听，又是另外一回事。最好是听取这几句真心话，却不一定要因此而改变对这个人的观感。

十五·二十二【注释】

①举：举荐。

②废：忽视。

十五·二十二【主旨】

孔子论述君子公正而持平。

十五·二十二【建议】

不要因为话说得漂亮、动听，便相信这个人，也不能由于对某人印象很坏，就完全不相信这个人所说的话。

（三）以言举人，表示缺乏知人之明。以人废言，由于判断力薄弱，听不出道理的真伪。这时候应该反求诸己，一方面增进知人的能力，一方面增强听话的判断能力。

二十三、子贡问曰："有一言而可以终身行之者乎？"子曰："其'恕'乎！己所不欲，勿施于人[1]。"

今译

子贡问："有一个可以终身奉行的字吗？"孔子说："大概就是'恕'字吧！自己所不想要的，不要加在别人身上。"

引述

《里仁篇》说过："夫子之道，忠恕而已矣！"那是曾子对于孔学的体会。现在孔子亲自说出一个"恕"字，证明曾子的体会，十分深刻而正确。他进一步说明，恕便是己所不欲，勿施于人。后来朱子直接说明"推己及人为恕"，也就是我们常说的"将心比心""设身处地""替别人想一想"。

这一个"恕"字，是终身可以奉行的道理，永远不会改变，也不需要加以改变。

现代有人主张"己所欲，施于人"，认为比"己所不欲，勿施于人"更加积极。实际上"己所不欲"是自己所能够直接认识的，而"己所不欲"，大抵也是他人所不欲的。但是"己所欲"，必须站在对方的立场来设想，不能以自己的所欲，便推定也是对方所欲，这一点实施起来十分困难。孔子的取舍，既实际又不会出差错。

十五·二十三【注释】

①己所不欲，勿施于人：这句话是孔子对『恕』的说明。

十五·二十三【主旨】

孔子教导子贡『推己及人』的恕道。

生活智慧

（一）我们先把“己所不欲，勿施于人”安放在自己心中，时刻提醒自己，务必将心比心，站在对方的立场设想。一定要等到自己的认知、判断、选择能力，增加到相当程度，才能够“己所欲，施于人”。以免造成困扰，好意反而变成坏事。

（二）己所不欲，勿施于人，堪称为“恕”的金科玉律。这句话听起来容易，真正实践起来，十分困难，常人做得到的并不多。便不要以为念起来很顺口，把它变成口头禅，说得顺溜却不能力行。

（三）拿自己作为衡量的标准，必须加上一个原则，那就是“自己所喜欢的，别人不一定也会喜欢；自己所厌恶的，别人大概也不会喜欢”。所以孔子才说“己所不欲，勿施于人”，却没有说出“己所欲，施于人”。

二十四、子曰：“吾之于人也，谁毁①谁誉②？如有所誉者，其有所试③矣。斯民也，三代④之所以直道而行也。”

今　译

孔子说：“我对于别人，毁谤过哪一个，赞誉过哪一个呢？如果有被我赞誉过的人，必定是经过我考验证实过的。现在这些人民，都是夏、商、周三代以正直之道教养下来的人，我怎能随意加以批评呢？”

引　述

夏、商、周三代，经过孔子的深入了解，认为都能够依

十五·二十三［建议］

推己及人，最好从『己所不欲，勿施于人』着手。从现在做起，还要时时刻刻提醒自己，才能养成好习惯。

十五·二十四［注释］

①毁：指毁谤，称人之恶却不免损害到真实的面目。

②誉：即赞誉，扬人之善却不免言过其实。

③试：考验。

④三代：指夏、商、周。

十五·二十四［主旨］

孔子推崇正直之道。

照天理而行事。大家重视天理，凡事凭良心。在这种时代背景中，经得起考验的，如禹、汤、文、武、周公，当然值得我们尊崇、赞誉。经不起考验的，如桀、纣、厉、幽，我们也应该加以厌弃。

居于这样的原则，孔子表明他的态度，说明他很少对人赞扬，也很少批评、指责别人。主要是未经时间的考验，最好不要贸然加以判断、论定，比较妥当。

孔子指出：凡是经由他的试验，多方证实的，他才会加以称誉、赞扬。

生活智慧

（一）历史人物，必须经过长时间的考验，才能判断其善恶。有了公论之后，我们最好不要任意加以翻案。因为长久以来，大家都这么看，必定有相当的道理。不妨先仔细想想，再度细看。即使如此，也不宜以一己的喜恶，企图改变大家的观感。

（二）凡是尚未经过长期考验的人和事，最好不要论断善恶、真伪。说不一定一段时间之后，真相大白，又出现很多意想不到的资料，使我们不得不改变现有的想法。

（三）不要单凭自己的观感，便来赞誉或厌弃某一个人。听一听别人的意见，观察、分析大家的反应，再深一层分析，仍然不宜马上加以论断。这是我们对人的一份起码的尊重。

二十五、子曰："吾犹及[①]史之阙文[②]也；有马者借人乘之[③]，今亡矣夫！"

今　译

孔子说："我曾经看过史官记事，遇有疑难就空着不

十五·二十四［建议］

从现在开始，随时提醒自己，不要随便批评、指责任何人，也不要随便赞誉、表扬任何人。

十五·二十五［注释］

①吾犹及：指孔子自己，还赶得上那样的时代。

②史之阙文：指古代抄写历史的人遇到有疑问的字，就空着让有能力的人去处理。『阙』即缺。

③借人乘之：把自己的马，请善于训练马匹的人代为驯服。

写。有马的人，肯委托善于训练马匹的专业人士代为驯服，但这两件事，今天已经没有了！”

引　述

每一个时代，都会出现不一样的作风。变好变坏，很难加以论断。孔子回忆他年轻的时候，史官遇到有疑问的文字，不敢妄自猜测，自行决定。留待有能力鉴定的人士，把空缺的字，填补上去。自己有马匹，也要委托善于训练马匹的专业人士，代为驯服。不像后来的人，明明看不清楚，也搞不明白，却擅自做主，加以论断。以致后人以讹传讹，弄出很多错误。自己的马匹，既不会驯服，也不委托他人代为训练，使得再好的马匹，也发挥不了应有的功能。

生活智慧

（一）有些事情，实在是一代不如一代。可见时代变迁，有些方面愈变愈进步，有些方面则是愈变愈退步。可惜我们大多数人，缺乏辨别的能力，却又不相信高明人士的判论。大家糊里糊涂，根本不知道哪些是进步的，哪些又是退步的。

（二）大多数人，偏偏喜欢自作聪明，不谦虚，也不深入思虑，随着自己的兴趣，根本不理会进步或退步。既没有能力，又不虚心请教高明人士，岂不是糊涂？

（三）很受欢迎，便证明愈变愈好。这种论调，实在十分可怕。因为大多数人，都糊里糊涂，真正高明的人士，极为少数。由此推论，不一定愈受欢迎，就愈进步。

十五·二十五【主旨】

孔子感叹人心日益浅薄。

十五·二十五【建议】

受欢迎时，请提醒自己，是什么样的人欢迎，反过来了解自己，可能更加明白。不受欢迎，也要问一问自己，是什么样的人不欢迎。在坚持与调整之间，必须做出合理的判断，才不致害己又害人。

二十六、子曰："巧言乱德①。小不忍，则乱大谋。"

今　译

孔子说："花言巧语会败乱道德。小事不能忍耐，就会败坏大事。"

引　述

"巧言乱德"和"小不忍，则乱大谋"两者之间，并没有什么关联性。唯一相同的，在一个"乱"字。巧言的结果，会乱德。小不忍的结果，则是乱大谋。

"巧言乱德"和《学天篇》所说"巧言令色，鲜矣仁"合起来看，可见巧言本身，并不是坏事，却常常弄巧成拙，搞出很多坏结果。说话中听，必须加上内容合理，否则不但败坏道德，而且不是有道的君子所应为的。

小不忍有两种可能：一是自己的个性急躁，遇到挫折或困难，便忍耐不住而大发脾气；一是过分优柔寡断，对于自己或他人的小过失，不忍心加以责罚。两样的不忍，却造成同样的结果，那就是乱了大谋，使大事不能完成。

生活智慧

（一）说话要中听，却应该更加小心，不要害人、误人。因为中听的话，如果偏离了伦理道德，很容易把听的人引导到歧途上去，相当于诱人犯过，自己也有道义上的责任。

（二）忠言逆耳，使听者不好受，却具有警惕的作用，至少不会害人。巧言中听，听的人很乐意接受，感受到的影响更大。若是败坏道德，那就是不正当的迷惑。

十五·二十六［注释］

①巧言乱德：指花言巧语会败乱德行。

十五·二十六［主旨］

孔子教导弟子要慎言，也要有忍耐的功夫。

十五·二十六［建议］

九分努力，还需要十分忍耐。忍耐比努力更为重要。从现在开始，加强自己的忍耐力，以免乱了大谋。

（三）宽以待人，也有合理的限度。任何小过错，如果可能影响大局，都应该及时提出，改正，以资补救。不能因为些许小事而不忍心指责，酿成大害。

二十七、子曰：“众①恶之，必察②焉；众好之，必察焉。”

今　译

孔子说：“大家所厌恶的人，必定要详加考察；大家所喜爱的人，也必定要详加考察。”

引　述

一般人的习惯，是人云亦云，不详加考察，便随着大家的好恶，来决定自己的好恶。

担任主管，不论职位高低，都不能这样。否则产生偏见或不正确的判论，有失公正，也容易造成用人的失误。

对于信息的研判，也是一样。最好经过审慎的考察，辨明真伪，才加以应用。不能大家认为怎样，便认为一定是这样。看起来很随和，实际上是不负责任。

生活智慧

（一）在团体中，不能随着大家起舞，必须凭着仔细的观察，深入分析和了解，以确保活动的正当性，才能放心参与。这种态度，必然值得大家信赖。

（二）人云亦云，万一吃亏上当，终究要自己承担责任。所以用心考察，详加研判，对的才接受，不对的要拒绝。

（三）和而不同，便是在和谐的气氛中，保持自己的特性。具有先研判后参与的能力，才能够真正做到和而不同。

十五·二十七［注释］
①众：众人，大家。
②察：观察、察看或考察。

十五·二十七［主旨］
孔子教导弟子要有审察好坏的识见。

十五·二十七［建议］
对于大家爱好或厌恶的人，都应该考察合理与否，才决定自己的态度。

二十八、子曰："人能弘[①]道[②]，非道弘人。"

今　译

孔子说："人能使道德理想发扬光大，不能凭借道德理想来弘大个人。"

引　述

道德理想如果是外界的东西，我们可以把它当作工具来使用。这样把道德理想拿来标榜自己的结果，常常弄成假仁假义。不但形式化，而且虚伪不实，当然不能用来弘大个人。

实际上道德理想内在于我们自己，任何人只要肯用心发扬，就能够凭着自己的能力，加以弘扬光大。问题是道德理想固然与生俱来，不假外求，但是人一生下来，就形成私己小我，常常迷妄自大，对道德理想不屑一顾，因而逐渐远离道德理想，还沾沾自喜，自以为得意。这才需要自己反省、自我修养，把原来本有的道德理想弘扬起来。所以孔子提醒我们：人能弘道。

生活智慧

（一）弘道是每一个人应尽的责任，也是我们与生俱来的本分工作。可惜很多人不明白这种道理。这才放着应该做的弘道工作不做，专做一大堆没有必要的事情。能够及早觉悟，还算是幸运的。若是至死执迷不悟，那才冤枉。

（二）弘道的工作，必须由自己来做，无法委托给神明或其他的人。否则表示自己放弃弘道的责任，势必变成神明或他人的奴隶，丧失了自主的尊严。

（三）弘多少算多少，弘到什么程度，都没有关系。人

十五·二十八【注释】

①弘：大。

②道：指道德理想。

十五·二十八【主旨】

孔子说明道德理想需要大家合力来发扬光大。

十五·二十八【建议】

培养自己的善念，勿以小善而不为。逐渐养成日行一善的习惯。自然弘大道德理想，担负起弘道的责任。

人皆以修养为本，说的就是人人各自弘道，只要尽力而为，便心安理得，死而无憾，不枉为人了。

二十九、子曰："过[①]而[②]不改[③]，是谓过矣！"

今　译

孔子说："有过失如果不改正，那才是真正的过失！"

引　述

我们常说人非圣贤，孰能无过。这句话用来勉励自己改过向善，是可以的。若是用来安慰自己，犯过不算什么，无过才属难得，那就完全错了。

无心的过失，必须引以为戒，以后不能再犯同样的错误，否则就变成有意犯错，罪加一等。有意的过错，应该检讨自己犯错的动机，到底是为了什么。找出原因，还要加以根本矫治，务求不再重犯。

把过失改正过来，便不必后悔。过去的让它过去，重要的是未来不能再犯。能改过，便是自新，值得安慰。不能改过，那才是真正的过错。

不必要求自己不犯过错，只要能够做到"不贰过"，不重犯同样的错误，已经很不容易了。要求过高，根本做不到，又有何用？

生活智慧

（一）不必为了过失而后悔，却应该痛下决心，务必改过。只要不重犯，便是"不贰过"，不必以过去的事情来惩罚自己。

（二）遇一过，改一过，绝不拖欠。这就是向上的

十五·二十九【注释】
①过：过失，过错。
②而：如果。
③改：即改正或改过。

十五·二十九【主旨】
孔子勉励弟子有过要改。

十五·二十九【建议】
有过错不回避，有责任要勇敢地承担起来。

我，也是向善的我。存心上扬而不向下坠落，良心便能获得安顿。

（三）《学天篇》所说“过则勿惮改”，和“过而不改，是谓过矣”，用意相同，都是说人要勇敢地面对过错，下决心改过。

三十、子曰：“吾尝终日不食，终夜不寝，以思①，无益②，不如学也。”

今　译

孔子说：“我曾经整天不吃饭，整夜不睡觉，苦苦地思考，但是徒劳无功，还不如好好学习。”

引　述

《为政篇》说过：“学而不思则罔；思而不学则殆。”学习和思虑必须兼顾并重，才能做好学问。然而大前提是学习和思虑并没有分开，可以说思虑只是学习的一部分。所思虑的，是学习得来的那些东西。

这一篇所说的思虑，有一些不同。并不是思虑从学习得来的东西，而是苦苦思考，想要创造出一些新的东西。孔子认为人有上智、下愚之分，上智可以凭思索想出很多东西，下愚只能依赖多多学习，否则想不出什么名堂。我们大多数人，既不是上智，也不是下愚。我们是中人，所以先学习再思虑，应该比较有效。

学习什么？学习古往今来的人，不断思虑的结果。把他人思索过的答案，拿来做自己的垫脚石，然后加上自己的思虑，总比苦苦思考，却不重视学习更为有益。

十五·三十【注释】

①思：在这里，解释为苦苦思考。

②无益：徒劳无功。

十五·三十【主旨】

孔子教导弟子不能只思不学。

生活智慧

（一）人的生活，有其局限性。对于缺乏亲身经历的事情，有时怎么想都想不通。不如看看别人的心得，做一个参考，再加上自己的思索和领悟，比较容易获得正确的认识。

（二）古人所处的环境，和现代大不相同。看看古人的说法，和现代相比较。鉴古可以知今，对现代的种种现象，可能有更深一层的体会。

（三）先学后思，对一般人来说，实在比只思不学，要安全而妥当。因为一天到晚胡思乱想，却想不出所以然来，岂不是浪费宝贵的生命？

三十一、子曰：“君子谋①道②不谋食③。耕也，馁④（něi）在其中矣；学也，禄在其中矣。君子忧道不忧贫。”

今　译

孔子说：“君子谋求济世安民的道理，并不谋求个人的衣食。耕种，有时也免不了挨饿；学有所成，俸禄自然可以获得。君子忧愁理想的不能完成，而不忧愁贫困。”

引　述

耕种，有时也免不了挨饿；学有所成，俸禄自然可以获得。这两句话，是对应着说的。孔子的意思，是劝勉弟子，与其担心衣食不足、生活贫苦，不如好好学习，照样可以获得俸禄，来解决衣食的问题。

担心并没有实际的效能，担心衣食缺乏，于事无补。担心济世安民的道理不能实现，就会用心加以学习和发扬，反

十五·三十［建议］

多方面扩大自己的学习范围，把学过的东西，深入地思虑，以免枉费心思、白费时间。

十五·三十一［注释］

①谋：求。
②道：指济世安民的道理。
③谋食：谋求衣食无缺。
④馁：饿。

十五·三十一［主旨］

孔子勉励弟子尽力求道。

而获得真正的好处。所以孔子认为，忧道不忧贫，才是君子应当做的事情。

生活智慧

（一）俗语说“书中自有黄金屋，书中自有颜如玉”，和孔子的主张，完全不一样。孔子勉励弟子谋求济世安民的道理，并不是把目标放在黄金屋和颜如玉上面。孔子的理想，是建立社会公义，追求社会公益，而不是为了个人的生活享受。

（二）现代社会，一切向钱看。很多人缺乏理想，却不免唯利是图。在这种不正当的社会风气下，大家更应该好好想一想孔子这一番提示：谋道不谋食，忧道不忧贫。

（三）读书人一心一意为了将来过好生活，宁愿放弃自己的理想和兴趣，迫使自己选读旨趣不合的科系。牺牲自己的幸福，只为了向现实低头，有这种必要吗？

十五·三十一【建议】

吃得苦中苦，方为人上人。不能由于生活条件的限制，便放弃自己的理想。

三十二、子曰：“知（zhì）及之[①]，仁不能守之，虽得之，必失之。知及之，仁能守之，不庄以莅[②]（lì）之，则民不敬。知及之，仁能守之，庄以莅之；动之不以礼，未善也。”

十五·三十二【注释】

①知及之：指才智足以治国。

②莅：即莅临。

今　译

孔子说：“一个在位者才智足以治理国事，如果他的仁德不能保持住，虽然得到那职位，必然会丧失掉的。才智足够治理国事，仁德也能保持住，如果不能以庄重的态度治理民众，民众也不会尊敬他。才智足以治理国事，仁德也能保持住，又能以庄重的态度坚守自己的工作岗位，如果举动不合于礼，也不能算是完善啊！”

十五·三十二【主旨】

孔子教导弟子重视内外本末的修德功夫。

引　述

孔子这一番话，对任何领导者，都极有参考价值。德本才末，有仁德的修养，才能的发挥才得以持久有效。否则一阵子便败下阵来，失去应有的效能。仁德修养良好，态度庄重可敬，大家自然加以敬重。若是坚守工作岗位，把工作做得好上加好，那才是完善的表现。

生活智慧

（一）孔子列出正心、诚意、修身、齐家、治国、平天下的进程，便是要求我们先修好自己的仁德修养，然后才能够合理领导众人。

（二）儒家的正统方法，偏重于人格感召。以仁治国，以德化人，以修己为基础。只要动无私心、令无私意、言无私事、行无私求，自然无人不能领导，无事不能成功。

（三）不要担心得不到官位，却应该担心自己能不能胜任。拿孔子的标准来要求自己，促使自己不断上进。等待机会来时，才能够好好地把工作做好。

三十三、子曰：“君子不可小知①而可大受②也。小人不可大受而可小知也。”

今　译

孔子说：“君子不见得在小事上受人赏识，但可以接受重大任务。小人不可以接受重大任务，但在小事上可能受人赏识。”

引　述

君子多才多艺，能够担当各种任务，所以“君子不器”

十五·三十二【建议】 现代偏重知识和能力的培养，实际上仁德修养才是根本。要求长久有用，必须加强自己的品德修养。

十五·三十三【注释】 ①不可小知：指君子不可以用细事末节，或特定用途来加以衡量。②大受：接受重大的任务。

十五·三十三【主旨】 孔子教导弟子观人的方法。

(《为政篇》)。由于是通才，不能够用“小知”的眼光来衡量他的才能。换句话说，一般人的小知，只在小事上着眼，当然不容易赏识君子。但是把大事委任给君子，他却能够承担得很好。

一般人的眼光浅近，只能够赏识小人的才能，反而不认识君子的大器，实在十分可笑，却成为常见的通病。

生活智慧

（一）当今社会，普遍重视专业知能，是不是小知、浅见呢？若能在专业之外，察见一个人的广度和深度，是不是更加可靠呢？

（二）小知的主管，常常重视有小小长处的部属，却严重地忽视了通才的部属，以致用人不当，升迁也不合理。不然的话，为什么出现那么多不适任的干部呢？

（三）“小知”的“知”，有被知的意思。为目光浅近的人所知，当然是小知。“大受”的“受”，是承受重大任务的受。只有才能既深且广，才能担当大事。

三十四、子曰：“民之于仁[①]也，甚于水火[②]。水火，吾见蹈而死者矣，未见蹈仁而死者也。”

今　译

孔子说：“一般人对于精神生活的需求，比物质生活的需要更加迫切。水火，我见过有人赴蹈它而死，却没见过有人赴蹈仁道而死。”

引　述

仁对于人来说，比水火更为重要。表示精神生活，实在

十五·三十三［建议］

小心，自己不要小知君子。接受任务时更要谨慎，先看看自己能不能真的大受。

十五·三十四［注释］

①仁：在这里表示精神生活。

②水火：在这里表示物质生活。

十五·三十四［主旨］

孔子论述仁道的重要性。

比物质生活，对我们的影响更大。孔子说他看见过为水火而死，却未曾看见为仁而死的人。可见一般人大多十分愚昧，轻视精神生活，反而十分重视物质生活。

人对自己的事情，不一定清楚；哪些东西比较重要，也未必明白。一定要加以适当的教化，才能生活得更加有价值。

生活智慧

（一）物质生活并不是我们自己的能力所能够完全掌握的。精神生活反而是我想怎么样，就能够如自己的愿望。

（二）可惜太多的人，把精神生活依托在物质生活上面，错以为只有改善物质生活，才有提升精神生活的可能。

（三）可以控制的，不加以掌握；不能完全掌控的，反而用来增加自己的苦恼。大多数人，一生都逃不出这种恶运。

三十五、子曰：“当仁①，不让②于师。”

今　译

孔子说：“遇到行仁的事，即使是师长，也不必谦让。”

引　述

平时我们对于师长，当然应该恭顺谦让，才是合适的礼貌。只有在实施仁道的时候，必须勇往直前，不能由于礼让师长，而有所耽误。

孔子提倡尊师重道，对师长要尊敬，对仁道必须重视。他这一句话，后来简缩为“当仁不让”。表示在重道方面，暂时可以不必推让。就算对老师，也不是失敬。

十五·三十四【建议】

不论在任何物质条件的生活中，都应该提升自己的精神生活。

十五·三十五【注释】

①当仁：把行仁当作自己的任务。

②不让：不因为尊师的缘故而有所礼让。

十五·三十五【主旨】

孔子勉励弟子力行仁道。

生活智慧

（一）仁是我们与生俱来的东西，存在于我们的心中。即使想让，也无法做到。仁不是外在的，不能像器物那样，推给别人，让来让去。

（二）仁是上天用来考验我们是不是求取上进的。包括师长在内，每一个人都应该尽力去做，没有礼让的必要。更不可推让，好像让别人去接受考验，自己却逃避开来一样。

（三）行仁是好事，如果大家都推来让去，岂不是都不想做好事？那算什么礼貌？简直是轻视自己，也看不起别人。争相做好事，总没有错。

三十六、子曰："君子贞①而不谅②。"

今　译

孔子说："君子固守正道，不拘泥于小信小节。"

引　述

孔子这一句话的真意，应该是"不合乎义的事情，可以不讲信用"。因为不合乎义的信，不是大信而是小信。我们不能够为了拘泥于小信，却违背了义，偏离仁义的大道。

说话算数，原来是应有的修养。但是，有一个大前提，那就是必须是合理的事情，才说话算数。不合理的事情，有时候受到外界的影响，不得不答应下来，仍然不应该为了信守诺言，去做这些不合理的事情。

孔子十分重视信用，却在这里提出"贞而不谅"的主张。可见信用是美德，但是不能用来妨碍正道。为了正道的推行，宁可失去不应该维护的信用，才合理。

十五·三十五【建议】

除了行仁之外，还是必须礼让。不能用当仁不让做借口，却把仁糟蹋了，用来挂羊头卖狗肉。

十五·三十六【注释】

①贞：即正，便是仁义的大道。

②谅：即信，在这里指的是小信小节。

十五·三十六【主旨】

孔子论述君子讲求正道而不拘泥于小信。

生活智慧

（一）正道是大家必须共同坚持和维护的，凡是合乎正道的要求或承诺，都应该言行一致、专一不移，而且固守不变，才叫作诚信。

（二）对于不正当或不合理的事情，不应该为了拘泥小信，昧着良心去做。看起来守信用，讲诚信，实际上是不讲道义，违反仁道，对自己和别人，都为害很大。

（三）还有一种状况，为了完成神圣的任务，造福社会大众，不守小信小节，也是君子应有的态度。孔子不计较管仲的某些缺失，大力赞扬管仲的功业，便是按照这样的标准，来加以论定的。

三十七、子曰："事君，敬[①]其事而后其食[②]。"

今　译

孔子说："事奉君上，主要在认真做好工作，不必计较俸禄的多少。"

引　述

担任公职，自然有法定的收入。薪俸多少，当然有统一的标准。要不要担任公职，应该是出于自愿。一旦接受任命，便和君上建立道义上的主从关系。君有权而臣有责，共同为人民服务，不应该只想到自己或家人的衣食，而产生私念。

既然共同为人民服务，就应该尽心尽力，把工作做好。把孔子所说的事君之道，全数付诸实践。

十五·三十六【建议】

合乎义的信，一定不能变。

不合乎义的信，可以改变。

十五·三十七【注释】

①敬：尽心。

②食：即禄，现代叫作薪俸。

十五·三十七【主旨】

孔子说明人臣用心任事的道理。

生活智慧

（一）《雍也篇》说过：遇着很难的事情，抢先去做；获功享乐时，不妨退落人后。用这样的心态，来从事公职，为人民服务，才是真心的表现。

（二）《颜渊篇》记载：做事争先，受禄居后，是增进德行的具体方法。可惜现代人大多抱持“给多少钱，办多少事”的心态，甚至于要求“多给钱，少办事”，实在可耻。

（三）敬是理智的，可以持久。爱是感情的，容易起变化。西方人多说爱，中国人常说敬，其中的不同，请多加体会。

三十八、子曰：“有教①无类②。”

今　译

孔子说：“受教育不分贵贱、贤愚，机会均等。”

引　述

《阳货篇》说过：“性相近，习相远。”人性十分相近，所不同的是习惯。而习惯可以改变，教育便是最好的方式。不论任何人，经过适当的教化，都可以自我充实、自我提升，成为品德修养良好的人。

居于这种人人都可以塑造的原则，孔子主张有教无类。不分贵贱、贤愚、性别、种族、阶级、地区，都应该尊重人接受教育的权利，给予人接受教育的机会。

生活智慧

（一）现代主张国民义务教育，认为人人都有接受基本

十五·三十七【建议】

夫妻有爱无敬，容易由于小事而离异。夫妇互敬，才能维持家庭长期的和谐安宁。

十五·三十八【注释】

①教：指施教。

②类：指等类、阶级。

十五·三十八【主旨】

孔子主张教育机会均等。

教育的义务，甚至于立法强迫执行，便是孔子有教无类的发扬。

（二）对于学习有障碍的人，我们要给予特殊教育。尽量协助这些智障者，增强品德修养和生活能力，力求自立。

（三）有人向我们求教，应该适当地给予协助。不能存有歧视，或者要求必须付费，这也是有教无类的一种发扬。

三十九、子曰："道[①]不同，不相为谋[②]。"

今　译

孔子说："各人的理念如果不同，那就不必在一起商量事情了。"

引　述

理念代表一个人对人生的看法，也就是人生观和价值观。理念相同的人，对人生正途的看法比较接近，当然可以在一起商量事情，以求群策群力、同心协力，共同完成重大的使命。

如果理念不相同，各有不同的价值判断，在一起商量，根本就是浪费时间。彼此分道扬镳，你走你的阳关道，我走我的独木桥，反而减少干扰，不致彼此妨碍。

"道"有两层意义，《公冶长篇》所说"道不行乘桴浮于海"，具有价值判断。这里所说的"道"，只是事实意义，并没有正邪、好坏的判断。各人的选择，当然居于各自的价值标准。但是不能因此而肯定自己所选择的道路才是正确的，以致否定了他人的选择。彼此尊重，互相包容，才是多元社会的和谐共处之道。

十五·三十八［建议］

不可以好为人师，到处炫耀自己的才能。最好抱持知之为知之，不知为不知的态度，给予他人必要的协助。

十五·三十九［注释］

①道：在这里，指各人的理念。

②谋：商量。

十五·三十九［主旨］

孔子教导弟子与人共事要谨慎。

生活智慧

（一）人一上百，就难免形形色色，各是其是，也各行其是，更加各人自以为是。这种多元现象，是正常的，用不着大惊小怪。反而应该以平常心来看待，本来就这样。

（二）有不同的价值，才能证明自己的价值判断，才值得自己持续努力。否则大家都一样，自己也不过如此！

（三）人需要群居，更应该寻找志同道合的朋友，共同奋斗，常常在一起商量。我们要的是少数人，不难找到。

十五·三十九【建议】

不必计较别人的长短，却应该反过来审视自己的言行，是不是合乎自己的理想，再看看亲近的朋友，又是如何。

四十、子曰：“辞[①]达[②]而已矣。”

十五·四十【注释】

①辞：指我们的言语文辞。

②达：指表达自己的意思。

十五·四十【主旨】

孔子论述修辞的目的。

今　译

孔子说：“言语文辞只求达意就可以了。”

引　述

“达”，是能够表达自己的意思。而其标准，则是前后连贯而不矛盾，加上听的人要能够听得明白。还有一点，就是所说的话，必须和我们理智所生、经验所累积的常情、常理相契合。辞能达意，我们才加以相信，否则就不容易获得信任。

生活智慧

（一）大家都会说话，也大多喜欢开口说话。然而，真正辞能达意的人，实际上少之又少。这是什么缘故？因为从小缺乏合适的训练，一开始便养成乱说话的坏习惯。长大了即使想改，也实在十分困难。

（二）写文章的人，最好让大家都看得懂。但是大多数人，却认为看不懂的文章，才表示有大学问，这是人类自寻烦恼、自欺欺人的最好见证。

（三）内容不容易看懂，是必然的，表示看的人程度不够。但是用字造句，故意使人看不懂，有这种必要吗？恐怕是自己的文字功夫不够好，不得不如此了吧！

四十一、师冕[1]见，及阶，子曰："阶也。"及席[2]，子曰："席也。"皆坐，子告之曰："某在斯，某在斯。"

师冕出。子张问曰："与师言之道与？"子曰："然；固相[3]师之道也。"

今译

师冕来见孔子，走到台阶前，孔子说："这里是台阶。"走到座位前，孔子说："这里是座位。"大家坐定后，孔子告诉师冕说："某人在这里，某人在这里。"

师冕出去后，子张问道："跟乐师谈话的方式就是这样吗？"孔子说："是的，这本来就是扶助引导盲者的方法。"

引述

古代奏乐的乐师，必然是盲人。现代盲人，有很多辅助的器具，可以协助行动。古代缺乏这些有利的器具，只好依赖看得见的人，从旁加以辅助。孔子便是这样，适时对乐师所面临的环境变化，给予明确而及时的指点。子张请问：这种态度合适吗？孔子肯定地回答：是的，这是合理的辅助方式。

生活智慧

（一）我们善意对待盲者，是仁心的自然流露，不应该

十五·四十［建议］

从现在开始，培养辞求达意的良好习惯。不要抱持语不惊人死不休的心态，故弄玄虚，显得十分神秘。

十五·四十一［注释］

①师冕：『师』指乐师，古代的乐师都为失明的盲者。『冕』，是这位乐师的名字。

②席：座位。

③相：扶导。

十五·四十一［主旨］

孔子教导弟子如何对待残疾者。

十五·四十一【建议】

不论健全的人或残疾人士，基本上都应该走上正道，并且力争上游，我们才会尊重，给予适时的协助。

有同情或可怜的念头。孔子除此之外，还加上一份对乐师敬业的尊重。如果乐师不务正乐，演奏一些乱七八糟的音乐，孔子大概不会这样用心对待他。

（二）《八佾篇》指出“乐而不淫，哀而不伤”，是正乐的必要条件。反观现代流行的音乐，大家不妨比较一下，便知道为什么音乐的教化功能，已经为娱乐所取代，甚至配合色相，而日趋下流。

（三）盲者行正道，我们尊重他也协助他。否则的话，他自已想办法，我们不一定要适时加以辅助，以免助纣为虐。

季氏第十六

这是篇名，用第一句的最先两个字来表示，并没有什么特别的意义。

一、季氏将伐颛臾[1]。冉有、季路见于孔子曰："季氏将有事于颛臾。"孔子曰："求！无乃尔是过与？夫颛臾，昔者先王以为东蒙主[2]，且在邦域之中[3]矣，是社稷之臣[4]也，何以伐为[5]？"冉有曰："夫子欲之，吾二臣者皆不欲也。"孔子曰："求！周任[6]有言曰：'陈力就列，不能者止[7]。'危而不持，颠[8]而不扶，则将焉用彼相[9]矣？且尔言过矣，虎兕[10]出于柙[11]，龟玉毁于椟[12]中，是谁之过与？"冉有曰："今夫颛臾，固而近于费。今不取，后世必为子孙忧。"孔子曰："求！君子疾夫舍曰欲之，而必为之辞。丘也闻有国有家者，不患寡而患不均，不患贫而患不安。盖均无贫，和无寡，安无倾。夫如是，故远人不服，则修文德以来[13]之。既来之，则安之。今由与求也，相夫子，远人不服而不能来也；邦分崩离析[14]，而不能守也；而谋动干戈[15]于邦内。吾恐季孙之忧，不在颛臾，而在萧墙之内[16]也！"

十六·一【注释】

①颛臾：国名，鲁国境内的一个附庸国。②东蒙主：『蒙』是山名，在鲁国东边，所以称为东蒙。先王封颛臾于蒙山之下，以便其祭。③邦域之中：指鲁国境内。④社稷之臣：即国家的属臣。⑤为：语末助词，表疑问。⑥周任：古代的良史。⑦陈力就列，不能者止：指居其位的臣应当尽才力而为，不能施展才力，则当辞去。『陈』即布。『列』即位。『止』为去位。⑧颠：即仆。⑨相：指扶导盲者的人。⑩兕：野牛。⑪柙：栅栏。

今 译

季氏将要讨伐颛臾。冉有、子路来见孔子，说："季氏准备出兵讨伐颛臾。"孔子说："冉求啊！这岂不是你的过失吗？那颛臾，从前我们先王封他为东蒙山的主祭，而且在鲁国境内，也是鲁国的属臣，为何要讨伐它呢？"冉有说："这是季孙想要做的，我们两人本来都不同意。"孔子说："冉求啊！从前周任说过：'担任一项职务，当尽力去做，如果不能恪尽才力，便当辞去那职位。'譬如扶导盲人，到了危险的地方不扶持他，快跌倒了不扶住他，那又何必要扶导盲人的人呢？况且你这话也说错了，好比老虎、野牛从栅栏里跑掉，龟和玉在匣子里毁坏了，这不是管理的人失职，那又是谁的过失呢？”冉有说：“如今的颛臾，域郭坚固，又靠近季氏的私邑费县，现在不攻取，后世必定成为子孙们的祸害。”孔子说：“冉求啊！君子最讨厌的，就是不说自己的贪欲，还要为自己说些掩饰的话。我听人讲过，一个诸侯国或卿、大夫的家，不愁财富少，只愁财富不能平均，不愁人民少，只愁上下不能相安。因为财富平均，就无所谓贫穷；人民和谐相处，就不会觉得人少；境内安定，就不会倾覆。能够如此，远方的人如果还不归服，就整顿礼乐文教来招致他们。他们既然来了，就要好好安顿他们。现在仲由和冉求啊！你们两人辅佐季氏，远方的人不来屈服，却不能招致；国家分离瓦解，却不能保持完整；反而想在国内发动战争，我恐怕季孙的忧患，并不在颛臾，而是在国君的屏风之内哩！”

引　述

做学生的，遇到重大事情，向老师报告，并且请求指教，这是常见的情况。当时鲁国分为四个部分，季氏已经拿掉两份，孟孙、叔孙各拿一份。只剩下颛臾这个附庸国，季氏还想吞掉它。孔子不赞成，冉有和子路这两个学生也都说不愿意这样做，却劝阻无效。孔子引用更早的贤人周任所说的“陈力就列，不能者止”，意思是能做才做，不能做为什么不请辞官职呢？告诉两个学生，如果时局到了不能挽救的地步，不如退隐。冉有忽然又找出一个理由，被孔子指责一番，果然自作自受。

生活智慧

（一）不患寡而患不均，现代还经常被引用。表示贫富的分配，最好不要过分悬殊，以免引起社会的不安。同时不患贫而患不安，也常用来警示我们，贫穷不一定引起不安，反而在富有的过程中，更容易产生社会的不安定。

（二）“远人不服，则修文德以来之”，长久以来，成

⑫椟：匣。⑬来：招徕，招致。

⑭分崩离析：指各怀异心不能团结。⑮干戈：战争。

⑯萧墙之内：为国君的屏风之内，指鲁君。『萧』即肃。『墙』指屏。君臣相见，到了放置屏风的地方就要更加肃敬，所以称为萧墙。

十六·一【主旨】　孔子想用大义阻止权臣伐国的阴谋。

十六·一【建议】　财富平均、上下合谐、彼此安宁，是任何团体共同努力的目标。

为中华文化号召各方人民心悦诚服地归来的一种最和平而合理的方式，大家既来之，则安之，真能够和而不同。

（三）“祸起萧墙”，现代多用以形容发生于自家内部的祸患，或者家庭中的纷扰，和外部或家人以外无关，也不是从外向内侵入的事件。

二、孔子曰：“天下有道，则礼乐征伐自天子出；天下无道，则礼乐征伐自诸侯出。自诸侯出，盖十世希不失矣；自大夫出，五世希[①]不失矣；陪臣[②]执国命，三世希不失矣。天下有道，则政不在大夫。天下有道，则庶人不议[③]。”

十六·二【注释】

①希：即少。②陪臣：家臣。

③庶人不议：指上无私政，则下无私议。

十六·二【主旨】

孔子通论当时天下大事。

今译

孔子说：“天下太平的时候，制礼作乐与出兵征伐都由天子决定；天下混乱的时候，制礼作乐与出兵征伐就由诸侯决定。由诸侯决定，那么这个国家大概再传十代，很少有不亡的；由大夫决定，这个国家大概再传五代，很少有不亡的；大夫的家臣把持国家的政权，这个国家再传三代，很少有不亡的。天下太平的时候，大夫不会专权，百姓不会议论政治的是非。”

引述

天下有道，指政治清明。君有君的风范，臣也守臣的本分。礼乐是导正人民的教化媒介，征伐是正人的消极手段，当然都应该由天子来颁布，表示神圣而庄严。

礼乐出自诸侯或大夫，象征天下无道，必然徒具虚文而丧失应有的功能。社会动乱，自然传不了十世或五世。

家臣掌理国事，那就更加荒唐。礼乐的神圣性与庄严性完全丧失，传不到三世，自在意料之中。

天下太平的时候，老百姓安居乐业，不觉得有政治力量的存在，所以不非议政府。可见庶人不议，表示政治清明，人民十分满意。

生活智慧

（一）孔子倡导德治，并不反对法治。对于组织上下的正常关系，非常重视。若是下面的人，逾越了职权，也就是现代所说的越权，必须依法加以限制，以免制造混乱，破坏应有的秩序。

（二）法治以德治为基础，才是真正的德治。德治可以包含法治，两者并不冲突。法治却常常包含不了德治，这才是强调法治的人士，应该特别加以注意的地方。

（三）天下有道或无道，从人民的普遍反应，可以看得出来。政治清明，民众不觉得政治有那么重要，这才是良好的现象。民众太热衷政治，并不是好事情。

三、孔子曰："禄之去公室[①]五世[②]矣。政逮于大夫四世[③]矣。故夫三桓[④]之子孙微矣。"

今　译

孔子说："爵禄赏罚的大权旁落，不由君主来裁决，已有五代了。政权落在大夫手中，已有四代了。因此桓公的三房子孙目前都衰微了。"

引　述

孔子从鲁国的历史演变，推论三桓的子孙必然衰微的真正原因。我们读历史，不一定要死背那些过去的年号、人名和地名，但要注意演变的现象和原因，以便鉴古知今，从历

十六·二【建议】

一个强有力的中央政府，又清廉又贤能，天下自然永久太平。地方和中央密切配合，当然庶人不议。

十六·三【注释】

①禄之去公室：指爵禄赏罚的命令不从鲁君发出。『公室』，即鲁国朝廷，也指鲁君。②五世：指鲁宣、成、襄、昭、定五公。

③四世：指季孙氏文子、武子、平子、桓子四代。

④三桓：指仲孙、叔孙、季孙，三家都出于桓公。

史的教训当中，悟出今后应走的路。

大权旁落，表示大夫越权，不把鲁君放在眼里。人民心中有数，自然各搞各的，呈现四分五裂的乱象。这样下去，社会动乱，人民不安，是不可避免的命运。

生活智慧

（一）公正廉明，是治国的最高原则。鲁国的大夫，大权在握，遇事不能大公无私地处理，不能治国安邦，当然不可能令人民满意。孔子用子孙衰微来提出警告，也没有效果，所以他才隐而不仕。

（二）古往今来，从事公职的人，最好无我无私，不能有一点儿偏差。遇到重大国事，还要力疾从公，为千秋万世着想，为全体人民的利益而努力。

（三）当自己的利益与公众的利益发生冲突时，最好以公益为重。必要时牺牲自己的利益，来成全大众的利益，才是贤能的公职人员。

四、孔子曰："益者三友，损者三友。友直，友谅①，友多闻，益矣；友便辟②，友善柔③，友便（pián）佞④，损矣。"

今　译

孔子说："有益的朋友有三种，有害的朋友也有三种。和正直的人交友，和信实的人交友，和博学多闻的人交友，就有益了；和惯于逢迎的人交友，和善于献媚而不信实的人交友，和喜欢花言巧语却不实在的人交友，就有害了。"

十六·三［主旨］

孔子以事实来论政，警惕鲁国的权臣。

十六·三［建议］

国家是全体国民的国家，担任公职，不论地位高低，最好秉公处理，为大众造福，才能勇往直前，无所顾虑。

十六·四［注释］

①谅：诚信。

②便辟：习于威仪而不正直，或惯于逢迎拍马。

③善柔：工于谄媚而缺少诚信。

④便佞：习于口说而无闻见的事实，经常高谈阔论而不着边际。

引　述

人是群居的动物，而且需要朋友的协助。交友对每一个人来说，都十分重要。交到好朋友，互助互惠，彼此鼓励，显得团结才有力量。若是交到坏朋友，迟早被连累、被牵连、被拖垮，害处实在很大。

正直、信实、博学多闻，是益友的三大条件。而善于逢迎、工于献媚而不信实、喜欢花言巧语却不实在，则是损友的三大特性。我们在慎选朋友时，最好先考虑清楚，以免受害。

生活智慧

（一）在家靠父母，出外靠朋友。所结交的朋友，可不可靠，则有赖于自己的慎重选择。否则交到坏朋友，非但不可靠，而且很可能被朋友所害，岂不是十分可怕？

（二）交朋友的时候，先看看他所看的是什么样的书，所交往的是什么样的朋友，所从事的是什么样的休闲生活。如果有机会，看看他的家人，相处得如何。这样，对他的人品和修养，应该有所了解了。

（三）交朋友的过程，最好采取渐进式，逐渐由了解到互相信任。但是再好的朋友，也应该保持合理的距离，彼此尊重，以策安全。

五、孔子曰：“益者三乐[1]，损者三乐。乐节礼乐[2]，乐道[3]人之善，乐多贤友，益矣；乐骄乐[4]，乐佚游[5]，乐宴乐[6]，损矣。”

今　译

孔子说：“使人受益的有三种爱好，使人受损的也有三

十六·四[主旨]

孔子教导弟子谨慎择友。

十六·四[建议]

培养慎选益友的能力，把持逐渐进行的交友过程，并且维持适度的安全距离。

十六·五[注释]

①乐：指心有所爱好。

②节礼乐：指一举一动都合乎礼乐的适度节制。

③道：在这里是称道的意思。

④骄乐：以骄傲为乐。

⑤佚游：放纵的游乐。『佚』和『逸』相通。

⑥宴乐：以酒食招待来取乐。

种爱好。爱好行事以礼乐为节度，爱好称道别人的优点，爱好多结交有贤德的朋友，都会受益；爱好骄矜傲慢，爱好闲散游荡，爱好沉迷酒食，都会受损。”

引 述

快乐是大家所喜欢的，也是众人所追求的。有人喜欢这样说：快乐就好。但是快乐所带来的，有益处也有害处。最好加以辨别，以求获益而减少受害。

合理的礼乐、称扬人家的善良行为，以及多多结交贤能的朋友，所获得的快乐，有益无害，可以放心去做。

以骄傲为乐，以懒惰为乐，或者以饮食、酗酒为乐，必然有害无益，最好尽量避免。

生活智慧

（一）自然界的声音，充满了生的乐趣。为什么人所创作的音乐，反而有正有不正？真正合乎礼的音乐，必须讲求道德心灵的启发，令人产生内心自然流露的悦乐。

（二）现代人过分重视感官的刺激，殊不知官能愈受刺激，就愈显得麻痹。必须不断加强，才能有所感受。而不断增强刺激的结果，却是严重地丧失应有的反应。

（三）当一个人，不论怎么刺激，都不快乐的时候，这个人已经丧失快乐的反应，再也快乐不起来了。这种状况，是不是自作自受呢？

六、孔子曰：“侍于君子有三愆[①]（qiān）：言未及之而言谓之躁[②]；言及之而不言谓之隐；未见颜色而言谓之瞽[③]（gǔ）。”

十六·五【主旨】

孔子说明人心的爱好各有损益。

十六·五【建议】

保持适度的刺激，以免由于过度刺激而产生不良的后遗症，得不偿失。

十六·六【注释】

①愆：过失。

②躁：急躁不安静。

③瞽：指『无目』，意为不能察言观色。

今 译

孔子说："事奉君子时，容易犯三种过失：不该说话却抢着说话，这叫作急躁；该说话时却又不说，这叫作隐瞒；不看对方的脸色就随便说话，这叫作瞎了眼睛。"

引 述

正常的人都会说话，但是说得恰到好处，没有过失的，实在少之又少，极为难得。

首先，要看时机对不对。应该开口的时候，才可以说话，否则便是急躁，没有礼貌。应该开口的时候，若是不说话，那就是有所隐瞒，容易令人怀疑有什么不良的企图。说话时眼睛不看听者的面部表情，不能从中看出心里的反应，简直和瞎子一样。

生活智慧

（一）祸从口出，话说得太多，必然闯祸。多少人因话多而后悔，却又一再重犯话太多的毛病，很不容易改正。我们常听说"不说话会死吗"，大多是针对这种人而发的感慨。

（二）说话之前，先动动脑筋想一想：时机对不对。观察一下对方的脸色，再做出合理的判断：该不该开口？要怎么说？说到什么程度？这时候才开口，应该比较妥当。

（三）说话的第一条件，是对方愿意听，而且听得进去。否则说了也等于白讲，如果因此而惹火了对方，得罪了在场或不在场的人，那就更加麻烦了。

七、孔子曰："君子有三戒：少之时，血气未定，戒之在色①；及其壮也，血气方刚，戒之在斗②；及其老也，血气既衰，戒之在得③。"

十六·六【主旨】

孔子教导弟子说话要看时机。

十六·六【建议】

养成多做事少说话的习惯，再来培养自己的说话能力。不能急，不能求表现，才能拿捏得准。

十六·七【注释】

①色：女色。

②斗：争斗。

③得：贪污。

今　译

孔子说：“君子有三件应该警惕戒慎的事：少年时，血气未定，应该警戒不要把精力放纵在女色上；壮年时，血气正旺盛，应该警戒不要动怒斗殴；老年时，血气已衰退，应该警戒不要贪得无厌。”

引　述

人生不断成长，也持续产生变化。每一个阶段，都有不一样的冲动。若是不能合理加以调节，便会招惹烦恼和苦难。

年轻的时候，容易在女色方面，放纵自己，最好特别戒慎。壮年时争强好胜，加上体力壮健，必须戒之在斗。老年血气衰退，又顾虑来日无多，往往贪得无厌，应该自我警惕，加以克制。

生活智慧

（一）人只要活着，不论在哪一个年龄阶段，都必须遵循天理而行。稍有大意，本能就会冲破理性的约束。由欲望主导，难免有令人担忧的冲动，表现不合适的言行。

（二）年轻时血气未定，最好戒之在色。现代人似乎不重视保护自己，在这一方面的约束，反而相当放宽，实在是十分不妥当。正确的性教育，应该注意这样的教导。

（三）戒之在得，原来只是老年人应该重点警戒的。现在物质生活水平提高，使得大家的贪念，普遍地高涨，甚至于为了钱财而奋不顾身，值得大家警惕。

八、孔子曰：“君子有三畏[1]：畏天命，畏大人，畏圣人之言。小人不知天命而不畏也，狎[2]大人，侮[3]圣人之言。”

十六·七［主旨］

孔子教导弟子在人生不同的时期应该戒慎的事。

十六·七［建议］

君子有三戒，现代仍然如此。最好由自己做起，以期保持有用的性命。

十六·八［注释］

①畏：敬畏。

②狎：指由于亲近而轻忽。

③侮：不敬重。

今　译

孔子说："君子表现三种敬畏的态度：敬畏天命，敬畏高位的人，敬畏圣人的话。小人不知天命而不敬畏，常见高位的人而轻忽了礼貌，不敬重圣人所说的话。"

引　述

《中庸》第二十章有一句话："思知人，不可以不知天。"意思是想知道人，就不能不知道天。我们必须研究天道，探索宇宙自然的道理，才能够应用在人生的各方面。"命"这个字，由口和令组合而成，也就是命令的意思。自己有能力办得到的事情，自己可以命令自己。自己的能力达不到的地方，譬如死亡、命运、成败等，最好听从天的命令。天的命令即是天命，孔子学习到五十岁，才证知天命。我们说证知，是因为孔子并不把天命当作知识来研究，而是经由做人做事的过程中，实践的体验中，所感悟到的。

君子了解天命，知道大人是人格伟大的君子，明白圣人的话，十分珍贵，最好奉为人生的座右铭，所以列为君子敬畏的三种主要对象。

小人刚好相反，不了解看不见的天命，不知道大人的可贵，也不明白圣人所说言论的重要性。因此不敬畏天命，轻视大人的品德典范，不敬重圣人的言论。

生活智慧

（一）孔子一直到五十岁才知天命，可见要了解天命，并不容易。我们在尚未了解之前，最好不要任意加以否定。就算是一种不同的体验，也应该用心来体会。

（二）重视宗教信仰的人，把一切问题的责任，都交给神。敬畏神，对神产生信心，是神本位的态度。我们是人为本的人本位，自己的责任，要由自己来承担。我们敬天、敬畏天命，实际上是把天道和天命落实在人的道德修养上。我

十六·八【主旨】

孔子以『君子三畏』来教导弟子。

十六·八【建议】

先把天命、大人和圣人的意思想一想，再加深印象，逐渐增进自己的认识和体悟。

们应该重视自己的道德修养，否则天命随时可能远离我们。

（三）敬畏天命、敬畏大人、敬畏圣人之言，都把责任交给自己。我们不把责任推给神，更不能逃避责任，这才是人性最高的尊严，也是中华人文精神的动力。

九、孔子曰：“生而知之者上也；学而知之者次也；困[①]而学之又其次也。困而不学，民[②]斯为下矣。”

今　译

孔子说：“生来就知道的是上等资质的人，经过学习而知道的是次一等资质的人；遇到困难然后才苦学的是更次一等的人，遇到困难却依然不学，这种知识不多的人是最下等的了。”

引　述

生来就知道的，称为“生知”。学了才知道的，叫作“学知”。遭遇困难，觉得有必要才苦学的，便是“困知”。一旦知道了，都是学有所得的人。只要不断求取上进，那就“人人皆可以为尧舜”。

最可怕的是，即使有困难，也不想学习。这种甘心愚蠢的人，当然是最下等的了。

生活智慧

（一）生来就知道的，居于先天的智力。学而知之和困而学之，则属于后天的努力。天生聪明的，固然十分可喜。值得我们互相勉励的，应该还是后天的学习。

（二）明白事理，加强品德修养，是知的目的。如果学习的结果，不能明白事理，或者明白事理，却无法增进品德

十六·九［注释］

①困：遇到困难。

②民：在这里，指知识不多的人。

十六·九［主旨］

孔子论述个人天赋资质不同，勉励弟子努力向学。

十六·九［建议］

学习是终生的事情，一日都不可松弛。必须养成每天学习的良好习惯，以免落伍。

修养，我们就认为和没有学一样。

（三）聪明的人，更加需要学习。因为一看就明白，往往只看到表面；一听就知道，常常只听到片面的道理。这种聪明反被聪明误的现象，令人惋惜，却时常出现。

十、孔子曰："君子有九思①：视思明，听思聪，色思温，貌思恭，言思忠，事思敬，疑思问，忿思难②，见得思义。"

今　译

孔子说："君子有九种用心思虑的事情：看的时候要想看得明白，听的时候要想听得清楚，脸色要想表现得温和，容貌要想到谦恭，说话要想到忠实，行事要想到认真，疑惑要想到提问，发怒要想到事后的祸害，看见财利时要想到合不合理。"

引　述

孔子主张学与思并重，主要用意在不停滞于现状。应该站在先前的基础上，继续研究发展，以求"温故而知新"，从旧的当中领悟出新的。

"思"的意思，是运用自己的智慧，用心思索，想要有深一层的体会和新的发现。思在这里，可以解释为"用心"。"视思明"，看的时候用心，想要看得更加清楚明白。听的时候用心，想要听得更加完整而没有错误。耳聪目明，才是真正的聪明。

这样类推，脸色用心表现温和，容貌用心显得谦恭，说话用心保持忠实，行事用心认真负责，疑惑用心提问，生气时也要用心避免惹来后患，看见利益的时候，尤其要用心，想一想应不应该获得。

十六·十【注释】

①思：用心思虑。

②难：患难，祸害。

十六·十【主旨】

孔子论述君子随时随地省察自己。

十六·十【建议】

从现在开始，不断自我警惕，不要不合理的利益，应该追求合理的利益。

生活智慧

（一）孔子比较重视人的内心，不很重视人的外表。因此对“敬”的要求，相当严格。敬要从自己做起，称为敬己，也就是自爱自律。这里所说的“九思”，便是从这九方面来以敬修己。

（二）眼睛可以看，却经常看错了。耳朵可以听，却往往听错了。原因有生理的、心理的，也有物理的。用心的意思，便是努力排除这些可能的妨碍因素。

（三）“见得思义”，警惕我们利字当头的时候，大家很容易忘记义的约束。我们最好把这一句话和《里仁篇》所说的“君子喻于义，小人喻于利”合起来想，自己要做君子，还是要做小人，决定于见得思义，或是见得忘义。

十一、孔子曰：“见善如不及，见不善如探汤①。吾见其人矣，吾闻其语②矣。隐居以求其志，行义以达其道。吾闻其语矣，未见其人③也。”

今　译

孔子说：“看到别人的善处，像追赶什么，唯恐追赶不上，看到别人的不善处，像试探热水的温度，唯恐避开不够快。我看过这种人，也听过这种话。避世隐居来成全自我的心志，并且能够在担任公职时行义来达成自我追求的道。我听过这种话，但没有亲眼见过这种人。”

引　述

说好听的话不难，真正做得到的并不多。孔子说“未见”，是说他没有亲眼看见过，不一定当时没有这样的人。

看见良善的行为，便想要学习。看见不好的行为，好像

十六·十一【注释】

①探汤：指试探热水的温度，意思是很快就把手移开。

②闻其语：听过这样的话。

③见其人：看见这样的人。

十六·十一【主旨】

孔子期望看到德业俱全的人。

手指碰到温度很高的开水，急急忙忙移开。这种自然的反应，孔子不但亲眼看过，而且听过这样的描述。

更加提升层次，能够避世隐居来成全自己的意志，并且能够在出仕时，尽力表现公义。换句话说，无论隐居或担任公职，都能够凭良心、立公心而又重视品德修养的，实在是太稀有了。有人这样说，却很难亲眼看到这样的人。

生活智慧

（一）有机会把自己的功业做出来，这是时势造英雄。有时候不由自主，未必真有这么高的志气，我们只能说是赶上机会，运气真好。

（二）没有机会把自己的功业做出来，这时候抱持坚强的意志，更加显现人的主动性和创造性。如果能够英雄造时势，更是伟大的人物。

（三）在消极退隐的时候，仍然应该耐心地等待良好的时机，表现出积极的心态。这种两面兼顾并重的态度，才是孔子的一贯精神。

十二、（“诚不以富，亦祇以异。”）齐景公有马千驷[①]，死之日，民无德而称焉。伯夷、叔齐饿于首阳之下，民到于今称[②]之。其斯之谓与？

今　译

（《诗经》上说：“一个人被人称道并不是因为他富有，只是由于他的德行异于一般人。”）齐景公有马四千匹，到他死的时候，人民对他没有什么可称道的。伯夷、叔齐饿死在首阳山下，人民到现在还称道他们。就是《诗经》上这两句话的意思吧？

十六·十一【建议】

我们随时可以退隐，把机会让给更合适的人。但是不应该年纪轻轻，就抱持离群索居，不愿有所贡献的心态。

十六·十二【注释】

①驷：四匹马。

②称：称道，赞扬。

十六·十二【主旨】

孔子赞许伯夷、叔齐并勉励弟子修德。

引　述

“诚不以富，亦衹以异。”这两句话，原来出现在《诗经·小雅·我行其野篇》。意思是“一个人的真正价值，不在于他的财富，而在于他的德行良好”。

孔子用齐景公和伯夷、叔齐的故事，来证明《诗经》这两句话的真实性。齐景公的财富，显然比伯夷、叔齐多得多，却没有留下什么善行，值得老百姓称道。伯夷、叔齐没有财富，也缺乏功业上的表现。但是他们的意志和气节，像风一样，影响到后世，当然值得大家称颂。

“德”字的原义，和“得”字相通，就是现代常说的“所得”。“民无德而称焉”，并不是老百姓没有德行，而是老百姓找不到有什么可以用来称道的，是无所得的意思。

生活智慧

（一）贤德的人，纵然隐居起来，看似无所作为，但是他的意志，仍然可以默默地转化局势于无形。现代科学，已经证明这种能力的存在。大家看不见，却能够维持文化的命脉。

（二）中华文化历经变乱，能够持续发展，有功业的人士，固然有很大的功劳；没有功业却怀有坚强意志的贤德人士，也有很大的贡献。

（三）司马迁写《史记》，以伯夷为七十列传的第一位，当然有他的道理。颜回死得早，并没有什么具体的表现，然而他的影响力，也十分重大。

十三、陈亢[1]（gāng）问于伯鱼曰：“子亦有异闻乎？”

对曰：“未也。尝独立[2]，鲤趋[3]而过庭。曰：‘学诗乎？’对曰：‘未也。’‘不学诗，无以

十六·十二【建议】

德行比财富重要，对现代人来说，恐怕更需要反复提醒，才能够真正有所体会。

十六·十三【注释】

①陈亢：字子禽，是孔子的弟子。
②尝独立：指孔子曾经一个人独自站立，当时附近并没有别人。
③趋：即疾走，古代的礼节，经过长者的面前必须迅速走过。
④远：即无私的意思。

言。’鲤退而学诗。他日，又独立，鲤趋而过庭。曰：‘学礼乎？’对曰：‘未也。’‘不学礼，无以立。’鲤退而学礼。闻斯二者。”

陈亢退而喜曰：“问一得三：闻诗，闻礼，又闻君子之远④其子也。”

今　译

陈亢问伯鱼说：“你有没有听过老师一些特别的教诲呢？”

伯鱼回答说：“没有。有一次，我父亲单独一个人站在堂上，我快步穿过庭院。我父亲说：‘你学过诗没有？’我说：‘没有。’我父亲说：‘不学诗，不懂得怎样讲话。’于是我退下后就去学诗。又有一天，我父亲又单独一个人站在堂上，我很快地穿过庭院。我父亲说：‘你学过礼没有？’我说：‘没有。’我父亲说：‘不学礼，不能在社会上立足。’于是我退下后就去学礼。我私下只听过这两项教训。”

陈亢退下，高兴地说：“我问一件事，知道三件事：知道学诗的道理，学礼的道理，还知道君子对自己的孩子也没有私心偏爱。”

引　述

弟子们十分好奇，孔子对自己的儿子，会不会偏爱，单独地传授某些特别的东西？这种疑问，原本是人之常情，并不是对老师不信任，或者怀疑老师教学不尽心。有机会问一问孔鲤，来求证一下，也是理所当然。孔鲤答得很自然，并不觉得陈亢的问题，有什么不对或不礼貌，更是坦荡荡的君子态度。

按理说父子单独相处，是最好传授特殊才能的时机。孔子却如同对待一般弟子那样，只问孔鲤学过诗吗？学过礼吗？表示他真正有教无类的伟大胸怀。

诗是没有声的音乐，中国文字一字一声，诵起来好像音

十六·十三【主旨】孔子教导弟子立身处世不能偏私。

十六·十三【建议】要突破欲望带给我们的烦恼，以及所造成的不正当念头，最好的办法，便是以礼治理自己。

乐一样，充满了生命的节奏和人格的充实。不学诗，似乎丧失了沟通的共同语言，所以孔子说不知道怎么说话。

礼是良心的表现，用来治理自己，约束自己的行为。孔子说不学礼也就不知道怎样立身，意思是怎么做人都不知道。

陈亢不愧是孔子的弟子，能够问一得三，问一个问题却明白三种道理：要学诗，要知礼，还要对自己的子弟没有私心偏爱。

生活智慧

（一）现代人的表达方式，和古代不同。出口诗词，很可能人家反而听不明白。但是成语的运用，则显得十分重要。不但不应该滥用成语，而且不可以随意改变，以免严重地影响后代子孙的沟通。

（二）礼所重视的，不是形式，而是内心的感受。害怕受罚，想要讨人欢喜，都不是礼的表现。用礼来约束自己的言行，才是以礼自治的真正功能。

（三）学问、道德都是公器，人人通用。即使对自己家人，也不能偏私。只要有心学习，我们都提供参考。无心向学，就算是家人，除了多多关心之外，实在也起不了多大的作用。换句话说，偏私又有什么用呢？

十四、邦[①]君[②]之妻，君称之曰夫人，夫人自称曰小童。邦人称之曰君夫人，称诸异邦曰寡小君。异邦人[③]称之，亦曰君夫人。

十六·十四【注释】

①邦：国家。

②君：指君王。

③异邦人：别国的人。

今　译

国君的妻子，国君称她为夫人，她自称为小童。国人称国君的妻子为君夫人，对外国人则称为寡小君。外国人称她，也称为君夫人。

引 述

《子路篇》说过："名不正，则言不顺。"所以孔子十分重视正名。名能恰如其实，才叫作名正。

国君称他自己的妻子为夫人，原本是一种封号。后来用以泛称一般人的妻子，也可以用作对妇女的敬称。

夫人自己称呼，则为小童。不好意思自称为夫人，以表示礼貌。

一般人称呼自己国君的夫人，为"君夫人"，也就是本国君王的夫人。对外国人谈起自己的君夫人，则称为"寡小君"，也是一种礼貌。

外国人为了表示尊敬，通常入乡随俗，跟着本国人尊称国君的夫人为"君夫人"。

生活智慧

（一）一般人介绍自己的妻子，不方便说"这是我的夫人"，大多说"这是内人"，或者"内子某某某（姓名）"。称呼别人的妻子，则不妨称为夫人，以示尊敬。

（二）介绍自己的丈夫，很少说"这是我的丈夫"，大多说"这是外子"，或者说"我的先生某某某（姓名）"。称呼别人的丈夫，不方便直呼"你的丈夫"，可以说成"你的先生"，或者直接称呼某先生。

（三）称呼自己的直接主管，不应该把姓加上去，单提他的职称，如"课长""经理""校长"便可以。和自己的直接主管和非直接主管在一起，称呼直接主管不加姓，称呼非直接主管加上他的姓，很容易使听者明白不同的关系。单独在一起时，最好都不加姓，以示尊重。

十六·十四【主旨】

孔子论述古制以正名分。

十六·十四【建议】

从现在开始，注意对人的合适称呼，以增进良好的人伦关系（人际关系加上伦理态度）。

阳货第十七

这是篇名，用第一句的最先两个字来表示，并没有什么特别的意义。

一、阳货[①]欲见孔子，孔子不见，归[②]孔子豚[③]。

孔子时其亡也，而往拜之。

遇诸涂[④]。

谓孔子曰："来，予与尔言。"曰："怀其宝而迷其邦，可谓仁乎？曰：不可。好从事而亟[⑤]（qì）失时，可谓知乎？曰：不可。日月逝矣，岁不我与。"

孔子曰："诺[⑥]，吾将仕矣。"

十七·一【注释】

①阳货：一称阳虎，季氏的权臣，先独专鲁政，后叛鲁奔晋。

②归：同『馈』，赠送的意思。

③豚：即猪。

④涂：同『途』，道路。

⑤亟：屡次。

⑥诺：指允诺。

今译

阳货想要孔子去拜会他，孔子不去。他送给孔子一只蒸熟的小猪，想使孔子到他家去拜谢。

孔子打听他不在家的时候，前去拜谢他。

不巧两人在路上遇到了。

阳货对孔子说："来，我和你谈谈。"接着说："有人具有一身才干，却任由国家政事迷乱不治，可以说是仁爱吗？不可以。一个人喜欢做官行政，却屡次失去机会，可以说是聪明吗？不可以。日子一天天地过去了，岁月是不等待人的。"

孔子说："好吧，我将要出来做官了。"

十七·一【主旨】

孔子以机变和权臣交往。

引述

孔子对待小人的原则，是敬而远之。阳货的行为，孔子并不赞成。他想见孔子，孔子不见他。他想要孔子去见他，孔子也不去。有原则却不轻易得罪人，是一种内方外圆的良好态度。

阳货送孔子一只小猪，存心要孔子去谢他。孔子心里十分明白阳货的企图，居于应有的礼貌，不得不去表示谢忱。于是，故意等待阳货不在家时，才去答谢。这不是要手段、搞阴谋，而是自我保护的权宜应变。

不巧两人在路上遇见了，躲也躲不掉，逃走更不像话，也没有必要。在这种情况下，说几句应酬话，再自然也不过。阳货用孔子所重视的仁和智，来刺激孔子，还告诉孔子，岁月不饶人，不能再等待了。

孔子淡淡地回答：好吧，我要出来做一些事了。即使是承诺，对小人也用不着守信的。

生活智慧

（一）不管是不是好意，我们都应该遵守礼的规范，用来节制自己的行为，也就是保持应有的礼节。否则自己不像个文明人，就难怪别人看不起我们。

（二）孔子既然重礼，就应该在生活上表现出来。尽管再不愿意，也不能不答谢阳货的善意。想办法避开，是一种两全的办法，这是变通，并不是圆滑。同样的态度，对小人来说，是圆滑；对君子而言，则是圆通。

（三）万一逃避不了，只好面对现实。这时候说几句客套话，彼此客气一番。所说的话，不一定要当真。这不是虚伪，而是仅仅表示礼貌。

二、子曰："性[①]相近也，习相远也。"

今　译

孔子说："人的性情本来十分接近，由于习染不同才相差很远。"

引　述

孔子对"性"的提示，在《论语》中，只有这一句。

十七·一［建议］

把别人逼得不方便真诚对待我们，是我们的错误。我们最好反求诸己，改变自己，才能使别人安心地真诚对待我们。

十七·二［注释］

①性：指人的本性，亦包含气质。

难怪子贡曾经感慨“夫子之言性与天道，不可得而闻也”（《公冶长篇》）。就算这一句话，也没有说明什么叫作性，又相近到什么程度。

“性相近”用现代话来说，可以用“同类意识”来表示。人与人在一起，发现彼此有很多相同的地方，产生同类意识，所以才称为人类。“相近”是相差不远的意思，既不完全相同，当然也不可能完全相异。人同此心，心同此理，应该是“性相近”的最好写照。

“习相远”用现代话来说，可以用“个别差异”来形容。各人所处环境不同，所养成的习惯，互有差异。人心不同，各如其面，应该是“习相远”的真实注解。

“性相近”是学习的基础，只要认真学习，人人可以成为尧舜。“习相远”是学习的结果，稍微不谨慎，便相差很远了。

“性相近也”，可以用来说明人性原本彼此相近，却不能因此推定人性是善或恶。“习相远也”，可以推论人性是可以塑染的，否则怎么能够由于习染而使原本相近的性，变成相远的人呢？孔子的人性观，应该以告子所说：无善无恶。后人可以塑染，则是大家必须努力的重点。

生活智慧

（一）性是人的天性，与生俱来的本性。孔子虽然没有直接指出性善，但他把仁当作人性的共通点，隐含有性善的意思。由于后天的塑染，才能启发先天的仁性，所以我们认为孔子主张人性可塑，并未直接说明孔子主张性善。

（二）习有主动和被动两种作用，自己决定学好，属于主动；接受环境影响，学坏了，属于被动。可见习的结果，大多可以自行决定，不能完全怪罪于外界的环境，这是孔子主张“反求诸己”的重要原因。

（三）习有仿效和自觉双重作用，一方面仿效，一方面必须自觉。所以学和思要并重，“学而不思则罔，思而不学则殆”（《为政篇》）。姑且不论自己的性如何，都应该好好学习。

十七·二【主旨】

孔子认为人的本性相近，勉励大家谨慎学习。

十七·二【建议】

立定学圣学贤的决心，转化自己的气质，启发自己的智慧，确保学习的正面效果，这才是积极的人生。

三、子曰："唯上知①与下愚不移。"

今 译

孔子说："只有上智和下愚的人，教育和环境改变不了他们。"

引 述

孔子这一句话，是感慨教育的局限性，并不是否定教育和环境的功能。对中人来说，性相近，习相远，可以透过教育和环境来加以塑染和改变。对于中人以上的上智，和中人以下的下愚，教育和环境的影响力，相对地减弱。提示上智的人，少自作聪明；而下愚的人，也要少自以为是。即使是上智或下愚，也应该终生学习。

生活智慧

（一）在孔子心目当中，真正中人以上的，十分罕见。我们最好把自己当作中人，也就是中等的平常人。勉励自己不断地学习，以期一天比一天进步。希望有一天，能够成为上智的人。

（二）就算真的是下愚，也应该困而学之，比别人加倍努力，做到学天时习之，以求不断充实、提升，至少也要变成中人。

（三）有人认为孔子"唯上智与下愚"这一句话，是接续上一句"性相近也，习相远也"而来的。实际上智愚和德行并没有直接的关系，不宜混为一谈。下愚者多行善事，上智者常做坏事，是我们常见的现象。智慧的高低和品德的好坏，不一定完全一致。往往智慧高的，反而更需要加强品德修养，才不致滥用知识，而危害人群社会。

十七·三［注释］

①知：通『智』。

十七·三［主旨］

孔子认为上智与下愚不容易改变。

十七·三［建议］

把自己当作中等的平常人，不要和上智和下愚扯在一起。用心学习，相信一切都是可以改变的。

四、子之[1]武城，闻弦歌[2]之声。夫子莞尔[3]而笑，曰："割鸡焉用牛刀[4]？"

子游对曰："昔者，偃也[5]闻诸夫子曰：'君子学道则爱人，小人[6]学道则易使也。'"

子曰："二三子！偃之言是也，前言戏之耳！"

十七·四【注释】

①之：前往。

②弦歌：指弹琴唱歌。

③莞尔：微笑。

④割鸡焉用牛刀：意谓治小国何必用礼乐大道。

⑤偃也：子游的自称，子游姓言名偃。

⑥小人：在这里指百姓。

今　译

孔子到武城去，听到弹琴唱歌的声音。他微笑着说："杀鸡为什么要用宰牛的刀呢？"

子游回答："从前听老师说过，士大夫学习礼乐，就会爱护人民。人民学习礼乐，就容易指挥使唤。"

孔子说："各位，言偃的话很对。我刚才是跟他开玩笑的。"

引　述

孔子可以戏言，在轻松的气氛中教导弟子，使大家愉快地学习，这是一种良好的教学方式。

子游接受孔子的教导，以乐教来治理百姓。孔子一方面觉得十分欣慰，一方面则为子游的大材小用，深为惋惜。所以用"割鸡焉用牛刀"来劝勉子游。

子游若是听得懂孔子的真意，只是谦虚地请老师多指导，孔子就用不着用"前言戏之耳"来自嘲。毕竟子游的造诣，远不如孔子，还需要以"君子学道则爱人，小人学道则易使也"来解释自己的作为。孔子这才不得不说出"前言戏之耳"的话，并且勉励其他弟子，向子游看齐。老师爱护学生，真的是用心良苦。

十七·四【主旨】

孔子嘉勉子游能以礼乐治民。

生活智慧

（一）“君子学道”，指的便是礼乐。孔子看出子游所行的道，偏重在乐教。他用“割鸡焉用牛刀”来指点子游，子游立即找理由支持自己的作为，显然在礼的方面，稍有欠缺。可惜子游尚不能自觉，不明白孔子的真正用意。

（二）乐要用礼来加以节制，不但要欣赏乐的美，而且要体会乐的善。唯有礼乐交融，才能够和乐互惠。现代人乐而忘礼，尤其在KTV等场合中，更是可怕！

（三）学生有良好的表现，老师自然心中欣慰。但是给予一些指点，希望再求上进。若是学生暂时不能理解，便要给予面子，自嘲是开玩笑的。但内心仍然盼望，学生过后能够自省、自觉，再求上进。

五、公山弗扰[①]以费畔[②]，召，子欲往。子路不说，曰：“末之也已[③]，何必公山氏之之也？”子曰：“夫召我者，而岂徒[④]哉？如有用我者，吾其为东周乎！”

今　译

公山弗扰占据费邑，背叛季氏，派人来请孔子，孔子准备前往。

子路很不高兴，说：“没有地方去了吧，为什么一定要到公山氏那里去呢？”

孔子说：“叫我去的人，难道是没事叫我吗？假如有人用我，我将在东方复兴周朝的治道。”

引　述

孔子不在乎当官与否，因为同样可以弘扬大道。但是有

十七·四【建议】
少为自己找理由、寻借口，让师长说几句，增加自己的见闻，提升自己的实力，岂不是更好！

十七·五【注释】
①公山弗扰：季氏家臣，曾经据费邑反叛。《史记》所载「公山不狃」，便是此人。
②畔：同「叛」。③末之也已：指无处可去了吧。
④徒：徒然。

十七·五【主旨】
孔子一心想振兴周朝的治道。

从政的机会，也从来不会轻易放弃。把周朝的治道复兴起来，一直是他的心愿。

公山弗扰提供的机会合不合适，孔子想一探究竟。子路不高兴，孔子给予说明。老师教导学生，作出一番阐述，和学生听了老师的指点，提出若干说词，实际上并不相同，这是我们必须用心辨明的。

子路的语气欠佳，用意却十分善良。孔子在这一方面，并不计较，他只是表明自己的心愿，真是恰到好处。

十七·五【建议】

对长上要恭敬，这是基本的礼节。对师长说话，必须有礼貌。即使不高兴，也不能随意表现出来。

生活智慧

（一）一般人听话，不在乎说话的内容，却斤斤计较说话的态度和语气。孔子刚好相反，他比较重视说话的内容，对于说话的态度和语气，往往先加以包容，等待道理说明白了，才找机会加以指点。

（二）我们说话时，最好注意自己的态度和语气，以免触怒听的人，根本听不进去。再好意也将引起反感，岂不是自寻烦恼？

（三）有机会，要试试看。不轻易放弃，才是负责任的态度。试了不行，要果决地离开，不应该留恋，才合理。

六、子张问仁于孔子。孔子曰：“能行五者于天下，为仁矣。”“请问之。”曰：“恭，宽，信，敏，惠。恭则不侮[1]，宽则得众，信则人任[2]焉，敏则有功，惠则足以使人。”

十七·六【注释】

①不侮：指不被人欺侮。

②任：倚仗。

今译

子张向孔子请问行仁的方法。孔子说：“能够实践五种品德于天下，便是仁了。”子张请问五种品德的细目。孔子说：“谦恭，宽厚，诚实，勤敏，慈爱。谦恭就不会遭受侮辱，宽厚就能获得众人的拥护，诚实才能得到别人的信任，勤敏就会有工作成绩，对人慈爱才能使人乐于效劳。”

引　述

“恭”的意思，是谦恭。态度谦恭，不可以骄傲放肆。对人谦恭，既不会随便侮辱、慢待别人，也不致招惹别人的侮辱和慢待。

“宽”是宽大、宽厚、宽恕，表现出宽宏大度。对人宽厚，别人才会以宽厚待己。

“信”即诚实，是人与人之间，讲求和谐的基本条件。不守信用、不实在，有如生活在空气不足的地方，很难生存。

“敏”为勤敏，不但勤劳，还需要聪敏。由于聪敏的人，自认为聪明过人，往往不知勤劳，以致聪明反被聪明误。所以聪敏的人，必须格外勤劳，才能“敏而好学”（《公冶长篇》），获得更高的成就。

“惠”是慈爱，给人恩惠并不求取回报。发自真诚的爱心，才叫作慈爱。

仁是各种德行的总称，孔子用恭、宽、信、敏、惠来表示，并不是固定的项目。只能说仁包含这五样，却不能反过来，说这五样就是仁。

谦恭不致招来侮辱，宽厚才能得众，诚实令人信任，勤敏就会成功，慈爱使人乐于效劳，但都必须合理，不能过分。

生活智慧

（一）过分谦恭，很容易招致劳苦。孔子说“恭而无礼则劳”（《泰伯篇》），可见恭必须合理。谦虚不会过分，谦恭才会。前者是内在的，后者则表现于外，最好加以明辨。

（二）人有个别差异，各有不同的好恶。为了和平相处，必须宽厚相待。和而不同，便是合理的宽厚。信有合理

十七·六【主旨】孔子教导子张为仁的方法。

十七·六【建议】把恭、宽、信、敏、惠当作自我修持的五种项目，在日常生活中实践，并深入体悟其中的道理。

的信和不合理的信，前者称为大信，必须坚持；后者为小信，可以改变，并不是失信。

（三）敏加上勤，自然天下无难事。惠是给人恩惠，还要不求回报。后面《尧曰篇》把“惠而不费”列为五美的首位，是从政的人士必须用心实践的。

十七·七【注释】

①佛肸：晋国赵氏的家臣。②不入：不加入。③磷：薄。④涅：本是矿物，用作黑色染料。此处作动词，染黑的意思。⑤淄：黑色。

七、佛（bì）肸[①]（xī）召，子欲往。子路曰：“昔者由也闻诸夫子曰：‘亲于其身为不善者，君子不入[②]也。’佛肸以中牟（mù）畔，子之往也，如之何？”

子曰：“然，有是言也。不曰坚乎？磨而不磷[③]。不曰白乎？涅[④]（niè）而不缁[⑤]。吾岂匏（páo）瓜也哉？焉能系而不食？”

今译

佛肸召请孔子，孔子准备前往。

子路说：“从前听老师说过：‘本身做坏事的人，君子是不去加入的。’佛肸占据中牟叛乱，您却要到他那儿去，为什么呢？”

孔子说：“对，我曾经说过这话。很坚硬的东西，不是怎么磨都磨不薄吗？很白的东西，不是怎么染也染不黑吗？我难道是天上的匏瓜星吗，怎么能高挂着不让人采去吃呢？”

十七·七【主旨】

孔子打算不择地而实施治道。

引述

真正坚硬的东西，是磨不薄的。真正白的东西，是染不黑的。这就是“上智不移”的道理，孔子当然心中有数。佛肸和公山弗扰一样，子路都不喜欢。他看到孔子有意亲近，都据理力劝。做弟子的，不愿意老师受委屈。虽然有一些不

恭敬，孔子也十分谅解。

子路的这种态度，孔子非常熟悉。屡次如此，果然本性难移。对于熟悉的人，特别是自己的弟子，自然不介意。

孔子自认为不是悬挂在天上的匏瓜星，有机会让大家受惠，必须当仁不让，实在十分伟大。

生活智慧

（一）弟子当着老师的面，称呼自己的老师为夫子，是春秋以后的情况。子路这样说，显然不合乎当时的事实。这一番话，应该是后人加入的。子路的个性，大家都很清楚，所以把这些话，加在子路身上，也是理所当然。

（二）匏瓜是星的名称，高挂在天上。孔子的意思，是有才能的人，不能老是孤芳自赏，不理会人群社会的事情。为人所用，才是善尽社会责任的积极态度。

（三）白色最容易染黑，这是大家熟悉的现象。孔子却相信真正白的东西，染不黑。意思是就算外表黑了，里面还是白的。只要洗涤一番，又恢复白的本来面目。

十七·七【建议】

内心坚定，就算有时候碍于情面，或者迫于形势，人在屋檐下，不得不低头。但是一旦时过境迁，情况有所舒缓，必须立即恢复原先的态度，以示忠贞可敬。

八、子曰：“由也，女闻六言[①]六蔽[②]矣乎？”对曰：“未也。”“居[③]！吾语[④]女：好仁不好学，其蔽也愚；好知不好学，其蔽也荡[⑤]；好信不好学，其蔽也贼[⑥]；好直不好学，其蔽也绞[⑦]；好勇不好学，其蔽也乱；好刚不好学，其蔽也狂。”

十七·八【注释】

①六言：指仁、智、信、直、勇、刚。

②六蔽：即愚、荡、贼、绞、乱、狂。

③居：坐下。

④语：告诉。

⑤荡：放肆。

⑥贼：伤害。

⑦绞：急切。

今 译

孔子说：“仲由啊，你听过六言六蔽吗？”子路回答：“没有。”孔子说：“坐下来，我告诉你。只喜好仁德却不好学，缺点是愚昧无知；只喜好聪明却不好学，缺点是放荡不羁；只喜好诚实却不好学，缺点是自己受害；只喜好率直却不好学，缺点是言行急切；只喜好勇敢却不好学，缺点是造成祸乱；只喜好刚强却不好学，缺点是胆大狂妄。”

引 述

仁德、聪明、诚实、率直、勇敢、刚强，原本是六种值得赞扬的美德。若是具有这样的美德，便自以为是而不再好学，不重视学问思辨，那就容易造成愚昧无知、放荡不羁、自己受害、言行急切、招惹祸乱、胆大狂妄的恶果，那就是可怕的六种弊病了。

有了美德，还需要学问思辨，也就是不断好学，才能保持中和的程度，不致产生不良的后遗症。

生活智慧

（一）美德必须合理，以求不过分。勇而无礼则乱，便是不好学的恶果。见义不为，无勇也。必须见义，才能够勇为。

（二）自谦与自卑、自尊与自大、爱护与姑息、智辩与强辩、忠告与诽谤、容忍与屈服、称赞与谄媚、负责与把持、合作与合污、坚忍与顽固、应变与取巧、自由与放纵，都需要好学、深思、明辨，以便合理拿捏。

（三）美德过与不及，都可能变成恶德。必须谨慎小心，以免由美转恶，善行变成恶行。动机和结果，最好能兼顾。

九、子曰：“小子！何莫学夫《诗》？《诗》，可以兴[①]，可以观[②]，可以群[③]，可以怨[④]。迩[⑤]之事父，远之事君；多识于鸟兽草木之名。”

十七·八［主旨］

孔子勉励大家好学。

十七·八［建议］

我们常常好心做坏事，所以必须用心明辨，自我掌控。

十七·九［注释］

①兴：激发动人的情意。②观：考察得失。③群：沟通众人的情志。④怨：抒畅个人的忧怨。⑤迩：近。

今　译

孔子说：“弟子们，为什么不研读《诗经》？读《诗经》，可以激发人的情意，提高观察力，陶冶合群性情，抒畅个人的忧怨。近可以侍奉父母，远可以事奉君主；还可以知道很多鸟兽草木的名称。”

引　述

孔子说过《诗经》的精神，在于“思无邪”（《为政篇》）。自由的想象力，却能够凸显合乎礼义的自由意志。发乎情，还要止乎礼。孔子劝勉弟子们学《诗经》，主要是透过吟诵、品味，激发人的情意、考察人的得失、了解合群的道理，并且抒发内心的忧怨。就近处看，可以侍奉父母；从远处看，可以事奉君上。还可以从中认识很多鸟兽草木的名称，增加自己的见闻。

生活智慧

（一）《诗经》是作者灵感的真情流露，短短数语却意味深长。它提供我们道德的方向，并不具体指出固定的道德标准。这使我们获得很大的想象空间，发挥自主性和创造性，以充分体悟人的尊严。

（二）“观”是双方面的考察，既可以想象作者的心境，也可以观察实际的状态。自己则游走在两者之间，悟出自己所应为的品德修养。

（三）“哀而不伤”（《八佾篇》），怨也不必求报复。同样是怨，君子心里坦然宽广，小人心中老是忧愁（《述天篇》），毕竟不可同日而语。

十七·九【主旨】

孔子以学《诗》的益处劝勉弟子。

十七·九【建议】

偶尔读读《诗经》，看看自己有什么样的感觉。不必勉强，自然就好。

十七·十【注释】

①为：学习。

②《周南》《召南》：《诗经》二篇名。

③而：如果。

十七·十【主旨】

孔子劝勉伯鱼学《诗》。

十七·十【建议】

重视夫妇之道，双方都约束自己，尊重对方，彼此包容，多原谅、少责备。

十、子谓伯鱼曰："女为[①]《周南》《召南》[②]矣乎？人而[③]不为《周南》《召南》，其犹正墙面而立也与！"

今译

孔子对他的儿子孔鲤说："你研读过《周南》和《召南》吗？一个人如果不研读《周南》和《召南》，就像面对着墙壁站在那里发呆！"

引述

《周南》和《召南》是《诗经》中收集的民间歌谣，主要在透过男女爱情的自然流露，阐明夫妇之道。孔子是不是在孔鲤即将娶亲之际，提出这样的问题，我们并不知道。他说一个人若是不研读《周南》和《召南》，好比站在墙壁前面，既看不见什么，也走不通一步，应该是一种及时的指导。

生活智慧

（一）看不见也行不通，难免产生忧怨的情绪。这时候借由研读《诗经》，特别是《周南》和《召南》，可以明白夫妇之道。对结婚前或刚刚结婚的夫妻，应该有很大的助益，不妨试一试。

（二）有些事情，当面不方便开口，可以透过媒介，来充分沟通。这和易子而教，应该是同样的道理。现代讲求一切说明白，实际上也有相当的弊害，值得深思。

（三）夫妇之道，是家庭生活的基础。夫妇能和睦相处，家庭生活才有温暖与幸福可言。夫妇不和，渐至貌合神离，造成怨偶，甚至于离异，最可怜的，莫过于无辜的子女。

十一、子曰："礼云礼云，玉帛[①]云乎哉？乐云乐云，钟鼓[②]云乎哉？"

今　译

孔子说："礼的意义，难道只在玉帛这些礼品吗？乐的意义，难道只在钟鼓这些乐器吗？"

引　述

"礼"是外在的表现，透过玉帛等礼器，将内在的感情表达出来。如果只重视看得见的形式，缺乏看不见的仁心，也就是只重形式而忽视内容，岂不是舍本逐末？

"乐"的本质，在和。透过钟鼓等悦耳的乐器，来表达无私染、不迷妄的纯净感情，促使我们与天地自然合一。乐的真正价值，不在抒发我们的情绪，而在提升我们的精神。如果只是用来刺激人的感官，获得生理上的满足，并不是真正的乐。

生活智慧

（一）礼以敬为本，乐以和为本。礼表现为秩序井然，乐令人觉得和谐协调。礼乐都透过有形的器物，来表达无形的感情。最好形式与内容并重，以求表里一致。

（二）现代人重形式而轻实质，不但减低了礼乐的功能，而且不能提升生命的意义与价值。官能刺激，满足虚荣心，对自我充实，并无实际助益。

（三）教条化的礼，只有外在的形式，激发不出内在的仁心。现代流行配合躯体动作的乐，偏重声色的刺激，同样无助于仁心的发扬。

十七·十一[注释]

①玉帛：指圭璧、绢帛等物品。

②钟鼓：乐器名。

十七·十一[主旨]

孔子说明礼乐重在根本，并非徒具形式。

十七·十一[建议]

从现在开始，处理任何事情，都应该掌握根本，不宜舍本逐末。

十二、子曰：“色[①]厉而内荏[②]，譬诸小人，其犹穿窬[③]（yú）之盗也与！

今译

孔子说：“脸色严厉，内心怯懦，这种人如果用小人来譬喻，大概就像挖洞翻墙入室盗窃的小偷吧！”

引述

孔子这一番话，是针对那些欺世盗名，却居高位，握有权势的人。说他们外表严厉，内心却十分软弱，简直像挖墙洞的小偷。

这样的人，为什么能居高位，握有权势呢？我们只能说是时代的不幸，人民的不幸！除此之外，又能说什么呢？孔子感叹“天下之无道也久矣”（《八佾篇》），这里又说出这样的话，可见当时的社会十分混乱。

生活智慧

（一）欺世盗名的意思，是欺骗世人而窃取名誉，不论是徒有其名，或名过于实，只要蒙过当时的人，便能够窃取虚假的名誉，甚至于流传到后代。

（二）我们常说要经得起时间的考验，便是每一个时代，都可能出现欺世盗名的人，必须通过严格的考验，较长时间的观察，才能够相信。

（三）色厉内荏已经成为通用的成语，意思是外貌刚强而内心怯懦。看起来很威严，实际上十分软弱，根本承受不了压力，通过不了严格的考验。

十七·十二【注释】

①色：外貌。

②荏：柔弱。

③窬：指从墙上爬过去。

十七·十二【主旨】

孔子感叹当时的人表里不一。

十七·十二【建议】

最好实至才名归，以免色厉内荏。

十三、子曰："乡愿[①]，德之贼[②]也。"

今译

孔子说："外表忠厚而内心巧诈的假好人，真是毁坏道德的败类。"

引述

外表忠厚老实的人，内心可能十分诚信，也可能诚信不足。我们既然难以判断，只好多费时间，详加考察、用心研判，才不致产生误解。

外表忠厚老实而又表里如一的人，当然最好。万一表里不一致，那就是存心拿忠厚老实做手段，来骗取别人的喜爱和信任，实在是十足的伪善者。还有一种可能，便是自己缺乏原则，但求追随世俗，同流合污，到处受人欢迎，成为典型的和稀泥。

无论是哪一种，都是毁坏道德的假好人，活该被骂为乡愿。现代社会，这种人仍然很多，要特别小心。

生活智慧

（一）好人有真有假，看起来一模一样，以致真假难辨。假好人往往比真好人更好，因为存心欺骗别人，不得不特别用心，才能诱人上当，令人产生信任感。

（二）乡愿的特性是：不论是非，缺乏原则，见风转舵，皆大欢喜。这种人不但自以为得意，而且经常成为大家欢迎的好好先生。由此可见，现代人的浅薄无知。

（三）最可怕的，是那些大家都认为廉洁的，实际上并不廉洁；大家普遍信任的，结果却不值得信任。使人把廉洁、不廉洁，诚信、不诚信，都搞混乱了。

十七·十三【注释】

①乡愿：指外貌忠厚而内心巧诈的人。

②贼：伤害。

十七·十三【主旨】

孔子说明乱德的人。

十七·十三【建议】

先从自己做起，宁可不受欢迎，也不能乡愿！

十四、子曰："道听而涂[1]说，德之弃[2]也。"

今　译

孔子说："在道路上听到传言，就在路途中传播出去，就等于抛弃了应守的道德。"

引　述

人家随便说说，我们随便听听，大家都不当一回事，算是闲聊，纯粹为了打发时间，顶多是一种浪费，还不致伤害别人。

人家随便说说，我们就把它当成真的，到处去传播。万一伤风败德，或者破坏他人的名誉，那真是罪过。

我们搞不明白人家所说的是真是假，有没有什么不良的企图，是不是想利用我们传达些什么信息，为什么不仔细想想、用心明辨，就糊里糊涂成为人家利用的工具呢？

就算不伤害任何人，对自己也有很大的不利。养成道听途说的坏习惯，迟早有一天被人利用，或伤害别人。

生活智慧

（一）未经证实的话，不要传播。这才合乎"知之为知之，不知为不知"（《为政篇》）的需求，愈具有影响力的人，愈需要重视这方面的修养。

（二）喜欢道听途说的人，一旦被察觉了，便会失去大家的信任。更可怕的是，迟早变成大家利用的对象，把他当作有心利用的传播工具，而且还是免费的。

（三）听到任何讯息，务必经过慎思明辨，用心辨明真伪，这是现代信息发达时代，人人必须具备的修养。远比孔子当时，更加小心才好。

十七·十四【注释】

①涂：同『途』，道路。

②弃：抛弃。

十七·十四【主旨】

孔子指出传播谣言是失德的行为。

十七·十四【建议】

自己不要道听途说，也不要相信道听途说的人。

十五、子曰："鄙夫[①]可与事君也与哉？其未得之也，患[②]得之。既得之，患失之。苟患失之，无所不至矣。"

今　译

孔子说："庸劣的人可以跟他一起事奉君主吗？当他没有得到职位的时候，唯恐得不到。已经得到了，又害怕失去它。假如害怕失去它，便会无所不用其极了。"

引　述

"患得患失"是一句通用的成语，意思是得失心很重，经常很不安。患得患失的心态，使人唯利是图，不理会合理不合理。尚未获得机会，忧心抢不过别人。已经得到官位，又忧心什么时候被挤掉。一个人只要担心害怕会失去官位，恐怕什么事情都做得出来，岂不是十分可怕！

当官的人，若是患得患失，就不敢忠言直谏。对于君主的失误，完全不敢置评，也不敢有什么建议。这样的庸劣小人，可以担任公职吗？

生活智慧

（一）患得患失的人，对长上只好忍气吞声，因此表现出虚假的忠诚。一天到晚担心害怕失去职位，难免不择手段来保持自己的位置。

（二）有机会就掌握，没有机会便继续充实自己。得也愉快，失也不觉得痛苦。这种随遇而安的心态，才是有所为有所不为的勇者。

（三）不患得患失，才能不怨天也不尤人。一旦患得患失，必然怨天尤人。这样，下学还可以，上达就做不到了。要想知命、知天，简直不可能。

十七·十五［注释］

①鄙夫：指庸劣的人。

②患：害怕。

十七·十五［主旨］

孔子劝导弟子不要有患得患失的庸劣心态。

十七·十五［建议］

从自己做起，由小事情着手，培养不患得也不患失的良好心态。

十六、子曰："古者民有三疾[1]，今也或是之亡[2]也。古之狂也肆[3]，今之狂也荡；古之矜[4]也廉，今之矜也忿戾[5]；古之愚也直，今之愚也诈而已矣。"

今　译

孔子说："古时候的人，有三种常见的毛病，现在或许都看不到了。古时的狂人不拘小节，现在的狂人放荡不羁；古时矜持的人行为方正令人不敢侵犯，现在矜持的人动辄恼羞成怒与人争斗；古时的愚人很直率，现在的愚人却喜欢要弄欺诈手段。"

引　述

狂妄、矜持、愚蠢三种毛病，自古以来，就出现在社会人群之中。只不过古代的狂妄，多少还有可取的地方，尽管不拘小节，却也极力进取；现在的狂人，放荡而不知检点，丝毫都不可取。古代的矜持，还能够廉洁自持；现在则易怒而斗狠。古代的愚蠢，还保持率直的习惯；现在却更加欺诈、虚伪。似乎现在的毛病，比古代更为严重了。

生活智慧

（一）常听说："人心不古，世风日下。"道德修养，好像一代不如一代，值得大家深思，并且提高警觉才好。

（二）同样的毛病，现代人远比古代严重，是不是大家的知识愈丰富，才能愈提升，而道德修养反而退步了？

（三）狂、矜、愚若是保持合理的程度，并不是完全没有好处。如果加上放荡不羁、易怒好斗、欺诈虚伪，那就没有一点儿可取了。

十七·十六【注释】

①疾：毛病，缺失。②亡：同『无』。③肆：不拘小节。④矜：持守严谨。⑤忿戾：易怒而好争斗。

十七·十六【主旨】

孔子感叹世俗败坏，今不如古。

十七·十六【建议】

提高警觉，力求狂而不放荡，矜而不好斗，愚而不欺诈，以免一无是处。

十七、子曰："巧言令色，鲜矣仁。"

请参见《学天篇》，是相同的语句。

十八、子曰："恶紫[1]之夺朱[2]也，恶郑声[3]之乱雅乐[4]也，恶利口之覆邦家者。"

今　译

孔子说："我厌恶紫色夺取了大红色的光彩，厌恶郑国淫靡的音乐扰乱了先王雅正的音乐，厌恶巧嘴利舌的人倾覆了国家。"

引　述

从形式上说，郑乐的旋律，和雅乐十分接近。但实质上的精神，有很大的差异，可以说貌似而神非。郑乐是迷人的，过分迷惑人心，孔子认为犹如某些光会乱说话却办不出正事的人，把国家倾覆掉一样，应该加以禁绝。

颜色是悦目的，可是杂色取代正色的地位，相当于喧宾夺主，也令人十分厌恶。

提倡正乐和正色，以正为主，才能端正社会风气。

生活智慧

（一）正是对或是的意思，表示正正当当、堂堂正正和正大光明。一个人心存正直、为人正直，在日常生活当中，也要求正，才是正人君子。

（二）心存正直，才能保持内心的平正，不致产生偏失。

十七·十八【注释】

①紫：古人以红、黄、蓝、白、黑五色为正色，其余为杂色。②朱：红色。

③郑声：郑国的音乐，即淫靡的音乐。

④雅乐：正音。

十七·十八【主旨】

孔子认为杂色取代正色，并不是好现象。

十七·十八【建议】

正人必先正己，端正自己的行为，从端正自己的观念做起。心正然后身修，是必然的道理。

为人正直，就没有怨恨。随时反省自己，也就受人尊敬。

（三）做人做事，都应该恪守正道。音乐、绘画，也应该正乐、正色。孔子时代的礼制，有很多到了现代已经不能适用。但是恪守正道的原则，永远正确。

十九、子曰：“予欲无言。”

子贡曰：“子如不言，则小子何述[①]焉？”

子曰：“天何言哉？四时[②]行焉，百物[③]生焉，天何言哉？”

今　译

孔子说：“我真想不说话了。”

子贡说：“老师如果不说话，我们还有什么可以传述的呢？”

孔子说：“天说了些什么呢？四季运行不已，万物生生不息，天说了些什么呢？”

引　述

孔子主张身教重于言教，为了提醒弟子们，不要过分依赖他的言教，故意说出“我真想不说话了”这样的话。子贡果然不能一下子就领悟，反而认为老师如果不说话，他们将依循什么，又将传述什么呢？孔子进一步指点他，告诉子贡老天爷不开口，难道人们就无从学习，不明白自然规律吗？天虽然不说话，但四时的循环，万物的生生不息，其中蕴含的奥妙，我们不是都领悟到了吗？

现代人过分重视语言的沟通，整天除了睡觉以外，说话不停，哪里有内省、反思的时间？又怎么能够自觉呢？孔子以天不说话来启发子弟多听、多看、多想、少开口，用心良苦。

十七·十九［注释］

①述：传述。

②四时：指春、夏、秋、冬四季。

③百物：即万物。

十七·十九［主旨］

孔子说明天道运行，不言不语而功效显著。

十七·十九［建议］

有言有默，两方面兼顾并重。身教言教，合起来学习，不能有所偏重。

生活智慧

（一）只要人能自觉，用心观察现象，悟出其中的道理，那么到处都是学问，时时都能学习。四时运行不息，难道没有宇宙秩序可言？天不言语，是不是要我们细心领悟呢？

（二）无为而治，和天不言语有没有什么关联性？天无言无语，实际上有言也有语，其功效甚至超过有言有语。这种道理，同样需要我们用心领悟。

（三）老师的言语，固然需要好好学习。老师的日常行为、举止动作，我们也应该仔细体会。从言教、身教并重的过程中，才能学得老师的真功夫。

二十、孺悲[①]欲见孔子，孔子辞以疾。将命者[②]出户，取瑟而歌，使之闻之。

今　译

孺悲想要会见孔子，孔子推托生病不见他。传话的人刚走出房门，孔子便拿起瑟来弹奏唱歌，故意让孺悲听到。

引　述

孔子不想和孺悲见面，一定有原因，不过我们无从得知。我们既不是孔子，也不敢妄加猜测。

孔子不能明白表示不要和孺悲见面，推托身体不舒服。这不是欺骗，而是不能当面给孺悲难堪，保留一些面子。

传话的人刚走出房门，孔子就拿起瑟来弹奏，还随着唱歌，故意让孺悲听到。这是一种暗示，让孺悲知道一定有什么地方不对，孔子才会这样对待他。我们相信只要孺悲知错能改，孔子依然会依礼接见他。

十七·二十【注释】

①孺悲：鲁国人，曾从孔子学习士人的丧礼。

②将命者：传达主人辞令的人。

十七·二十【主旨】

孔子不想见孺悲。

生活智慧

（一）孔子最重视诚信，他不愿意和孺悲见面，托词生病，当然不是不诚信，而是对孺悲的一种尊重，不当面使他难堪；一种暗示，告诉他有一些失误必须改正。

（二）一般人如果托词生病，不至于故意弹瑟唱歌，透露没有病或病得不重的信息。孔子这样做，和他的身份有关。一般人分量不够，最好不要这样，以免惹出是非。

（三）我们想和一个人见面，最好先打听一下。是不是要经人介绍，或者有些什么特殊的限制？不要唐突求见，以免造成不必要的困扰。

二十一、宰我问："三年之丧[①]，期[②]已久矣。君子三年不为礼，礼必坏[③]；三年不为乐，乐必崩[④]。旧谷既没，新谷既升[⑤]，钻燧改火[⑥]，期可已矣。"

子曰："食夫稻，衣夫锦，于女安乎？"

曰："安。"

"女安，则为之！夫君子之居丧，食旨[⑦]不甘，闻乐不乐，居处不安，故不为也。今女安，则为之！"

宰我出，子曰："予之不仁也！子生三年，然后免于父母之怀。夫三年之丧，天下之通丧[⑧]也，予也，有三年之爱于其父母乎？"

今　译

宰我请教："父母去世，守丧三年，为期太久了。君子三年不习礼仪，礼仪一定荒废；三年不奏音乐，音乐一定忘掉。去年的谷米吃光了，今年的谷物已经成熟，钻火用的燧木经过一个轮回，守丧一年也就可以了。"

十七·二十【建议】

有人推托不和我们见面，却又故意让我们知道，明明在家，只是不愿意接见。这时候不必恼羞成怒，更不应该到处抱怨。最好自我反省，是不是有什么设想不周的地方，赶快改善，看看效果如何，自然知道原因出在哪里。

十七·二十一【注释】

①三年之丧：指父母往生，子女守丧三年。②期：一年。③坏：败坏，废弃。④崩：坠失。⑤升：成熟。

孔子说：“父母去世不到三年，你吃白米饭，穿锦绣衣服，心里安吗？”

宰我说：“安。”

孔子说：“你心里安，就去做吧！君子守丧的时候，美好食物不觉得甜美，悦耳音乐不觉得快乐，住在家里不觉得安适，所以才不这样做。现在你既然心安，就去做好了！”

宰我出去后，孔子说：“宰予真没有仁心呀！儿女生下来，三年以后才能脱离父母的怀抱。为父母守丧三年，天下都这样。宰予这个人，难道没有从父母那里得到三年的爱护吗？”

引　述

孔子说觉得心安，就可以去做，丝毫没有开玩笑的意思。他那痛心的语气，不知道宰予听出来没有。

孔子对于人性的证悟，十分深刻。分别从生理、心理和伦理三方面说明，并且加以贯通。子女出生三年，才能完全脱离父母的怀抱，为父母守丧三年，这是生理方面的推算。君子守丧期间，吃美味不觉得可口，听音乐不觉得快乐，住在家里不觉得舒适，好比父母养育子女，前三年在心理上的反应，十分相近。一切以子女为先、为重，父母的牺牲实在很大。而在伦理方面，对父母的孝心，最可贵的，在于自觉、自主。孔子用“安不安”来指点他，他却直接回答“安”，可见已经麻木不仁，不必再说下去了。

生活智慧

（一）内心安或不安，不完全决定于生理和心理方面的因素。伦理的要求，也是重要的考虑因素。宰予是孔子最失望的弟子，我们只能拿孔子这一番话来自我警惕，不能说只要自己觉得心安，便可以不遵守社会规范。

（二）现代社会，由于种种条件的限制，我们已经不可能守丧三年。但是在精神上发扬父母的志向，三年里面不改

⑥钻燧改火：古人钻木取火，取火之木随四时而改，因而称为改火。

⑦旨：美味。

⑧通丧：指天下通行的丧礼。

十七·二十一【主旨】

孔子说明三年守丧的原意。

十七·二十一【建议】

守丧期间的长短，实际上可以因情况而制宜。但是心中有父母，不应该违反父母的教诲，才最要紧。

变父母生平所作所为（《学天篇》），应该也是尽孝了。

（三）宰予这样倔强地回答孔子，基本上已经相当不敬。用旧谷和新谷来譬喻，也很不恰当，难怪孔子对他十分失望。

二十二、子曰：“饱食终日，无所用心，难[①]矣哉！不有博弈[②]者乎？为之，犹贤[③]乎已。”

十七·二十二【注释】

①难：指难以培养良好的品德。

②博弈：『博』指局戏。『弈』即围棋。

③犹贤：胜过。

今译

孔子说：“整天吃饱饭，一点儿心思也不用，很难养成良好的德行！不是有掷骰子和下围棋的游戏吗？做这些也胜过什么都不用心。”

十七·二十二【主旨】

孔子说明用心才能够养成良好的德行。

引述

天下无难事，只怕有心人。其实这个心人人都有，称为人心，也就是仁心。对天地万物，都依仁心而对待，自然走上正道。所以孔子最看不起那些饱食终日，却一点儿也不善用仁心的人，说他们要培养良好品德，实在十分困难。还不如下下棋、动动脑筋，从中获得仁心的体悟。说不定悟出自己对家庭、国家、民族、人类、万物的应有责任，反过来善用时间，提升自我。

“博弈”的原义是“掷骰下棋的游戏”。时至今日，却演变成“赌博”的代名词。博弈条款，便是赌博合法化的依据。当年孔子的意思是人有理性，喜欢动脑筋想事情，如果心思不花在正当或有趣的事情上，很可能生出坏念头，干一些违法乱纪、害人害己的恶事。还不如玩一些掷骰下棋的游戏，绝对不是现代所说的“赌博”。孔子反对终日无所事事地闲荡，并不反对合理的休闲生活。因为一张一弛，才是良好的生活步调。

生活智慧

（一）我们一直说用心、用心，却没有说出用的是什么心。原来是仁心。用原来就有的仁心（人本有的心）来将心比心，还有什么想不通的呢？

（二）有人下了一辈子的棋，却悟不出人生的大道理。并不是不用心，而是不用仁心。只是想把棋下好，却没有透过下棋，体悟把人做好的仁心。

（三）仁心人人都有，如果放弃不用，不但可惜，而且容易走上偏道，甚至于误入歧途。想做一个堂堂正正的人，务须常常善用仁心，使其成为习惯。

二十三、子路曰：“君子尚[①]勇乎？”子曰：“君子义以为上。君子有勇而无义为乱，小人有勇而无义为盗。”

今　译

子路问：“君子崇尚勇敢吗？”孔子说：“君子认为道义最为崇高。君子只有勇而没有义就会作乱，小人只有勇而没有义就会偷盗。”

引　述

这里所说的君子，指居上位的人。如果只知道勇敢而不严守道义，就会作乱。小人指一般百姓，若是只知道勇敢而不重视道义，便会沦为盗贼。

勇敢的意思，是意志坚强敢作敢为。孔子在《子罕篇》和《宪问篇》分别指出“勇者不惧”，勇敢的人是不害怕的。所以必须合乎道义的要求，才不致在坏事方面也显得勇敢。

十七·二十二[建议]

用心不仅是认真，而且要充满仁爱，其实就是凭良心认真思虑，并且要将心比心，设身处地。

十七·二十三[注释]

①尚：即崇尚。

十七·二十三[主旨]

孔子教导子路崇尚道义的勇敢。

平时见义勇为，战时勇敢杀敌，都是合乎道义的勇。壮年血气方刚，很容易表现出无知之勇，所以孔子主张“戒之在斗”（《季氏篇》）。

我们常说“敢作敢为”，似乎很有气魄，令人羡慕。实际上敢作敢为，必须合乎“义”和“理”的要求，才值得鼓励。倘若不合义或不合礼，敢作敢为的结果势必危害社会、妨害安宁。千万不要敢作敢为而不加以限制，以免害人害己。

十七·二十三【建议】

意志坚强的人，首先要摆脱物质欲望的引诱和控制。减少物质欲望，才有勇而合义的可能。

生活智慧

（一）勇可以分为大勇和小勇，大勇合乎道义，为大我、为公利，当然应该全力以赴。小勇不合乎道义，为小我、为私利，最好不为。

（二）见义勇为，合乎仁心的要求，自然合于道义。我们常说“为人不做亏心事，半夜敲门心不惊”，便是平日所作所为，都是大勇。只有心地坦然，才做得到。

（三）意志薄弱的人，容易受到物质欲望的左右，原本心地光明的，也会一时糊涂而做出不合理的事情。如果为了满足私欲，变成物质欲望的奴隶，那就更加可怜了。

二十四、子贡曰：“君子亦有恶乎？”子曰：“有恶：恶称人之恶者，恶居下流[1]而讪[2]上者，恶勇而无礼者，恶果敢而窒[3]者。”曰：“赐也亦有恶乎？”“恶徼以为知者，恶不孙以为勇者，恶讦[4]以为直者。”

十七·二十四【注释】

①下流：在这里指下位。
②讪：毁谤。
③窒：不通事理。
④讦：揭发他人的隐私。

今　译

子贡请问：“君子也有厌恶的人吗？”孔子说：“有的：厌恶专门说人坏话的人，厌恶在下位而毁谤上级的人，厌恶勇敢而不知礼节的人，厌恶果敢而不通事理的人。”

孔子反问：“赐啊，你也有厌恶的人吗？”子贡说：“我厌恶袭取别人的成绩而自以为聪明的人，厌恶不谦虚而自以为勇敢的人，厌恶揭发别人的隐私而自以为率直的人。”

引　述

爱好和厌恶，是感情的自然流露，只要合理，就没有什么不好。孔子厌恶四种人：专门说人家坏话，可见心术不正；专门毁谤长上，可见品格低劣；单凭勇敢而不知礼节，可见有勇无义；敢作敢为却不通事理，可见常惹事端。

子贡也有厌恶的人，他举出三项：自以为聪明，却专门抄取别人的智慧；自认为勇敢，却不能谦让；自居为正直的人，却经常揭发别人的隐私。

这几种人，为什么令人厌恶呢？因为恶行败德，还会影响社会风气，大家都受害。

生活智慧

（一）有爱好也有厌恶，这是人之常情。但是拿捏得合理，则需要各人的修养。合理的标准，各人不同，表示各人的品德修养不一样。

（二）说人坏话，是一种不好的习惯。同时令人觉得，会在我面前说别人的坏话，也会在别人面前说我的坏话，使人害怕。

（三）上下之间有不同的看法，也有不同的立场。但是毁谤长上，终久不合伦理的要求。可以当面建议，不应该背后毁谤。

十七·二十四【主旨】孔子与子贡各自说明所厌恶的人。

十七·二十四【建议】爱好不必过分，厌恶也不需要过分，合理才好。

二十五、子曰："唯女子[①]与小人[②]为难养也，近之则不孙[③]，远之则怨。"

今　译

孔子说："只有婢妾和仆人是难以相处的，亲近了便会无礼，疏远了就会怨恨。"

引　述

孔子这一句话，经常被人拿来大做文章，痛加鞭挞。说孔子守旧、重男轻女，加上一大堆罪名。

实际上孔子再了不起，也是人而不是神。他和我们一样，有喜、怒、哀、乐。这一句话流传得下来，正好表示《论语》的亲和性和真实性。否则老早就被篡改或删除掉了，哪里会保留这样的记载。

"唯女子与小人为难养也"，所指的"女子"，应该是婢妾这一类人自己没有什么修养，却依仗主人的权势，难免作威作福。"小人"则专指仆人，由于狐假虎威，所以太接近时就不恭敬，而太疏远时就会怀恨。

这一番谈话，感慨的成分比较浓厚，原来就不是事实的叙述，或者实证的记录。有些女子与小人确属如此，有些则未必然。我们把它当作一种提示，遇到时不至于生气，也不必愤怒，岂不是多一面镜子，多一种参考？

生活智慧

（一）男女两性，都有修养良好的，也都有修养很差的。不能以偏概全，说什么天下的男人没有一个有良心的，或者凡是女人都很难养。

（二）近之则不逊，远之则怨，其实是很多人都会有的

十七·二十五［注释］

①女子：侍妾。

②小人：仆人。

③孙：『逊』的古体字，意为谦让。

十七·二十五［主旨］

孔子慨叹侍妾、仆人难以相处。

十七·二十五［建议］

好好反省自己，是不是多少有一些『近之则不逊，远之则怨』的心态，想办法改正，才是当务之急。

不良反应。我们拿来反省自己，改善自己，才是明智之举。

（三）男人和女人，是有很多差异的。男人说女人，女人说男人，难免有一些成见或偏见。不必过分敏感，平静一些，反而容易沟通。

二十六、子曰："年四十而见恶[①]焉，其终也已。"

今　译

孔子说："一个人到了四十岁，还被人厌恶，看来是终身无望了。"

引　述

这一句话，最好和《子罕篇》所说"四十、五十而无闻焉，斯亦不足畏也已"合在一起看。四五十岁还没有什么良好的表现，孔子认为已经不可能有什么发展了。现在四十岁还受人厌恶，可见终其一生，做不出什么好事情了。当然，凡事都有例外，只要看到孔子这一番话，便痛改前非，下决心修养自己的品德，相信还是有希望的。

生活智慧

（一）活到老，学到老，哪怕是最后一刻才醒悟，也是"朝闻道，夕死可矣"（《里仁篇》）。现代人四十岁还算年轻，不要被孔子这一番话吓到。鼓起勇气，从现在开始，用仁心提升自己的品德修养，永远不嫌迟。

（二）四十而不惑，也是一种概数，不一定人人都能做到。稍为延后一些，五十才不惑，也还有无穷的希望。"不惑"的意思，是没有什么疑惑。在这种情况下，还被人厌

十七·二十六【注释】

①见恶：被人嫌恶。

十七·二十六【主旨】

孔子说明人人都应该及时修养品德。

十七·二十六【建议】

有人表示厌恶，最好反求诸己。重要的是提升自己的品德修养，而不是用不好的态度来对付他。

恶，证明自己的不惑，仍然大有问题。赶快打破这种僵局，重新来过。好好检视自己的观点，改善自己的态度，端正自己的念头，方为上策。

（三）四十而见恶，再不力求改善，恐怕愈老愈惹人讨厌，那真是“老而不死，是为贼”（《宪问篇》）了。及时改变，是当务之急，不能再犹豫不决了。

微子第十八

这是篇名，用第一句的最先两个字来表示，并没有什么特别的意义。

一、微子[①]去之，箕子[②]为之奴，比干[③]谏而死。孔子曰：“殷有三仁焉。”

今译

商纣王昏乱暴虐，微子离开他，箕子装疯卖傻做奴隶，比干劝谏而被杀。孔子说：“殷代有三个仁者。”

引述

微子辞职，箕子被囚，而比干被杀，三个人都没有宏大的功业。然而孔子特别赞赏他们为殷商时代的三位仁者，因为他们的表现，承担着中华文化的绝续。换句话说，没有这些人，我们的文化很可能持续不下去。我中华民族，能够历久不衰，生生不息，那些具有丰功伟绩的人物，固然有很大的贡献，这些毫无功业的人，看起来和历史不相干，却同样有很大的功益。

生活智慧

（一）我国文化，看起来是历史上的大人物所造成，实际上是一般平民大众所承续的。如果不是平民百姓在维护风俗习惯方面，做出巨大的贡献，历代的知识分子，恐怕已经把中华文化，弄得支离破碎，不像样了。

（二）在职时可以做一些事情，离职也能够表达某种意见。被囚为奴，有好人也有坏人。因强谏而被杀，牺牲自己而唤醒大众，只要出于自愿，抱持至诚，当然是仁人。

（三）微子劝阻纣王，不听即离去。箕子是看到微子劝阻无效，还是看到比干被杀而心生恐惧，这才装疯卖傻，我们不得而知。但是最终被囚禁，则是事实。比干是看到微子劝阻无效，才强烈谏阻，还是原来就想如此，我们也不

十八·一【注释】

①微子：名启，纣王的同母兄弟，见纣无道愤而离去。

②箕子：纣王叔父，因直谏而被囚。

③比干：亦为纣王叔父，苦谏被剖腹而死。

十八·一【主旨】

孔子说明殷商时代有三位仁人。

十八·一【建议】

对同一件事情，各人可以做出不同的反应。我们应该尊重各自的抉择，因为无论什么人，到头来都是自作自受。

得而知。三个人各有不同的表现，都是出于仁心，所以都是仁人。

二、柳下惠[①]为士师[②]，三黜[③]。人曰："子未可以去乎？"曰："直道而事人，焉往而不三黜？枉道而事人，何必去父母之邦？"

今译

柳下惠担任法官，多次被免职。有人说："你不能离开鲁国吗？"柳下惠说："用正直的态度为人做事，到哪里不会被屡次免职呢？用邪枉的态度为人做事，那又何必离开自己的祖国呢？"

引述

这一段记载，后面应该有孔子的评语，很可能是抄写的时候，遗漏掉了。

柳下惠担任法官，主理诉讼的审判。前后三次被免职，还舍不得离开鲁国。有人问他为什么，他的回答很妙，说："按正道办事，到处都可能被免职。依邪道办事，又何必离开自己的乡土？"意思是当时天下的风气，几乎到处都一样，不会由于换个地方，就产生不同的后果。

生活智慧

（一）一个人三度担任公职，三度被免职，还能够不怨天不尤人，可见全无患得患失的私心，当然值得我们敬佩！

（二）直道事人，容易得罪人。枉道事人，经常有愧于心。这两者之间，如何兼顾，以求取合理的平衡，实在考验当事人的品德修养。

十八・二【注释】

①柳下惠：鲁国人，居住在柳下，死后谥为『惠』。

②士师：法官。

③三黜：指多次被免职。

十八・二【主旨】

柳下惠为人正直。

十八・二【建议】

有机会担任公职，唯求把工作做好，对老百姓有真正助益，其余的最好交给老天爷，自己少操心。

（三）担任公职，以造福百姓为重。有机会上任，并不足喜。即使被免职，也没有什么好难过的。有这样的修养，实在十分难得。

三、齐景公待[①]孔子曰："若季氏，则吾不能，以季孟之间[②]待之。"曰："吾老矣，不能用也。"孔子行。

今　译

齐景公谈到接待孔子的礼节，说："像鲁君对待季孙氏那样的礼貌，我做不到。我将用次于季孙氏，高于孟孙氏的礼节来接待。"后来齐景公又说："我老了，不能重用他了。"孔子就离开了齐国。

引　述

齐景公这几句话，应该不是当着孔子的面所说的。他和臣下商议如何接待孔子时说出高于孟孙氏而低于季孙氏的标准，后来干脆表示自己年老，不能重用孔子。在这种情况下，孔子离开齐国，是必然的。

生活智慧

（一）有贵客来临，事先商议接待的礼节，当然有必要。订出来的标准，合不合理，贵客心里有什么感受，可能产生什么后果，应该是考虑的重点。

（二）原本想以礼相待，和孔子见面，后来却直接说出年老不能重用。这样的变化，其中必有缘由。传闻是有齐国大夫想加害孔子，所以齐景公才这样表示。可见我们要判定好意或恶意，必须深一层探讨真相，才能正确判断。

（三）孔子有心担任公职，好好做一些事情。但他一点

十八·三【注释】

①待：礼遇。

②季孟之间：鲁国三卿，季氏最尊。孟孙氏为下卿。齐景公打算以季氏和孟孙氏之间的礼节，来接待孔子。

十八·三【主旨】

齐景公谈对待孔子的礼节。

十八·三【建议】

每一个人，都有他的难处。我们常说家家有本难念的经，最好将心比心，多加体谅，不要勉强求取。

儿也不强求，丝毫不患得患失，这是十分难得的修养，值得大家学习。

四、齐人归①女乐，季桓子②受之，三日不朝，孔子行。

今译

齐国人赠送能歌善舞的女子给鲁国，季桓子接受了，一连三日不上朝处理政事。孔子于是就辞官离开鲁国。

引述

齐国人为什么赠送能歌善舞的女子给鲁国？原因是孔子当时担任要职，即将参与国政。齐国人害怕鲁国强盛，才使用美人计，想要迷惑季桓子，以逼走孔子。

季桓子果然上当，三天不上朝，孔子就离开了。能歌善舞的女子，为什么能够诱使季桓子三天不理朝政呢？当然是靡靡之音，令人禁不住放纵忘情，丧失理性的约束。对重视乐教的孔子来说，自然非走不可了。

生活智慧

（一）上梁不正下梁歪，鲁国的国君，由于放纵声色而不理朝政，臣下看在眼里，自然受到不良的影响。孔子在这种情况下，想要有所作为，实在十分困难。依据他的原则，辞职离去，应该是合理的抉择。

（二）人的命运，其实就是一连串的抉择所造成的结果。如何抉择，决定一个人的命运。只要出于自愿，便没有什么遗憾。

（三）官能的快感，容易激起情绪的放荡。齐国送来能歌善舞的女子，究竟有什么用意？实在显而易见。鲁国君臣，竟然不能及时防止可能产生的流弊，可见鲁国自己腐

十八·四【注释】

①归：同『馈』，赠送。

②季桓子：即季孙斯，为鲁国上卿，是季康子的父亲。

十八·四【主旨】

孔子因为季桓子不理政事而离开鲁国。

十八·四【建议】

注意声色的诱惑，以防自己人格的堕落。

化，才给齐国以机会，不能把责任推给别人。

五、楚狂接舆①，歌而过孔子曰：“凤兮凤兮！何德之衰？往者不可谏②，来者犹可追③。已而，已而！今之从政者殆而！”

孔子下，欲与之言。趋而辟④之，不得与之言。

今 译

楚国的狂人接舆，唱着歌走过孔子的车子，唱道：“凤呀凤呀！你的德行为什么这样衰微？过去的不能挽回，未来的还可以赶上。算了吧，算了吧！现在的从政者都很危险！”

孔子下车，想要同他谈谈。他匆忙走避，孔子也就作罢。

引 述

楚国狂人接舆，一看就知道和孔子不同类型。孔子依然想和他交谈，实在是常人做不到的气度。不错，道不同不相为谋，但是接触各种类型的人，不但可以增广见识，扩大自己的视野。而且从不同的立场，来促进共同理想的达成，也是机不可失。何况楚狂不狂，原本是贤人。能唱出这样的词句，对孔子实在有相当的认识。孔子下车，他却匆忙离去。孔子不追赶，也是顺其自然。

“凤”即孔子，命运坎坷也是事实。过去的不可挽回，未来的还可以赶上，孔子何尝不明白？而从政十分危险，在当时应该是有识人士的共同想法。难怪孔子听了，很想和他见面，听听他的高见。

生活智慧

（一）楚狂接舆是隐者，对于世俗的一切，都看不上。

十八·五【注释】

①楚狂接舆：楚国的贤人，因装疯卖傻以避世，失其姓名。由于接孔子的车子而歌唱，所以称为『接舆』。②谏：劝诫。③犹可追：尚且赶得上。④辟：同『避』。

十八·五【主旨】

楚国狂人接舆以歌劝诫孔子。

十八·五【建议】

人生在世，应该积极为社会服务，做出一些贡献。不应该自我放逐，放弃自己应尽的责任。

这种就算有机会，也不愿意出来为公众服务的态度，孔子并不赞成。他想和接舆谈谈，是不是想劝他改变心态，我们不得而知，起码有这样的可能性。

（二）得不到合适的机会，并不强求，和一开始就不屑于任何机会，这两种态度有很大的差别。孔子比较欣赏前者，却十分不赞成后者。

（三）隐者相当于自我放逐，好像和社会人群，没有什么关系。行不通才隐居，情有可原，多少还有值得敬佩的地方。一开始就自我放逐，太看轻自己了。

六、长沮、桀溺[①]耦而耕[②]，孔子过之，使子路问津[③]焉。

长沮曰："夫执舆者[④]为谁？"

子路曰："为孔丘。"

曰："是鲁孔丘与？"

曰："是也。"

曰："是知津矣。"

问于桀溺。

桀溺曰："子为谁？"

曰："为仲由。"

曰："是鲁孔丘之徒与？"对曰："然。"曰："滔滔者，天下皆是也，而谁以易之？且而与其从辟人之士也，岂若从辟世之士哉？"耰而不辍[⑤]。

子路行以告。

夫子怃然[⑥]曰："鸟兽不可与同群！吾非斯人之徒与而谁与？天下有道，丘不与易也。"

今　译

长沮和桀溺两人一起耕田，孔子刚好经过，叫子路去问

十八·六【注释】

①长沮、桀溺：楚国的两位隐者，失其姓名，以其居渡口，所以称『沮』『溺』。②耦而耕：并耕。③问津：询问渡口。④执舆者：指在车上执辔的人。⑤耰而不辍：覆种而不停止。⑥怃然：怅然失意的样子。

十八·六【主旨】

孔子周游天下，却被隐者讥讽。

渡口在哪里。

长沮问子路说："在车上拉着缰绳的是谁？"

子路说："是孔丘。"

长沮问："是鲁国的孔丘吗？"

子路说："是的。"

长沮说："他应该知道渡口在哪里。"

子路又向桀溺问渡口。

桀溺说："你是谁？"

子路说："我是仲由。"

桀溺说："是鲁国孔丘的学生吗？"

子路答道："是的。"桀溺说："天下都一样混乱，谁能改变呢？而且你与其跟随逃避坏人的人，倒不如跟随我们这些逃避社会的人。"说完，不停地犁土覆盖种子。

子路回来向孔子报告。

孔子怅然地说："鸟兽是不可能同群生活的。我不和这人群居处在一起，又和谁在一起呢？如果天下太平，我就不会图谋改革了。"

引 述

"辟人之士"意思是逃避坏人的人，是桀溺对孔子的称呼。"辟世之士"意思是避开乱世的人，是桀溺对他们的自称。从桀溺的角度来看，"辟人"还不如"辟世"来得干脆而彻底。因为天下到处都是一样的混乱，哪里都有坏人，实在避不胜避，还不如避开整个乱世，不必再到处奔波、忙碌。孔子的看法则是，像桀溺这样的态度，简直是哀莫大于心死。和鸟兽一样，只有生物性的生命，缺乏对文化性生命的关怀。孔子坚持"辟人"而不"辟世"，永不放弃对行道的期望。不得不隐的时候，依然寄望于天下有道的可能性。天下太平的时候，孔子根本用不着操心。反而是天下不太平时，孔子才需要想办法加以改变。就算到处都有坏人，也要明知其不可而为之。毕竟任重道远，仍然需要大家一起来努力，才能促使人类的文化生生不息。

十八·六【建议】

有机会造福人群，不应该放弃。客观环境若是不允许改革，也不必凭着一股狂热，横冲直撞。因为纵使头破血流，甚至牺牲性命，也无济于事。孔子主张有机会好好表现，没有机会也不必自怨怀才不遇，而心生不平。看似消极实际上也是十分积极，这很值得大家参考。

子路向长沮请问渡口在哪里，长沮回答孔子一定知道过渡的地方，是一种讽刺，也是表示轻视的意思。桀溺更直接反问子路，为什么偏要追随“辟人”的孔子，却不知道和他们这些“辟世”的人在一起。两人都不告诉子路渡口的位置，用意即在刺激孔子，暗示孔子不如放弃“辟人”，转而“辟世”。

生活智慧

（一）曲高和寡，层次较高的人，往往要承受层次较低的人，某种不明事理却又自以为是的批评和讽刺。经过长时间的考验，我们才明白孔子对人类文化的关怀，并不是一般人所能够了解的。

（二）站在不得不隐的立场，实在不得已，才暂时退隐。仍然随时注意机会，永不放弃济世的心愿。始终怀抱和人类在一起，共同奋斗不懈的心情，其实就是我们常说的大慈大悲，蕴含着无比的深情。

（三）孔子的退隐思想，是“辟人”而不“辟世”。有改革的理想，却不肯屈从无道的君王。因此不想隐却不得不隐，我们可以称为“道隐”或“时隐”，与一般的隐者大不相同。

七、子路从而后，遇丈人，以杖荷蓧[①]。

子路问曰：“子见夫子乎？”

丈人曰：“四体[②]不勤，五谷[③]不分，孰为夫子？”植[④]其杖而芸。

子路拱[⑤]而立。

止子路宿，杀鸡为黍而食之，见其二子焉。

明日，子路行以告。

子曰：“隐者也。”使子路反见之。至，则行矣。

子路曰：“不仕无义。长幼之节，不可废也；君臣之义，如之何其废之？欲洁其身，而乱大伦。君子之仕也，行其义也。道之不行，已知之矣。”

十八·七［注释］

①蓧：竹器。②四体：四肢。

③五谷：指禾、黍、稷、稻、麦等五种常见的谷物。

④植：拄着。

⑤拱：敛。

今 译

子路跟随孔子，却远远落在后面，遇到一位老人，用拐杖担着除草的用具。

子路问道：“您看见我的老师了吗？”

老人说：“我四肢不劳动，五谷分不清，谁晓得你的老师是谁？”说完，便把拐杖插在田里去除草。

子路拱着手恭敬地站着。

老人留子路到家里过夜，杀鸡做饭来招待子路，又把两个儿子叫出来拜见子路。

第二天子路赶上孔子，向他报告所发生的事。

孔子说：“这是位隐士。”叫子路再回头去看他。子路到那里时他已走开了。

子路说：“不出来做官是不合义理的。长幼间的礼节，你知道不可废弃；君臣间的伦常怎么能够废弃呢？为了洁身自好而隐居，却乱了君臣的伦常。君子出来做官，是尽自己应尽的义务。至于道的不能实行，那是我们早就知道的事。”

十八·七【主旨】

子路与隐者表达对避世与入世的看法。

引 述

“四体不勤，五谷不分”这一句话，到底是用来讽刺子路，还是老人自嘲，我们很难加以分辨。可见中华文字弹性很大，几乎怎么解释，都有相当的道理。我们认为老者是一位修养良好的隐士，应该是自嘲的成分比较大些。否则一开口就教训子路，子路不至于那么恭敬地对待他。他留子路到家里过夜，杀鸡做饭招待，又叫两个儿子出来相见。孔子知道了，叫子路回头去看他，是一种敬意，也代表一番谢意。老者已经走了，子路喃喃自语，是感慨，还是心得报告，我们同样不得而知。从老者对待子路的过程，子路知道老者对长幼的礼节相当重视。既然如此，为什么不推到君臣的礼节，出来为社会服务呢？若是人人都明哲保身，天下怎么可能安定进步呢？

生活智慧

（一）现代的隐者，有一种新的身份，叫作移民。移到自己认为更有发展的地方，逃避原来生长或居住的乡里。合理与否，我们不应该加以置评。毕竟各人自作自受，事先考虑周详，不后悔才好。

（二）只知道追求个人利益，不愿负起社会责任，最大的问题，应该是怎样面对自己的子女？如何做出合理的交代？子女有这样的身教，长大以后可能承受什么样的后果？

（三）人人为个人打算，国家的希望在哪里？人人拼命争取，国家的未来又将如何？这是值得大家深思的课题。

八、逸民[①]：伯夷、叔齐、虞仲、夷逸、朱张、柳下惠、少连。子曰：“不降[②]其志，不辱其身，伯夷叔齐与！”谓：“柳下惠、少连，降志辱其身矣，言中[③]伦[④]，行中虑，其斯而已矣。”谓：“虞仲、夷逸，隐居放言，身中清，废中权。我则异于是，无可无不可。”

今　译

古往今来被遗落的贤人有：伯夷、叔齐、虞仲、夷逸、朱张、柳下惠、少连。孔子说：“不屈降自己的心志，不侮辱自己的身体，是伯夷、叔齐吧！”又说：“柳下惠、少连屈降自己的心志，侮辱自己的身体；不过言语合乎法度，行事经过思虑，也只有如此罢了。”又说：“虞仲、夷逸逃世隐居放言高论，立身行事廉洁自守，废弃不用也是权宜之计。我和他们不一样，没有什么可以，也没有什么不可以。”

十八·七【建议】

送子女到国外留学，最好在国内接受完大学教育，对本国文化有良好基础，以免造成不良的后果。

十八·八【注释】

①逸民：指遗世独立的人。
②降：屈服。
③中：合乎。
④伦：理。

十八·八【主旨】

孔子评论七位贤者的处世之道，并说明自己不一样的主张。

引　述

伯夷、叔齐、虞仲、夷逸、朱张、柳下惠、少连这些人，都是没有什么成就的人士。孔子敬重他们，是因为他们的人格风范，与众不同。伯夷、叔齐不屈降自己的心志，也不侮辱自己的身体。他们为了坚守节义，宁可饿死在首阳山上。求仁得仁，没有什么可以怨恨的。

柳下惠、少连屈降自己的心志，也侮辱自己的身体。但是语言得体，行事合理，仍然值得称颂！

至于虞仲、夷逸，避世隐居却能放言高论，立身行事也能廉洁自守。就算不出来做事，也不过是权宜应变的选择。

这些人遗世独立，没有做出什么实际的功业。对后世子孙，仍然有指引的作用。

孔子表示他的原则，和这些人有很大的不同。他所秉持的原则，是无可无不可。可以出仕便出仕，不能出仕就暂时归隐，随时以合理为标准，来应变制宜。

生活智慧

（一）无可无不可，并不是见风转舵，脚踏两只船。随时见利忘义，投机取巧，绝对不是孔子所愿意见到的行为。

（二）无可无不可，是应该可的时候，一定要可。不应该可的时候，一定要不可。是随机应变，而且务必合理。即《里仁篇》所说的“义之与比”。

（三）无可无不可，不是圆滑，更不是乡愿，应该是圆通，是高度的智慧和艺术。一般人看不懂，常常把它看成圆滑，以致自误又害人。

九、大师[①]挚适齐，亚饭[②]干适楚，三饭缭适蔡，四饭缺适秦，鼓方叔入于河，播鼗[③]武入于汉，

十八·八【建议】

多多体会『无可无不可』的道理，明白事物本身，原本就没有固定的可与固定的不可，必须在合理的标准之下，来决定可或不可，并且在实际生活中，多加运用。

十八·九【注释】

①大师：当时音乐专家。②亚饭、三饭、四饭：天子诸侯用饭时主持奏乐的乐师。③播鼗：摇小鼓。④少师：资浅的乐官。

少师④阳、击磬襄入于海。

今　译

大师挚逃到齐国，亚饭干逃到楚国，三饭缭逃到蔡国，四饭缺逃到秦国，打鼓的方叔迁居到黄河边上，摇小鼓的武迁居到汉水旁边，少师阳、击磬襄两人都迁居到海边。

引　述

对乐教来说，乐师的音乐素养十分重要。孔子既然重视乐教，对乐师的伟大贡献，自然非常敬重。

当时看到鲁国的乐师，纷纷逃离到其他国家。大师挚到齐国，亚饭干到楚国，三饭缭到蔡国，四饭缺到秦国。打鼓的方叔、摇小鼓的武、少师阳和击磬襄，也都远走高飞。孔子不禁扼腕长叹，深恐正乐不得显扬而造成社会风气的败坏。

生活智慧

（一）正常的音乐不见了，使青少年痴狂的演唱会，引进来了，有时候甚至闹出人命。我们能用现代化来掩饰这种不良的风气吗？

（二）音乐可以陶冶人的性情，调节人的情绪。现代音乐，具有这种功能的，当然很好。如果适得其反，是不是应该好好反省呢？

（三）音乐与人的生活，密切相关。现代人更把音乐当作增进生活品味的艺术修养。我们所需要的，是哪一种音乐？实在有待大家共同来抉择。

十八·九［主旨］

大师挚等八位乐师四散，分赴各地。

十八·九［建议］

多欣赏优美的旋律，少接触刺激感官的音乐。

十、周公谓鲁公[①]曰："君子不施[②]其亲，不使大臣怨乎不以。故旧无大故，则不弃也。无求备[③]于一人。"

十八·十【注释】

①鲁公：周公旦的儿子伯禽。

②施：同『弛』，遗弃。

③备：完备。

今译

周公告诫他的儿子说："君主不遗弃他的亲族，不使大臣怨恨不听信他的意见。老臣、老亲友如果没有大恶，不可遗弃。不要对一个人求全责备。"

十八·十【主旨】

周公告诉鲁公宽宏大量的道理。

引述

"不施"，是不遗弃的意思。同样的条件，以亲族为优先，才显得好父兄的可贵。不能用，再亲也没有用，绝对不能用。这是相对的原则，不应该偏向任何一面。

"怨乎不以"，表示君主过分自专，不尊重臣下的意见，使大臣产生怨恨，造成君臣间的不良关系，迟早产生政治危机。君主宽宏大量，才能海纳百川，广听各方面的意见，以妥善安顿自己。

天下无全才，不能够要求臣下样样皆能，事事都通。只要没有大恶，就不能加以遗弃。

君主必须培养宽宏的肚量，才能善待亲族与部属。

十八·十【建议】

培养自己的胆识和肚量，使自己有识也有量，以期有朝一日，机会来的时候，可以把事情做好。

生活智慧

（一）部属有错，当然应该责备。若是一做错就换人，请问谁还敢多做事？但求不做不错，少做少错，社会当然不能进步。

（二）薄责部属，并不放弃他，使其有错必改，在教训中增进处事的智慧。在这种气氛下，大家才敢做，也敢多做。

（三）排斥异己，经常产生不良后果。善于对待不同意见的人，才是长久之计。领导者的肚量，在这里充分展现。

以德服人，也才能维持长久。

十一、周有八士[①]：伯达、伯适（kuò）、仲突、仲忽、叔夜、叔夏、季随、季騧（guā）。

今　译

周代有八位贤士：伯达、伯适、仲突、仲忽、叔夜、叔夏、季随、季騧。

引　述

这一篇（《微子篇》）的开头，孔子说“殷有三仁”。现在又出现“周有八士”，很可能是有人故意这样地前后呼应，并没有什么意义。

“士”是很有作为的人，如果这八位确有其人，在历史上应该有详细的记载。我们看这八位的名字，古代称兄弟中最年长的为“伯”，其次为“仲”，然后是“叔”“季”，似乎是同一家族的兄弟，那就更不可能是真的了。

生活智慧

（一）一个人愈著名，就有很多人在他的身上添加很多难以考证的资料。在《论语》中，出现若干可疑的记载，应该是同样的道理。

（二）真的当中夹杂一些假的，假的当中也可能出现一些真的，这是常见的现象。我们最好时时提高警觉，用心辨别真假，至少可以养成谨慎的好习惯。

（三）周有八士，光列出八个名字，就算是真的，也没有什么价值。我们所需要的，是他们对当世或后人产生哪些重大的影响，而不是只知道他们的名字。

十八·十一【注释】

①八士：指八位贤者。没有可靠的数据，很难判断真伪。

十八·十一【主旨】

周朝有八位贤者。

十八·十一【建议】

留不留名，其实并不重要。留下一些良好的影响，做人才有真正的价值。

子张第十九

这是篇名，用第一句的最先两个字来表示，并没有什么特别的意义。

一、子张曰：“士见危致命①，见得思②义，祭思敬，丧思哀，其可已矣。”

今　译

子张说：“读书人遇到国家危险，便要献出生命。遇到有利可得，便要顾及是否合乎道义。祭祀的时候，想着要诚敬。居丧的时候，想着要哀戚。这样大概就可以了。”

引　述

“士”是读书明理的人，也应该是有所为有所不为的君子。子张列举四大要件，分别为见危致命、见得思义、祭思敬、丧思哀，都是孔子平日所传授的教诲，子张把它当作士的基本要件。

《宪问篇》记载：“见利思义，见危授命，久要不忘平生之言，亦可以为成人矣！”“见危授命”，意思是国家兴亡的紧要关头，能不顾自己的生死，慷慨捐躯，可以说是成人了。

《季氏篇》说君子有九思，把“见得思义”列为其中一项。能够见到利就想到义，当然是明白事理的君子。

《八佾篇》记载：“居上不宽，为礼不敬，临丧不哀，吾何以观之哉？”行礼时缺乏敬意，居丧时没有哀戚的心情，是不可取的。现在反过来说，祭思敬，丧思哀，是同样的见解。

生活智慧

（一）我们常说：“临财毋苟得，临难毋苟免。”看见财富，不能不顾道义，极力想取得。大难临头，不能只想到保住自己的性命，极力逃避。可惜一般人刚好相反，只知道

十九·一【注释】

①致命：即授命，意思是牺牲自己的性命。

②思：即想，意思是能够顾及。

十九·一【主旨】

子张说明读书人的品行。

十九·一【建议】

拿这四个君子要件来要求自己，并且在实际生活中体会其中的道理。

临财苟得，临难苟免。

（二）儒家重视三祭：祭天地、祭祖先、祭圣贤。天地代表自然，祖先表示血缘，而圣贤象征文化。我们以诚敬的心，祈求与天地、祖先、圣贤的人格精神相感通，借以提升我们自己的道德修养，所以不能请人代劳。

（三）人死后往哪里去？迄今未能获得肯定的答案。但是生活在一起那么久的亲人，忽然逝世，相当于离我们而去，在感情上难免悲伤哀戚。所以丧思哀，才显得真情。

二、子张曰：“执德不弘①，信道不笃②，焉能为有？焉能为亡③？”

十九·二【注释】

①弘：大的意思，『不弘』即不能担当重任，难以弘扬。

②笃：有毅力、能笃行，往往死而后已。

③焉能为有？焉能为亡：两句意即无足轻重。

今译

子张说：“遵守仁德却不能加以弘扬，相信正道而不能坚毅笃行，这样的人，有也罢，没有也罢，实在无足轻重！”

引述

“执德”是自己遵守仁德，“信道”指自己相信正道，都是好事，却显得相当自私。只求独善其身，不能兼善天下。不把仁德弘扬起来，不能坚毅笃行正道，就无法产生大的作用，收到良好的效果。这样的人，多一个不算多，少一个也不算少，简直是无关紧要的人，又有什么价值呢？

十九·二【主旨】

子张说明有些人根本无足轻重。

生活智慧

（一）“执德不弘”，大多由于明哲保身，自私自利。大多数人不遵守仁德，实际上是少数人执德不弘所造成的恶果。有时候反过来影响这些执德不弘的少数人，那就更加不值了。

（二）“信道不笃”，是信得不够坚定的缘故。殊不知不能坚毅实践，有时候反过来影响原来的信心，以致愈来愈不信道，岂不是害了自己？

（三）曾子说：“士，不可以不弘毅，任重而道远。”可以和“执德不弘，信道不笃”合起来看，比较两者的不同后果。

十九·二【建议】

下定决心，尽力担当弘扬仁德的责任，并且在日常生活中，坚毅笃行正道。

三、子夏之门人问交[①]于子张。子张曰：“子夏云何？”

对曰：“子夏曰：‘可者与之，其不可者拒之。’”

子张曰：“异乎吾所闻：君子尊贤而容众，嘉善而矜[②]不能。我之大贤与，于人何所不容？我之不贤与，人将拒我，如之何其拒人也？”

十九·三【注释】

①问交：请问交友的道理。

②矜：同情，怜悯。

今 译

子夏的学生向子张请教交友的道理。子张说：“子夏对你们说过什么？”

回答道：“子夏说：‘可以交的就跟他往来，不可以交的不跟他往来。’”

子张说：“这和我所听到的不同：君子尊敬贤人并且接纳众人，奖励好人同时也要同情无能的人。我如果是个大贤人，对于别人有什么不能容纳的呢？我如果是个不贤的人，别人将要拒绝我，我又怎能去拒绝别人呢？”

十九·三【主旨】

子张和子夏对交友之道的异同。

引 述

子夏的学生，请问子张。子夏和子张是同门师兄弟，按理说不应该先反问“子夏对你们说过什么”，再接着表示“和我所听到的不同”。子张晚年深得夫子之道，说这些话的时候，是不是还年轻，我们不得而知。

即使问了，回答：“这是大原则，老师就是这样教我们的。”然后才说：“但是，君子尊贤而容众，嘉善而矜不能。我们一方面要尊敬贤人，一方面也应该容纳一般的凡人。一方面嘉勉好人，一方面也要同情那些能力比较差的人。如果我是一个大贤人，可以包容所有的人，何必拒绝人家，不和他交往呢？假若我是一个不贤的人，很可能别人就会拒绝和我往来，我又凭什么去拒绝别人呢？”相当于补充、引申，却没有反对的意思。对同门师兄弟来说，应该是比较厚道的表达方式。

生活智慧

（一）结交贤人，对不贤的人敬而远之。这种基本原则，听起来不错。然而真正实践起来，仍然有很多问题。最好持经达变，依据这个原则，因人、因时、因地、因事而权宜应变，以求制宜。

（二）同样是不贤的人，有的才能平庸，品德却很不错；有的才能平庸，品德修养又很差。子夏主张拒绝和他往来的，应该是后者。子张认为应该和他交往的，应该是前者。两人的看法，从这个角度来看，似乎是一致的。

（三）先表示赞同，再说出不一样的看法，听起来比较厚道，也显得尊重。一开始就说明看法不一样，甚至于表示反对，使人听起来很不舒服，容易造成听不入耳的反效果，对双方都相当不利。

四、子夏曰：“虽小道①，必有可观者焉；致远恐泥②，是以君子不为也。”

今译

子夏说：“即使是小技艺，也一定有可观的地方；但是

十九·三［建议］

尽量少说『不』。培养不说『不』仍然可以拒绝别人的能力。对于现代有人大力主张勇敢地说『不』，必须谨慎小心，务求说得恰到好处，以免未得其利反受其害。

十九·四［注释］

①小道：指小技艺。

②泥：拘滞不通。

要据以推求高远的道理，恐怕会滞碍不通，所以君子不愿去研求它。”

引述

子夏主张博学，认为各种技艺，虽然是小道，却也有可取的地方。但是他明白地指出，一个人若是专门注重小道，有很多地方是行不通的。他认为君子不愿意研求技艺，主要是害怕被拖累了，以致拘滞不通。

生活智慧

（一）技艺很重要，但是做人做事的道理，才是根本。不能够专门注重技艺，却忽略了做人做事的基本道理。

（二）这一番话，应该是孔子说的。因为以子夏的身份，说这样的话，好像不是很恰当。这种疏失，很难免。

（三）所反对的，并不是小道。而是专任小道，也就是专门研究技艺，想要据以推求更为高远的道理，很困难。

五、子夏曰：“日知其所亡[①]，月无忘其所能[②]，可谓好学也已矣。”

今译

子夏说：“每天求取一些未知的，每月都温习一下已学会的，可以说是好学的了。”

引述

子夏说这种话，十分恰当。他把学到的心得，说出来提醒大家，当然很好。他把“好学”的要点，分别列出“日知

十九·四【主旨】

子夏说明小道虽然可观，但很难有大成就。

十九·四【建议】

不能因为注重专业知能，而忽略了做人做事的道理。

十九·五【注释】

①亡：同『无』。

②所能：已学到的东西。

其所亡”（意思是每天都要追求一些自己所不知道的东西）和“月无忘其所能”（意思是每月都应该温习自己所学得的东西，以免忘记）两项，现在合起来称为“温故而知新”，不断提升自我。

《为政篇》记载：“温故而知新，可以为师矣。”可以和这一番话，合起来想。好学的人，逐渐充实之后，当然可以为师。

生活智慧

（一）《论语》所说的学，比较重视智慧的开启。因为智能愈启发，所学知识愈多，就愈有用。反过来说，智能不能开启，知识愈多，心灵便愈受到限制。由于不能活用，以致知识愈多愈无用。

（二）“温故”是学过的不能忘记，“知新”是增加一些新的东西。其实从温故当中，可以产生新的领悟，创造出若干新的内容，同样是温故知新。

（三）《述天篇》指出：学习应该举一反三。实际上就是从已知的推出未知的，先由闻一以知二，逐渐闻一以知十（《公冶长篇》），同样是一种温故知新的活用。

六、子夏曰：“博学而笃志①，切问②而近思③，仁在其中矣。”

今　译

子夏说：“一个人能够广博学习并坚守自己的志趣，有疑惑能切实发问并多考虑当前的问题，仁道就在这里面了。”

十九·五[主旨]

子夏说明好学之道，在于不断地温故知新。

十九·五[建议]

养成温故知新的习惯，不断求取上进。

十九·六[注释]

①笃志：坚守志向。

②切问：指切实问清自己所不明白的事。

③近思：指就自己的问题去思考。

引　述

孔子十分重视仁道，子夏把他对于仁道的心得，说出来供大家参考，很有价值。

“博学”是广博地学习，“笃志”即坚定自己的志向。有目标地学习，而不是漫无目标地乱学。

“切问”是一定要问个清楚，“近思”指慎思那些和自己有关的问题，并且推己及人，去了解别人。

如果能够做到这两项要求，也就可以明白仁的道理了。

生活智慧

（一）道德是可以通过努力求知来增进的。子夏所说有目标地学习，以坚定自己的志向；审问、慎思立身处世的道理，便是知仁、为仁的有效途径。

（二）《卫灵公篇》说过，若非一以贯之，具有坚定的志向，单凭多学而识之，是不能为仁的。反过来说，只要坚定志向，多学而识之，再加上切问和近思，仁就在其中了。

（三）子夏是孔子的得意门生，能够用这么简要的话，把孔子有关为仁的道理，说得这样精辟，可见其平日的用心，值得我们学习。

七、子夏曰：“百工居肆[①]以成其事，君子学以致其道[②]。”

今　译

子夏说：“各种工匠在各自的工作场所，完成不同的工作，君子则经由学习，来获得做人做事的道理。”

十九·六［主旨］

子夏说明求仁的方法。

十九·六［建议］

学习之后，经过自己的领悟和消化，能够用自己所熟悉的话，把心得说出来，才是真正的学习效果。

十九·七［注释］

①肆：官府制造器物的地方，好比现代的厂房。

②道：在这里，指的是做人的道理。

引　述

“肆”的意思，可以解释为工厂，也可以解释为市场。“百工”泛指工商业的从业人员。

工人在工厂里制作各种器物，好比商人在市场中探索人们的需求。同样的道理，君子也应该时常在学问之中，获得做人做事的道理。

士农工商，都应该意志坚定，用心钻研和发展，只有这样，才能有良好的成就。

生活智慧

（一）一般人说得多做得少，所以什么事情都做不好。君子学习做人做事的道理，最好像工商人士专心经营管理那样，才能学有所成。

（二）《宪问篇》记载：言过其行是可耻的。又说：一个人要说到自己的事情而不会惭愧，那他平日的行为，应该相当合理。要做到这样的地步，恐怕要和子夏所说的这一番话合在一起想，才做得到。

（三）我们的品德，既看不见也听不到。只有从言语和行为双方面来考察，才能知晓。然而有人言行一致，有人却并非如此。孔子主张言行必须一致，后来由于不一致的人太多，所以主张听其言而观其行（《公冶长篇》）。可见行为的表现，比言语更加实际而重要。

八、子夏曰：“小人之过①也必文②。”

今　译

子夏说：“小人犯了过错，必定加以掩饰。”

十九·七[主旨]
子夏勉励读书人由学习获得做人的道理。

十九·七[建议]
注意自己的言行，务必求取一致，而且还要做得多说得少，以免说得到做不到。

十九·八[注释]
①过：指过失。
②文：掩饰。

十九·八[主旨]
子夏劝勉大家知过必改。

十九·八【建议】

养成知过必改，不掩饰过错的良好习惯。

十九·九【注释】

①俨然：端庄的样子。

②厉：指严正确实。

十九·九【主旨】

子夏说明读书人有三种不同的容貌仪态。

引　述

文过的意思，是掩饰自己的过错。有过失必然设法加以掩饰，是小人惯用的伎俩。这种骗人的技巧，根本骗不了别人。充其量只能欺骗自己于一时，却会招致很多不良的后果。

生活智慧

（一）小人之所以叫人看不起，当然有很多原因。而有了过错不敢承认，还要设法找理由掩饰，甚至于把责任推给别人，更是令人不齿。

（二）孔子主张毋自欺，希望大家不要欺骗自己。小人掩饰过错，很明显违反了这个法则。我们若是不欺骗自己，就不应该掩饰自己的过错。

（三）我们所犯的过错，不但容易有，而且不时有。好学的颜回，也只能不贰过而不能无过（《雍也篇》）。所以过而不改，才是过错（《卫灵公篇》）。我们实在没有必要掩饰过错，以致耽误了改过的良好时机。

九、子夏曰："君子有三变：望之俨然[①]，即之也温，听其言也厉[②]。"

今　译

子夏说："君子的容貌仪态有三种变化：从远处望去态度庄重，接近他时和蔼可亲，听他说话却严正而确实。"

引　述

人的容貌，并非固定不变。远看、近看和侧看，可能有不一样的形象。君子的品德修养良好，通常有三种不同的样子。远看十分庄重，近看和蔼可亲。当他说话时，却显得严正而确实。

生活智慧

（一）我们常说相随心转，心里想些什么，我们的面相就会跟着有所改变。没有和人互动时，内心坦然，所以望之俨然，十分庄重而有威严，使人不敢轻侮。与人互动时，内心热诚而谦虚，所以表现出和蔼可亲的样子。说起话来，既明白事理又不因循苟且，因此言辞严正确实。

（二）故意改变自己的容貌，便是装腔作势、装模作样，一点儿也不真诚，很容易被人识破。内心真诚，适时、适地自然变化，才是出乎真诚的流露。

（三）《述天篇》所说：待人温和处事严正，威仪庄重而性情平和，外貌严肃而心境舒泰。可以和“君子有三变”合起来看，更容易深切领悟。

十、子夏曰：“君子信①而后劳其民；未信，则以为厉②己也。信而后谏；未信，则以为谤③己也。”

今　译

子夏说：“君子得到信任以后，可以劳动百姓；未得到信任而劳动百姓，百姓就认为在虐待他们。得到信任以后，才能进谏君主；未得到信任而进谏君主，君主会认为在毁谤他。”

引　述

要人民参与劳动，必须先取得大家的信任。百姓信任政府，就认为所派遣的工作很有意义，也乐于参与。相反地，

十九·九［建议］

随着内心的改变，自然流露出真诚的容貌。正因为这样，必须重视内心的修养，以陶冶性情。

十九·十［注释］

①信：获得信任。

②厉：虐待。

③谤：毁谤。

十九·十［主旨］

子夏说明读书人要有诚信。

若是不相信政府，便会抱怨受到虐待，遭受役使而敢怒不敢言。

同样的道理，要向长上进谏，必须先获得长上的信任。否则就会认为恶意毁谤而难以接受。

凡事要求有效，必先反求诸己。做好自己应该做的事情，别人自然会产生良好的反应。

生活智慧

（一）《颜渊篇》说过：“民无信不立。”人民若是对政府没有信心，就不会对国家产生忠贞的情操。和“信而后劳其民”，是同样的道理。

（二）对长上劝谏，本来就很困难。因为受到劝谏的长上，很容易恼羞成怒，使事情弄得很僵。如果获得长上的信任，认为不致诽谤，只是劝告，那就比较容易接受了。

（三）对上比对下，更加困难。必须多用心，不使长上难堪，不让长上受到压力。最好提供梯子，使长上有面子地走下台阶，才能圆满有效。

十九·十【建议】

时时将心比心，处处设身处地。无论对上对下，都要力求圆满有效。

十一、子夏曰：“大德[①]不逾闲[②]，小德出入[③]可也。”

十九·十一【注释】

①大德、小德：譬喻大节、小节。

②闲：范围。

③出入：有一些差别。

今　译

子夏说：“重大的节操不可以超越规范，小的仪节稍有出入是可以的。”

引　述

孔子主张严以律己，宽以待人。对自己要求严格，对别人则应该心存宽恕。子夏这一句话，用来对待别人，却不宜用以替自己找借口，放松对自己的要求。

然而，人非圣贤，孰能无过？我们在重大的节操上，断断不能犯错。偶尔在小的仪节上，有一些出入。只要记住教训，赶快改善，也就可以了。

子夏说“小德出入可也”，使我们松了一口气。圣门都能够不计较小德，我们偶尔不小心，在仪节上犯一些小过失，实在不必过分苛责自己。但是，这只是子夏的宽宏大量，不能用来当作自己有一些出入的借口，这才是我们应该时时自我勉励的。

生活智慧

（一）我们常说的“勿以恶小而为之，勿以善小而不为”和“小德出入可也”，不能相提并论。前者是做人做事的原则，不能动摇。后者则是小德出入若已造成，我们不应该过分严苛，加以责备。

（二）事先存有“大德不逾闲，小德出入可也”的心理，那是不对的。自己对自己抱持这样的标准，也是可怕的。只有事情发生了，而且是别人做得不够好，才可以这样说。

（三）当我们面对大德和小德的难以兼顾时，我们当然以大德为优先。这时候小德有一些出入，应该是可以接受的。当大是非和小是非难以兼顾并重时，为了大是非而暂时放弃小是非，有时候是必要的抉择。事后再对小是非加以补救，也是一种权宜应变。

十二、子游曰：“子夏之门人小子，当洒扫①应对②进退，则可矣，抑③末也。本之则无，如之何？”

子夏闻之，曰：“噫！言游过矣！君子之道，孰先传焉？孰后倦④焉？譬诸草木，区以别矣。君子之道，焉可诬⑤也？有始有卒者，其惟圣人乎！”

十九・十一［主旨］

子夏教导读书人坚守大德。

十九・十一［建议］

凡事就大小、本末、轻重、先后各方面加以衡量，以掌握重点，抓住根本。

十九・十二［注释］

①洒扫：就是现代所说的洒扫或洗涤、清扫。
②应对：指语言对答。
③抑：可是。④倦：厌倦。
⑤诬：欺罔。

十九·十二【主旨】

子夏说明学习必须循序渐进。

今译

子游说："子夏的学生，在洒水扫地、应对、进退方面是可以的，不过这些都是末节。做人的根本道理却没有学到，怎么可以呢？"

子夏听了，说："唉！言游错了！君子的道理，哪一项应先传授，哪一项该后传授？譬如花草树木，有各种类别，区分得很清楚。君子的道理，怎么可以不分先后深浅一概而教呢？有始有终的，大概只有圣人了吧！"

十九·十二【建议】

从洒扫、应对、进退的生活过程中，用心体会做人做事的道理，从中增进我们的品德修养。

引述

子游和子夏，在孔门弟子当中，都以文学著称。但是子游为人公正而不拘末节，子夏则深思笃行，深切体会洒水扫地、应对进退都是修养品德的所在。子游在这方面的领悟，不如子夏，所以才有这样的批评。

洒扫、应对是有形的，其背后必有无形的精神。子游和子夏，都明白这个道理。不过子游主张由做人的基本学识入手，而子夏则认为从有形的生活细节中，照样可以学习无形的道理。

有形和无形，实际上是相对的。本末的关系，其实也是一贯的。无论由学识着手，还是从生活中体悟，都是同样重要，可以相辅相成。

生活智慧

（一）人生在世，即为一连串连续不断的生活表现。在洒扫、应对的过程中，体悟做人的道理。只要肯学习、肯实践，可以说处处都是学问，都能够学习。

（二）为学的次序，最好是由已知到未知，由浅入深，由简单而复杂。因此从生活中学习，才是良好的途径。最平凡的行为中，同样可以体会高深的哲理。

（三）《论语》主张永不停止的学习，并且倡导从实践中学习。存有一颗永不厌倦的学习的心，人人都是我们的学习对象，事事都是我们学习的课题。所以《述天篇》要我们“择其善者而从之，其不善者而改之”。

十三、子夏曰：“仕[①]而优[②]则学，学而优则仕。”

今　译

子夏说：“做官有余力，就应该研究学问，求学有余力，就应该从事公务工作。”

引　述

人类是政治的动物，政治的最大功能，应该是提高人民的品德修养，促进人民的高贵生活。

君子不仕无义，却并不逃避政治。学问充实之后，愿意贡献所学，为人民服务，便是《微子篇》所说的“君子之仕也，行其义也”。为公家做事，是尽社会责任的具体表现。反过来说，担任公职以后，往往书到用时方恨少。这时候更清楚自己有哪些不足的地方，必须善用公余时间，致力于不足的地方，深入研究，以便把工作做得更好。

生活智慧

（一）出仕和为学的目的，其实是一样的。都是为了唤醒自己和众人的道德良心，共同为增进人们的道德生活而努力。有机会担任公职，不能推辞。有时间求取学问，同样不能放弃。

（二）一般人只记得“学而优则仕”，却严重地忽视“仕而优则学”。因此做官的人，大多自认为官做这么大，

十九·十三【注释】
①仕：做官。
②优：有余力。

十九·十三【主旨】
做官与学习应该相辅相成。

十九·十三【建议】
多多体会『仕而优则学』的道理，并以此自勉。

还要读书吗？以致不进则退，愈来愈闭塞，愈来愈落伍。

（三）有没有出仕的机会，各人有各人的命，不必强求。有机会就要读书明理，则是人人都做得到的事情。时时进德修养，自我充实，才是善待自己的表现。

十四、子游曰："丧致[①]乎哀而止。"

今译

子游说："居丧时能够极尽哀戚，也就可以了。"

引述

《八佾篇》记载："丧，与其易也宁戚。"说明丧事与其过分注重形式，不如心中哀戚。和子游这一句话，是相同的意思。我们常说生离死别，生离还有再见的希望，已经十分悲伤。死别表示没有再相见的可能，当然更加哀戚。

生活智慧

（一）《为政篇》指出："死，葬之以礼，祭之以礼。"但是内心的诚敬，才最要紧。丧失亲友时，能够哀戚，也才是一种诚敬。

（二）孝道的实践，最好在父母生时，多多尽孝。不要等到父母逝世时，才来尽哀。我们常说"树欲静而风不止，子欲养而亲不待"，便是譬喻父母亡故不得奉养，必须时刻以父母的年龄为念，一则以喜，一则以惧（《里仁篇》）。

（三）现代有人在丧礼中，以金钱请人代哭，实在是不合理的做法。祭，还要亲自参与。哭，怎么可以请人代劳呢？

十九·十四【注释】
①致：极尽。

十九·十四【主旨】
子游说明丧礼应该以哀戚为主。

十九·十四【建议】
居丧时哀戚，才合乎人之常情。

十五、子游曰："吾友张[1]也，为难能[2]也，然而未仁。"

今　译

子游说："我的朋友子张，做了些别人难以做到的事，实在难能可贵，但是却还没有做到仁德的地步。"

引　述

仁是孔子的中心思想，要求的水平相当高。子游说子张已经十分难能可贵，却仍然达不到仁的水平，是依据孔子的要求，来加以评论的。

生活智慧

（一）《宪问篇》指出："君子而不仁者有矣夫！"君子之中，还有人有时违反仁德，做出不合乎仁的事情。可见仁者的人格修养，高于君子。子张当然是君子，只是尚未到达仁者的水平。

（二）子游为人公明，但不拘小节，他为什么说这样的话，我们不得而知。应该是出于好意，只是传到子张这位同门师兄弟耳中，不知道有什么感想？值得我们深思。

（三）子张若是把子游这番话当成好意的提醒，而更加努力，那就是正面的思虑。如果听成坏话，或者加以反驳，便立即成为负面思维，对自己毫无帮助。

十九·十五【注释】

①张：指子张。

②难能：即难得，难能可贵的意思。

十九·十五【主旨】

子游谈论友人子张。

十九·十五【建议】

把任何一句话，都当成好意。再难听的话，有则改善，无则加勉。如果都听得进去，就不会生气了。忠言逆耳，原来也可以转化成顺耳。

十六、曾子曰："堂堂[①]乎张[②]也，难与并为仁[③]矣。"

今译

曾子说："子张的仪容庄严美盛，却很难和他一同以仁道互勉。"

引述

子张仪容庄严美盛，和能不能以仁共勉，实在扯不上什么关系。曾子说这番话的意思，应该是说子张专门着重容貌，并不重视仁心的发扬，因此难以和他共同勉励，以仁德为重。

生活智慧

（一）曾子说这样的话，应该是出于好意。希望点醒子张，百尺竿头，还要更进一步。如果子张听得进去，乐于接纳，相信有很大的帮助。

（二）子游和曾子，对子张有同样的观感，可见有相当的道理。"然而未仁"和"难与并为仁"的感觉，几乎是一致的。相信子张听了，会有一番反省。

（三）如果一个人相貌堂堂，大家对他的期待更高，那么这个人就愈加需要充实自己，以期表里一致，免得引起人家的视，这很值得参考。

十九·十六［注释］

①堂堂：仪容美盛。

②张：指子张。

③并为仁：用仁来彼此勉励。

十九·十六［主旨］

曾子谈论子张的为人。

十九·十六［建议］

不必以圣人自居，最好用仁者来要求自己。以具体的实践，证明『我欲仁，斯仁至矣』！

十七、曾子曰："吾闻诸夫子：人未有自致[①]者也，必也亲丧[②]乎！"

今　译

曾子说："我听老师说过：人们没有把感情自然发挥到极致的，除非在父母死亡的时候！"

引　述

"致"是极尽，"自致"即自发地极尽所能。一个人要发挥这样的潜能，平常的情况下，几乎做不到。只有在父母去世时，才会真情流露，排除万难以办妥丧事。

操办父母的丧事，是居于我们对祖先的特殊认同。认为父母去世后，心思仍然遗留在子女身上。我们必须这样做，不能那样做，都是为了不使死去的父母蒙羞。往往平日看起来并非十分孝敬父母的人，在父母去世时，仍然发自内心，真情流露地守丧。

生活智慧

（一）守丧的功能，主要在促使子孙效法祖先，向祖先表示认同。避免子女向父母学习，以父母为认同的对象，而流为个人主义。父母在世时，拿过去不远的祖先为榜样，鼓励子女奋发图强，不使祖先蒙羞。父母去世时，加入祖先的阵容。办好丧事，使去世的父母体面地归入祖先的行列。

（二）我们修家谱，目的在表彰祖先的德行、功勋和令誉。希望后代子孙以祖先为榜样或模范，努力向他们学习，发扬优良的家风，共同为家族的兴盛而奋斗。

（三）父母活着的时候，必须负起教养子女的责任。死

十九・十七【注释】

①自致：指从内心发出尽力而为的意愿。

②亲丧：父母死亡的时候。

十九・十七【主旨】

曾子说人只有在父母死亡时才真情流露。

十九・十七【建议】

纪念祖先，不只是在心中想起祖先的存在，而且要继续祖先的嘉言善行，延续他们的良好名誉。

后才能无愧于祖先，同样成为后代子孙的认同对象。生前死后，对子女的关怀，是一致的。

十八、曾子曰："吾闻诸夫子：孟庄子[1]之孝也，其他可能也；其不改父之臣与父之政，是难能也。"

今　译

曾子说："我听老师说：在孟庄子的孝行中，别的都容易做到；只有不改变父亲的大臣和行政措施，是别人很难做到的。"

引　述

在我国，孝是一种非常重要的德行。狭义的孝，是孝亲敬长。广义的孝，更扩展到立身、齐家、治国、平天下的大道。孟庄子遵守"三年无改于父之道"（《学天篇》）的原则，对于父亲孟献子的大臣和行政措施，都不加以改变。所以曾子转述孔子的话，赞美孟庄子的孝行十分难能可贵。

生活智慧

（一）俗语说："万恶淫为首，百善孝为先。"表示我国社会，对孝的重视。孝，从孝敬父母开始。对父母尽孝，有各种不同的表现方式。各人尽力，不必彼此计较。

（二）用孝道来经营事业，甚至于治国、平天下，就是扩大孝道的范围。使父母在精神上觉得心满意足，才算是大孝。所以人生在世，一切良好的言行，都是孝的表现。

（三）父母去世以后，要念念不忘父母的恩德。现代世界中最文明的国家，在孝道方面，还不如我们这么重视。我们以人为本，当然不能不努力实践孝道。

十九·十八【注释】

①孟庄子：鲁国的大夫，姓仲孙，名速。他的父亲孟献子，名蔑，有贤德。

十九·十八【主旨】

曾子说明孟庄子的孝行。

十九·十八【建议】

培养不忘本、不忘恩的自爱自重精神，必须从孝敬父母做起。

十九、孟氏[①]使阳肤[②]为士师[③]，问于曾子。曾子曰：“上失其道，民散[④]久矣。如得其情[⑤]，则哀矜[⑥]而勿喜！”

今　译

孟氏任用阳肤做典狱官，阳肤向他的老师曾子请教。曾子说：“在上位的人不用正道治民，民心乖离背叛很久了。如果审得罪犯的实情，应该哀怜他，不可自鸣得意！”

引　述

孔子主张德治，但并不反对法治。他所倡导的德治，是以法治为基础的。但是立法、司法和执法的人，都应该提升道德修养，以真诚的爱心，来实施法治，变成为德治。曾子告诉阳肤，在国家的政教并不良好，以致老百姓的心里早已对法纪丧失信心的情况下，不应该以查出人民的罪行为喜，却应该哀怜被查出罪行的人。

生活智慧

（一）社会秩序混乱，老百姓不遵守法纪，并不完全是老百姓的过错，不能把罪行全部推给老百姓。所以执法的人，不能够以抓出罪犯为喜，却应该哀怜这些罪人，尽量给予改过自新的机会。

（二）政治清明的实现，不可能一蹴而成。在过渡期间，刑罚必须存在。然而，全民重视修身，并不断提升品德修养，才是根本的道理。

（三）一般人看到别人不守规矩，总会责怪执法不严。若是执法人员取缔自己或家人的不合法行为，却又有一百个理由，为自己或家人辩护，认为执法过分严苛，不合情

十九·十九［注释］

①孟氏：生平不详，应该是任命阳肤为典狱官的人。

②阳肤：曾子的弟子。

③士师：现代的典狱官或法官，都是执法的官员。

④散：背离。⑤情：实情。⑥哀矜：怜悯。

十九·十九［主旨］

阳肤请教曾子治狱的道理。

十九·十九［建议］

对待自己和别人，最好还是严以律己而宽以待人。唯有这样，才能在自己和别人之间，找出平衡点。不致偏爱自己，而虐待别人。

理。为什么不把这两种心态，合起来想，寻找出合理的平衡点呢？

二十、子贡曰：“纣[①]之不善，不如是[②]之甚也。是以君子恶居下流[③]，天下之恶皆归焉。”

今　译

子贡说：“殷商纣王的不好，并不像传说的这么厉害。所以君子不可以居于下流，一旦居于下流，天下的坏事都会集中到他的身上。”

引　述

殷商的纣王帝辛，确实暴虐无道。但是他的所作所为，并不像大家所传说的那样不好。

我们的做法，是人死之后，盖棺论定。一旦被大家共同认为是坏人，我们就会把很多恶名坏事，全都加在这个坏人头上。纣王是坏皇帝，却没有大家所说的那么坏。我们一加再加，加上种种罪名，使他成为十恶不赦的暴君。子贡依据这种教训，劝导我们不要自甘下流，以免被列入坏人的名单当中，天下的坏事都会集中到我们身上，岂不是百口莫辩，非常倒霉？

生活智慧

（一）像纣王这样的人，是天下最愚蠢不过的。有机会当到皇帝，竟然把自己搞得恶名昭彰，遗臭万年。他的愚蠢，造成荒淫暴虐，引不起大家的良心共鸣，却使得众人唾骂厌弃。

（二）我们判断一个人的好坏，是自己的良知加上社会

十九·二十［注释］

①纣：殷商末代的君主，暴虐无道。

②如是：如同大家所传说的。

③下流：地势卑下。

十九·二十［主旨］

子贡诫人为恶。

十九·二十［建议］

不要随便论断别人，更不要养成在背后议论别人的坏习惯。更重要的是，不要自甘下流，以免别人议论我们，把很多恶名乱行，都加在我们的头上。

的公正标准。在我们的朴素良心中，善良的人具有至高无上的价值，胜过一切其他的东西。一个人的经济状况、社会地位、教育水平等，远不如他的道德修养来得重要。

（三）最要紧的，是不可以随便论断别人。因为论断别人，经常招惹是非，败坏别人，也害了自己。一旦陷入论断别人的漩涡中，很不容易跳出来，迟早会遭灭顶之祸。

二十一、子贡曰："君子之过也，如日月之食[①]焉。过也，人皆见之；更[②]也，人皆仰之。"

今　译

子贡说："君子的过错，好比日蚀月蚀一样。犯错了，人人都看得见；改过了，人人都仰望他。"

引　述

日月高高悬挂在天上，日蚀月蚀的景象，大家仰首看望，都看得十分清楚。君子也是大家注目的对象，有任何过失，就像日蚀月蚀那样，瞒不过大家的眼睛。只要他一改过，大家仍然仰望他、敬重他。

《述天篇》记载："丘也幸，苟有过，人必知之。"意思是孔子自己明白，如果犯了过失，人家一定会知道。《卫灵公篇》指出："过而不改，是谓过矣！"一个人面对过错，采取什么样的态度，才是君子和小人不一样的地方。君子并不是圣人，不可能没有过错。只要不掩饰，能勇敢面对，并且不再犯同样的过错，大家仍然会敬重他。

生活智慧

（一）俗语说：人怕出名猪怕肥。猪肥了就会被送到屠

十九·二十一［注释］

①食：同『蚀』。

②更：改。

十九·二十一［主旨］

子贡说明君子知过必改才最可贵。

十九·二十一［建议］

天知、地知、你知、我也知。犯过错不要害怕被人知道，应该勇敢面对，下决心改善。

宰场；人出名了，难免引人注目。愈出名愈不能有任何闪失，否则造成大家的指责或攻击，也是活该。

（二）《学天篇》所说“过则勿惮改”，适用于所有的人。有了过失，千万不要怕认错。不管什么人提出指正，最好都能够欣然接受，使自己知所改进。

（三）《中庸》记载孔子所说的话：“知耻近乎勇。”一个人知道自己的过失，并且引以为耻辱，叫作知耻。有了这样的羞耻心，并且勇敢地改过，那就是真正的勇敢。

二十二、卫公孙朝①问于子贡曰：“仲尼焉学？”子贡曰：“文、武之道，未坠于地②，在人。贤者识③其大者，不贤者识其小者，莫不有文、武之道焉。夫子焉不学？而亦何常师④之有？”

今 译

卫国大夫公孙朝请问子贡说：“仲尼的学问从哪里学来的？”子贡说：“文王、武王的道统并没有在世间消失，现在还有人能记得。贤能的人记得重大的，不贤的人记得细小的，没有一个人没有文王、武王的道统。我的老师到处都可以学，又哪有固定的师承呢？”

引 述

大家对孔子怎么学，学什么，有很大的兴趣。依据子贡的了解，孔子无所不学，也没有固定的老师。他认为文武之道，代表人性向善的道理。只要世间有人类存在，这种向善的人性，便永远不会消失。所不同的是，有人传大的，有人传小的，有人记得大的，也有人记得小的。孔子什么人都可以学，所以没有一定的老师。

十九·二十二【注释】

①公孙朝：卫国的大夫。

②未坠于地：未失传于世。

③识：记。

④常师：固定的师长。

十九·二十二【主旨】

子贡说明圣人并没有固定的老师。

生活智慧

（一）《述天篇》记载："择其善者而从之，其不善者而改之。"从善的方面学到善的行为，也将不善的行为翻转为善。善与不善，贤与不贤，都可以当作借镜，都能学。

（二）同样的道理，贤人记得大的，不贤的人记得小的。我们向贤人学大的，向不贤的人学小的，主导的人，仍然是我们自己。

（三）《为政篇》指出：孔子能够在七十岁时，达到"从心所欲，不逾矩"的地步，主要在于一开始便志于学，也就是立定坚毅的意志，以追求人性的大道。

二十三、叔孙武叔[1]语大夫于朝曰："子贡贤于仲尼。"

子服景伯[2]以告子贡。

子贡曰："譬之宫墙[3]，赐之墙也及肩，窥见室家之好。夫子之墙数仞[4]，不得其门而入，不见宗庙[5]之美，百官之富。得其门者或寡矣。夫子之云，不亦宜乎！"

今　译

鲁国大夫叔孙武叔在朝廷上告诉其他大夫说："子贡比他的老师孔子更为贤德。"

子服景伯把这件事告知子贡。

子贡说："譬如屋子的围墙，我的墙只到肩膀那么高，可以看到房子里面美好的东西。老师的墙有几个人高，如果找不到大门进去，便看不到宗庙的美好，以及文武官员的富盛。找到大门的人，或许很少吧！叔孙先生说这样的话，不是很自然吗？"

十九·二十二［建议］

任何人都无法代人立志，一定要自己立自己的，也贯彻自己的意志。

十九·二十三［注释］

①叔孙武叔：鲁国的大夫，名州仇，谥为『武』。
②子服景伯：鲁国的大夫，名何，谥为『景』。
③宫墙：围墙。④仞：为八尺。
⑤宗庙：指祭祀祖先的场所。

引　述

子贡善辩多智，又长于理财，是孔子的得意门生。叔孙大夫认为他的道德学问，已经超越他的老师。子贡听了，根本不敢当。他拿宫廷的围墙做譬喻，说自己的墙，只有肩膀那么高，外面的人，很容易对里面的摆设，一览无遗。但是孔子的围墙，却有好几个人叠起来那么高，一般人根本看不见里面的堂皇美丽。叔孙大夫不了解孔子的莫测高深，难怪会说出这样的话来。

生活智慧

（一）古人认为：一日为师，终身为父。对老师十分尊敬，不敢自以为青出于蓝而胜于蓝，比老师更厉害。现代老师的地位，当然不如从前，但是师恩难忘，仍然不应该对老师不敬。

（二）《卫灵公篇》指出："当仁，不让于师。"孔子主张在为仁的大道理上，对老师也有所不让。可见其他的方面，必须对老师礼让，以表示尊敬。尊师重道，是一种美德，不可以因为外国人不重视，便随意改变。

（三）做老师的，也应该多加反省，不要搞怪、轻佻、胡闹、乱发脾气、奇装异服、信口开河，弄得师道不尊，使学生看不起，自取其辱。

二十四、叔孙武叔毁仲尼。子贡曰："无以为[1]也！仲尼不可毁也。他人之贤者，丘陵也，犹可逾[2]也；仲尼，日月也，无得而逾焉。人虽欲自绝，其何伤于日月乎？多见其不知量也！"

十九·二十三【主旨】
子贡说明孔子的德行深不可测。

十九·二十三【建议】
老师像老师，学生像学生，各自扮演好自己的角色。名正才能言顺，言顺才能事成。师生各正名分，实在十分重要。

十九·二十四【注释】
①无以为：是『无为以』的倒装句。意思是这样做没有用。
②逾：跨越，超越。

今　译

叔孙武叔毁谤仲尼。子贡说："这样做没有用啊！仲尼是不可毁谤的。他人的贤能，好比丘陵，还可以攀登过去；仲尼的贤能，好比日月，不可能超越。一个人想和日月断绝关系，对日月有什么损害呢？只是显示他不知道自己的分量罢了！"

引　述

孔子死后，受到叔孙武叔的批评。子贡挺身而出，为老师说公道话，令人钦敬。他认为孔子有如天上的日月，就算有人跨越，不过是自绝于日月，对日月并没有什么损伤。想要跨越的人，只是显得不自量力而已！

世间事大多是相对的，公说公有理，婆说婆有理。无论怎么说，多少总有一些道理。往往不懂事的人，批评起来，更是振振有词。修养良好的人，反而不方便据理力争。这时候公正的第三者，出面澄清，实在有必要。

生活智慧

（一）没有人批评，有时候表示大家都不注意，显得影响力不够大。有人批评，不要视同恶意的攻击。最好认为反而获得辩护的好机会，使大家更加明白真相。

（二）没有人把我们当作对手，并不是一件好事情，表示大家根本不在乎我们的存在。只有真正的庸才，大家才会完全不理会。有人把我们当作对手，最好当作一种激励，促使我们更为奋发，更加努力，未尝不是好事。

（三）有人恶意批评，或者提出不实的指控，我们若是明白真实的状况，最好能够据实相告，以免造成混淆，扭曲真相，使人遭受不白之冤。

十九·二十四【主旨】

子贡说明孔子的道德有如日月不可毁谤。

十九·二十四【建议】

对于不了解的人和事，不要妄加批评。

二十五、陈子禽谓子贡曰："子为恭[①]也，仲尼岂贤于子乎？"子贡曰："君子一言[②]以为知，一言以为不知，言不可不慎也。夫子之不可及也，犹天之不可阶而升也。夫子之得邦家者，所谓立之斯立，道[③]之斯行，绥[④]之斯来，动[⑤]之斯和。其生也荣，其死也哀。如之何其可及也？"

今 译

陈子禽对子贡说："您是特别对老师谦恭礼让吧，仲尼难道真的胜过您吗？"子贡说："君子由一句话可以表现出他的聪明，一句话可以表现出他的不聪明，所以说话不可不谨慎。我们老师崇高不可及，有如上天不可用梯子爬上去。老师若能在封国采邑当政，我们所说的教百姓立，百姓就能人人卓立于社会；引导百姓，百姓自会前进不已；使百姓安居乐业，百姓自会从远方来投靠；劳动百姓，百姓自会同心协力。老师活着的时候，光荣尊崇；死了以后，令人悲哀痛哭。怎样能够企及呢？"

引 述

有人想讨好子贡，不惜贬低孔子。先恭维子贡一番，说他谦恭礼让，看看他会不会乐得冲昏了头。

子贡的修养很好，对孔子也非常尊敬。他正经地说：听一句话，便可以论断说话的人究竟聪明不聪明。接着说明孔子一生，并没有获得发挥才能的好机会，若是他有机会从政，我们所期待的人人自立、各自奋进、安居乐业、同心协力，无不很快就会实现。他感叹孔子生时光荣尊崇，死后备享哀荣，竟然还有人想要贬损他。

十九·二十五【注释】

①恭：客气、谦恭礼让。

②一言：指一句话。

③道：同『导』。④绥：安。

⑤动：和。

十九·二十五【主旨】

子贡说明孔子的道德学问高不可及。

十九·二十五【建议】

从孔子的言行中，找到真正的自我。依据孔子的描述，过自己的生活。

生活智慧

（一）孔子的伟大，可以说是学生们宣扬出来的。然而若是名不符实，老早就被毁灭掉了。他那真正的实力，表现为屡次受攻击，却能够愈挫愈勇，好像经得起世世代代的考验。

（二）孔子为什么打不倒？因为他述天不作。他不想把他的理想加在我们的头上，只是冷静地思虑：做一个真正的人，应该过什么样的生活？然后如实地把它描述出来。使我们知所遵循，却能够符合人性的要求。

（三）按照孔子的描述，我们可以活得有意义、有尊严，也有价值。我们并不是依据孔子的理想，实践孔子的理论，奉行孔子的理念。我们只是遵循本有的人性，顺乎自然的感情，过着合理的生活。做我们真正的自己，绝不是孔门的奴隶。尊敬孔子，却不把他当作神。

尧曰第二十

这是篇名，用第一句的最先两个字来表示，并没有什么特别的意义。

一、尧曰："咨[①]！尔舜！天之历数[②]在尔躬，允执其中[③]。四海困穷，天禄[④]永终。"舜亦以命禹。

曰："予小子履，敢用玄牡[⑤]，敢昭告于皇皇[⑥]后帝：有罪不敢赦。帝臣不蔽，简[⑦]在帝心。朕躬有罪，无以万方；万方有罪，罪在朕躬。"

"周有大赉[⑧]，善人是富。""虽有周亲[⑨]，不如仁人。百姓有过，在予一人。"

谨权量，审法度，修废官，四方之政行焉。兴灭国，继绝世，举逸民，天下之民归心焉。

所重：民、食、丧、祭。

宽则得众，信则民任焉，敏则有功，公则说。

二十·一【注释】

①咨：嗟叹声。

②历数：帝王相传的次第。

③允执其中：切实执守中正之道。

④天禄：君禄。⑤玄牡：黑色的公牛。

⑥皇皇：伟大的样子。

⑦简：选择。

⑧赉：赏赐。这两段话是周武王大封诸侯时所说。

⑨周亲：至亲。

今 译

尧皇帝说："啊！舜呀！上天的大命已经落在你的身上了。你要信实地遵行中正大道。如果天下的百姓都贫困了，上天给你的禄位也将永远断绝了。"舜传位给禹时，也说了这一番话。

商汤说："我这小子履，冒昧地使用黑色的公牛作牺牲，明明白白地祭告于伟大的天帝：有罪的人我不敢轻易赦免他。您的臣子善否，我不敢隐瞒遮掩，由您选择任用。我本人如有罪过，请不要累及天下百姓；天下百姓若有罪过，都归我一人来承担。"

周武王说："周朝大封诸侯，使贤良的人都富贵尊荣。"又说："我虽然有十分亲近的人，但不如有仁德的人。百姓如果有罪过，都该由我来负责。"

谨慎检验衡器量器，审定长度单位，修复已废弃的机关和职务，国家的政令就可以通行了。兴复已经灭亡的国家，承续已经绝嗣的后代，举用那些被遗弃的贤人，天下的百姓都心悦诚服。

所重视的是：民众、粮食、丧葬、祭祀。

宽厚待下就能得到民众的拥护，诚实就能得到民众的信任，勤敏就能有功绩，公平就能使民众心悦诚服。

引　述

“历数”，是依据日、月、地球的运转周期，来制定年、月、日的计时系统。自古以来，我们相信大位由天定。像尧、舜、禹这样伟大的领袖，应该都是上天指派来人间，为广大人民服务的。所以尧对舜说：上天的大命，已经落在你的身上。“天之历数在尔躬”，是一种“时代使命感”的宣示，必须以“允执其中”的心态，事事求合理。以无私的心，来化解四海的贫困。唯有如此，才能够展现辉煌的政绩，这种天禄也才能够长久继续下去。

这样的宣示，代代相传，达一千七百余年之久，传到孔子，又集其大成。

汤的“朕躬有罪，无以万方；万方有罪，罪在朕躬”，与武王的“百姓有过，在予一人”，都是表示完全负责、绝对承担的决心。因此“谨权量，审法度，修废官，四方之政行焉”（《尧曰篇》），终于对当代做出很大贡献，成为不朽的历史人物。

《论语》一书，主要是孔子的弟子们记载孔子所说的话。我们认为在尧曰的前面，应该加上“子曰”的字样，比较合理。很可能是因为子曰尧曰连接在一起，读起来不大顺口，才把子曰省略掉。

生活智慧

（一）“中”是我国哲学思想中非常重要的部分。孔子在“中”之外，加上一个“庸”字，成为中庸之道。孔子虽然没有获得上天赐给的大位，却因此而继往贤，开来学，成为大家尊敬的至圣先师。

（二）中的意思，是合理。无一事不合理，便是中庸。

二十·一【主旨】
孔子说明尧、舜、禹、汤、武王的治道。

二十·一【建议】
事理大多是相对的，在相对的事理当中，寻求合理的平衡点，才合乎允执其中的要求。

我们身为中国人，必须事事求合理，做人做事都力求恰到好处。

（三）合理的进步，才是合乎人性需求的真正进步。稍微缓慢，却十分稳定，后遗症很少，对大家很有帮助。

二、子张问于孔子曰："何如斯可以从政矣？"

子曰："尊五美，屏[①]四恶，斯可以从政矣。"

子张曰："何谓五美？"

子曰："君子惠而不费，劳而不怨，欲而不贪，泰而不骄，威而不猛。"

子张曰："何谓惠而不费？"

子曰："因民之所利而利之，斯不亦惠而不费乎？择可劳而劳之，又谁怨？欲仁而得仁，又焉贪？君子无众寡，无小大，无敢慢，斯不亦泰而不骄乎？君子正其衣冠，尊其瞻视，俨然人望而畏之，斯不亦威而不猛乎？"

子张曰："何谓四恶？"

子曰："不教而杀谓之虐；不戒视成谓之暴；慢令致期谓之贼；犹之[②]与人也，出纳之吝，谓之有司[③]。"

今　译

子张请教孔子："怎么样治理政事？"

孔子说："尊重五种美德，排除四种恶政，就可以治理政事了。"

子张说："什么是五种美德？"

孔子说："在上位的人给人民好处自己却不破费，劳动百姓却不招致怨恨，有所欲望却不贪财利，舒泰庄矜却不骄傲，有威仪却不凶猛。"

子张说："怎么样才能给人民好处却不破费呢？"

二十·二【注释】

①屏：摒除。②犹之：均之，均是。③有司：指掌理一职的小官。

二十·二【主旨】

孔子教导子张为政之道。

孔子说："从人民可获得利益的地方，使他们得到利益，不就是给人民好处自己却不破费吗？选择可以劳动的时间和对象，去劳动人民，又有谁会怨恨呢？自己想求仁德而得到仁德，又怎能说是贪财利呢？君子不管人多或人少、势力大或势力小，都不敢怠慢，不就是舒泰庄矜却不骄傲吗？君子衣冠整齐，仪容庄重，态度严肃，令人见而生畏敬之心，不就是有威仪却不凶猛吗？"

子张说："什么是四种恶政？"

孔子说："不教导民众便加以杀戮，叫作虐待；不告诫就督责其成功，叫作残暴；先前下令时宽缓，后来限期急迫，叫作贼害；财物总是要给人的，而付出时吝啬，叫作弄权的官僚。"

引　述

政治是为人民服务的，因此必须先满足人民的现实需要，然后进一步提升人民的精神生活，使人民安居乐业，并且进德修业。孔子提出五美、四恶，便是针对这个目标而来。五美指惠而不费、劳而不怨、欲而不贪、泰而不骄，以及威而不猛。四恶则是不教而杀、不戒视成、慢令致期，还有出纳之吝。五美为从政者的正面的积极心态，四恶即为负面的表现，有取有舍，有抓有弃，从事公职的人士，必须自行抉择。

生活智慧

（一）尊五美，摒四恶，仍然是现代担任公职的人士，必须重视的原则。人民的需求和愿望，自古以来，其实并没有多大的变化。

（二）公职人员，以正己为表率，事事为人民设想，刻苦耐劳，勤敬不倦，廉洁自持，奉公守法，敬老尊贤，同样可以从政矣！

（三）官场陋习，最好从自己开始设法加以改变。因为

二十·二［建议］

请时常提醒自己三个要项：大家凭良心，时时存公心，自己先力行。并警惕自己，要付诸实践。

人在衙门好修行，有机会为人民服务，千万不要轻易放过修己、积极助人的好机会。

三、子曰：“不知命①，无以为君子也；不知礼，无以立也；不知言②，无以知人也。”

今　译

孔子说：“不知道自己的命运和使命，便不能成为一个君子；不知礼，便无法立足社会；不知辨识别人语言的是非，便无法辨别人的好坏。”

引　述

“命”包括命运和使命，知命便是知道自己的命运，并且抉择自己所要达成的使命。生老病死是人生必经的途径，我们知命，表现在既然生而为人，就应该发扬仁、义、礼、智的精神。不论活得多久，都要尽力提升自己的品德修养，接受生死有命的安排，用心求得好死！在接受命运的同时，抉择自己此生所要完成的使命，竭尽所能，做到什么地步就完成到什么程度，但求死而无憾，毫无愧怍。

《季氏篇》记载“不学礼，无以立”和这里所说“不知礼，无以立也”是同样的意思，目的都在以礼自律，发挥人类的真正自由，把仁德表现出来。

人和人相处，贵在彼此互相了解，所以知人和知己同样重要。言为心声，一个人所说的话，足以代表他心中的思虑。通过一个人的言语，来了解他的观念和行为，应该是可靠的方式。不了解一个人所说的话，实际上很难了解这一个人。

二十·三【注释】

①知命：知道自己的命运和使命。

②知言：辨识对方所说的话是否正确。

二十·三【主旨】

孔子说明知命、知礼、知言的重要性。

生活智慧

（一）命运不完全控制在我们的手中，就算依正道而行，可能成功，也可能失败。我们不主张以胜败论英雄，便是有一只看不见的手，经常带来不可预测的变量。然而使命是我们自己可以决定的，《述天篇》所说“从吾所好”，就是按照自己的抉择，来决定自己此生所想完成的使命。至于最后的结果能不能达成，那就尽人事以听天命，都乐于承受。

（二）既然安于天命的局限性，则无可奈何的命运显得并不重要。所要注重的是知礼、学礼，要求自己不断进德修业，以求合理地安身立命，而不忧不惧。

（三）《卫灵公篇》记载：“人能弘道，非道弘人。”弘道是所有人都应该恪尽的本分，却时常由于道不同而不相为谋。于是结合志同道合的朋友，互相切磋，共同努力，以求学而优则仕，同时仕而优则学（《子张篇》）。这样，知人便成为必修的课题，透过知言来知人，也是人生的重点。

二十·三【建议】

学习仔仔细细听懂人家的话，并且设法让人家能够从容不迫地吐露心声。